新目录
新专标

酒店管理与数字化运营专业新形态一体化教材

餐饮服务与数字化运营

主编　王莉
卢萍
韩爱霞
林国
副主编　杨佳丽
张晶
褚艳兵

中国教育出版传媒集团
高等教育出版社·北京

内容提要

本教材为新形态一体化活页式教材，紧密围绕高星级酒店餐饮部及餐饮企业餐厅经理的典型工作任务展开，按照掌握基础服务、创新产品设计、强化标准管理、把握数字化运营的岗位能力递进的学习思路，精心设置了七个模块，包括：行业认知、餐厅服务、主题宴会设计、物资管理、成本控制、收益管理、质量管理，每个模块都紧扣餐饮服务的核心要素，帮助学习者逐步构建完整的知识技能体系。教材内容包括 23 个项目，共计 54 个任务。每个任务均通过学习要点、案例导入、知识学习、任务工单、任务分组、任务实施和任务评价与总结环节，形成一个完整的工作闭环。这种任务导向式的学习方式，不仅有助于学习者掌握实际操作技能，适应行业数字化转型背景下对新型岗位能力的需求，还能在任务讨论与合作中培养团队精神、创新意识、工匠精神和数字化素养等。

本教材配套建设有丰富的数字化资源，学习者可通过扫描书中二维码进行在线学习，在提升学习兴趣的同时，获得更多自主学习的空间。教师如需获取本书授课用 PPT 等配套资源，请登录“高等教育出版社产品信息检索系统”（http://xuanshu.hep.com.cn/）免费下载。

本教材可作为高等职业院校、职业本科院校及应用型本科院校餐饮类和酒店类专业的教材，也可作为相关从业人士学习使用的业务参考书。

图书在版编目（CIP）数据

餐饮服务与数字化运营 / 王莉等主编. -- 北京 : 高等教育出版社, 2024. 11. -- ISBN 978-7-04-063188-3

Ⅰ. F719. 3-39

中国国家版本馆CIP数据核字第20244SK492号

Canyin Fuwu yu Shuzihua Yunying

策划编辑 张　卫　　责任编辑 张　卫　　封面设计 王　琰　　版式设计 李彩丽
责任绘图 李沛蓉　　责任校对 张　薇　　责任印制 赵　佳

出版发行 高等教育出版社
社　　址 北京市西城区德外大街 4 号
邮政编码 100120
印　　刷 北京中科印刷有限公司
开　　本 787mm×1092mm　1/16
印　　张 20.5
字　　数 490 千字
购书热线 010-58581118
咨询电话 400-810-0598

网　　址 http://www.hep.edu.cn
　　　　 http://www.hep.com.cn
网上订购 http://www.hepmall.com.cn
　　　　 http://www.hepmall.com
　　　　 http://www.hepmall.cn

版　　次 2024年11月第1版
印　　次 2024年11月第1次印刷
定　　价 58.00 元

物 料 号　63188-00

前言

本教材在旅游酒店业数字化浪潮中应运而生，以党的二十大精神为指引，积极践行社会主义核心价值观，紧扣旅游强国建设总体要求，致力于培养符合新质生产力要求的酒店与餐饮行业人才。本教材在餐饮数字化实践方面作了有益探索并通过立体化课程资源建设，为学习者提供全面而深入的学习体验。

本教材由院校教师和企业专家共同撰写完成，注重校企协同育人，强调工作任务的场境化设计。本教材有以下特色。

一、落实立德树人的根本任务，坚持守正创新与融合发展

本教材旨在将学习者培养成为具备高尚职业道德、创新思维和社会责任感的新时代酒店与餐饮行业人才。本教材通过各模块项目和任务的实施，引导学习者树立正确的世界观、人生观和价值观，为培育新质生产力和文旅融合发展贡献力量。

二、响应餐饮行业数字化转型要求，服务旅游强国建设

本教材深入分析餐饮行业的数字化转型的现状趋势，通过对七个模块的精心设计，从行业认知到质量管理，全方位覆盖餐饮服务的各环节，使学习者能够全面把握数字化对餐饮行业的影响，掌握数字化运营的核心技能，为餐饮行业提质增效、旅游强国建设提供人才支持。

三、注重项目引领和任务驱动，打造学习闭环

本教材按照强基础、能运营、懂管理、善创新的思路，提取了餐饮岗位的典型工作任务，并设计了任务工单，通过项目任务实施，引导学生在做中学。学习要点、案例导入、知识学习、任务实施、任务评价与总结的闭环式体例设计有助于以学习者为中心的课堂组织。

四、对教材和配套课程进行一体化设计，为混合式教学实施奠定基础

本教材注重资源的立体化建设，通过微课、视频、图片等丰富的数字化教学资源，为学习者提供便捷、高效的学习途径。同时，项目团队还进行了同步的课程平台建设，打通了课前、课中、课后有机链接的通道，为混合式教学实施奠定了基础。

本教材写作团队由山东旅游职业学院、聊城职业技术学院、浙江旅游职业学院“双师型”教师团队与中国石化集团胜利石油管理局有限公司胜利宾馆管理团队共同组成。具体分工如下：王莉、林国负责大纲设计、全书统稿，韩爱霞、杨佳丽、陈永燕、马珺参与统稿等工作；王莉、卢萍撰写模块一；牟青、马珺撰写模块二；杨佳丽、褚艳兵撰写模块三；杜冠群撰写模块四；韩爱霞、张晶撰写模块五；陈永燕、林国撰写模块六；孙鹏撰写模块七。期待本教材能够成为在新质生产力背景下培养酒店与餐饮业高素质技能人才的有力工具，助力旅游教育的高质量发展。

由于编者水平有限，本教材难免存在缺憾与不足之处，敬请专家和广大读者不吝指正。

编者

2024年10月

目录

二维码资源目录

续表

模块一 行 业 认 知

◆ 模块导读

本模块主要包括餐饮业发展趋势分析，组织机构设置，菜品、饮品基本知识认知，旨在帮助学习者深入了解餐饮业态、认识数字化转型背景下行业发展趋势、掌握餐饮产品基础知识、掌握餐饮部门组织机构设置原则，激发学生餐饮学习兴趣，使学生深入感受中国悠久饮食文化。

◆ 思维导图

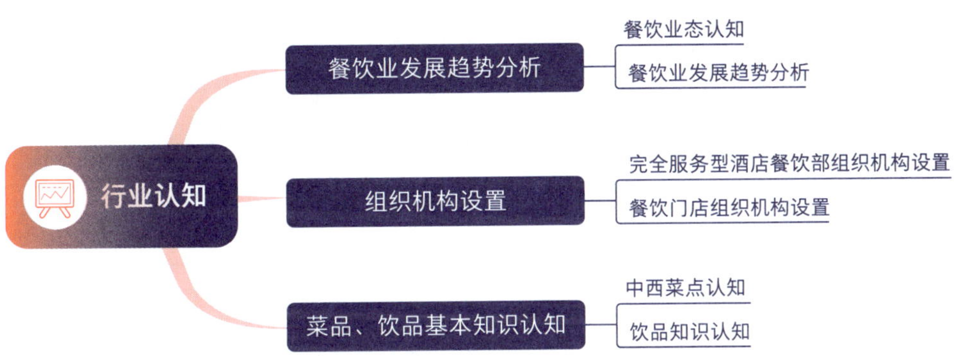

项目一　餐饮业发展趋势分析

- **知识目标**

1. 熟悉餐饮业态的类型与特点。
2. 了解餐饮业发展趋势。

- **能力目标**

1. 能够准确收集不同业态餐饮企业的信息。
2. 能够有效收集不同餐厅产品的信息。

- **素养目标**

1. 具备数字化转型意识，提高数字化素养。
2. 具备主动学习意识，培养解决问题的能力。
3. 树立文旅融合发展的理念。

任务一　餐饮业态认知

学习要点

线上线下相结合，考察调研完全服务型饭店[①]餐饮部和社会餐饮企业，学习了解社会餐饮、酒店餐饮及不同类型餐厅的经营特点。在任务学习中，进一步结合行业实践、生活体验，深入理解各餐饮业态服务与产品特点、消费市场差异及相关餐饮文化特色。

① 完全服务型饭店是指以齐全的饭店功能和设施为基础，为客人提供全方位优质周到服务的饭店。评定星级时，四星级和五星级（含白金五星级）饭店应作为完全服务型饭店。节选自《旅游饭店星级的划分与评定（GB/T 14308—2010）——条款解析与操作实务》

案例导入

表 1-1 主要餐饮业态综合运行情况

业态名称	店均营收同比变动	门店数同比变动
正餐	3.0%	4.6%
火锅	1.7%	-2.5%
茶饮	34.2%	-1.1%
快餐	10.6%	5.3%
烘焙	43.5%	7.3%
烧烤	9.7%	6.5%

资料来源:《2023 中国餐饮业年度报告》。

引导问题:

(1) 你所认识的餐饮业态有哪些?

(2) 如表 1-1 所示,主要餐饮业态呈现哪些特点?

视频:酒店餐饮与社会餐饮

一、知识学习

(一) 社会餐饮和酒店餐饮

社会餐饮和酒店餐饮是餐饮行业的两个重要类别,它们在经营方式、服务对象、菜品特色等方面存在一些差异。

1. 社会餐饮

社会餐饮的范围比较广泛,包括各种提供餐饮服务的餐饮企业,例如,正餐厅、自助餐厅、快餐店、咖啡厅、酒吧、火锅店、茶馆等。随着社会经济的发展和人们生活水平的提高,社会餐饮得到了蓬勃发展,其经营模式和服务方式不断创新,菜品种类和口味也日益多样。在经营方式上,社会餐饮企业通常可以更加灵活地调整经营策略和服务内容,服务面向的消费群体更加广泛,菜品特色更加凸显,它们常常根据当地文化和季节性食材进行产品调整,同时也会考虑到不同消费者的口味和需求。

2. 酒店餐饮

酒店餐饮则是指在酒店内提供的餐饮服务,通常包括零点餐厅服务、宴会厅服务、客房送餐、自助餐等多种形式。酒店餐饮更多地依赖酒店的品牌和客源,其经营成本相对较高,但可以提供更加全面和高端的服务,其菜品更加注重品质,同时也会考虑到不同类型客人的需求,如商务客人、度假客人等。

(二) 餐厅类型

随着消费市场的不断变化和消费者需求的不断升级,餐厅类型在不断演变和创新。餐厅可以根据其风格、地理位置、菜品种类等多种因素进行分类。根据服务方式的不同，可分为传统餐桌服务型餐厅、自助餐厅、快餐厅等；根据经营产品的不同，可分为中餐厅、西餐厅、特色餐厅、酒吧、茶馆等。以下是一些常见的餐厅类型。

(1) 正餐厅：提供早、中、晚餐的正餐厅是餐饮行业中最主要的业态之一。此类餐厅通常提供多种菜式和饮品，就餐环境舒适，座位数量较多，布局合理，厨师及服务人员技能娴熟规范、工作经验丰富，适合作为家庭、朋友聚餐及商务宴请等的场所。

(2) 特色餐厅：是一种提供特定主题或文化背景的餐厅，通常以独特的菜品、装饰和氛围为主要特点。此类餐厅适合追求独特体验和美食的消费者。

(3) 快餐店：是一种提供快速就餐服务的餐厅，通常以简单的菜式、较低的价格和快捷的点餐流程为主要特点。此类餐厅适合忙碌的上班族和学生等人群。

(4) 咖啡厅：可分为两类，一类是完全服务型饭店中的咖啡厅，主要提供大众化西餐菜肴和西式快餐类食品，往往承担酒店的早餐服务，营业时间较长；另一类是社会餐饮中的简单西餐厅，称为“咖啡屋”或“咖啡吧”，主要提供咖啡、茶、果汁等饮品和小吃、甜点等，此类餐厅通常环境舒适、氛围优雅，适合休闲聊天、工作会谈等场合。

(5) 自助餐厅：是采用自助餐服务方式，由顾客自选自取所喜爱的食品和饮料就餐的餐厅。自助餐厅通常提供多种不同的菜肴和饮品，就餐环境轻松、随意。

(6) 酒吧：通常有不同的定位，如音乐酒吧、酒廊、餐厅酒吧等，既可以独立经营，也可以在酒店或大型餐厅内设置。酒吧装修精美，既提供丰富的酒类饮料，也提供桌游、卡拉 OK 等各种休闲服务，适合消费者放松身心，是供人们消遣、交际的场所。酒吧还会定期举办各种活动，如品酒会、音乐会等，吸引消费者前来参与，增加人气和营业额。

(7) 茶馆：是一种提供茶水和小吃等服务的餐厅，通常以传统的文化氛围和特色茶品为主要特点。这种业态适合休闲娱乐、商务洽谈等场合，是一个谈天说地的民间沙龙。

(8) 外卖式餐厅：互联网的高速发展为外卖市场提供了广阔的发展空间，开辟了大众化餐饮的新领域。外卖餐厅通常以外卖小哥接单、送餐到家的形式为主，也有顾客自己到店点餐，打包带走的情况。外卖平台通过整合餐饮企业和消费者资源，实现了商家和消费者的高效对接，提供丰富多样的食品选择，满足不同消费者的需求，为外卖市场的快速发展提供了有力支持。外卖平台还通过推广、优惠等营销手段，吸引消费者使用外卖服务，进一步促进了外卖市场的发展。这种业态顺应现代生活方式，适应快速忙碌的工作节奏，获得了广大消费者的青睐。

以上是一些常见的餐厅类型，每种业态都有其特定的消费群体和市场定位。随着消费者需求的不断变化和市场竞争的加剧，餐饮业态也在不断创新和演变。

视频：当下餐饮业态类型

二、任务工单

任务描述
通过线上线下对餐饮行业进行调研考察，结合相关知识学习及自身行业实践、生活体验，以小组为单位，汇总整理完全服务型饭店餐饮部各餐厅，以及 2~3 家社会餐饮企业的服务与产品特点、消费市场差异及相关餐饮文化特色，制作成 PPT，进行课堂汇报交流
操作要求
1. 提前确定调研对象，制订调研方案并开展调研 2. 完全服务型饭店餐饮部餐厅认知结合《旅游饭店星级的划分与评定》(GB/T 14308—2023)相关内容 3. 多渠道有效获取餐饮企业产品信息 4. 深入挖掘中华悠久饮食文化 5. 根据调研，结合搜集到的信息，制作行业认知 PPT
素养提升
党的二十大报告指出，坚持以文塑旅、以旅彰文，推进文化和旅游深度融合发展。“文化 + 旅游”呈现出加速融合的特征。一方面，在文旅融合背景下大力推动有中国文化特色的生活方式酒店、文化主题餐厅等发展，实现文化对旅游内涵的提升，如通过深入挖掘地域文化特色和文化内涵，把文化符号、文化内容，特别是文化 IP(知识产权)和故事融入酒店、餐厅，促进中国文旅融合服务模式的全面推广；另一方面，借助旅游激活、保护、传承文化资源，如饮食类非物质文化遗产的传承和保护

三、任务分组

<table>
<tr><td>班级</td><td></td><td>教师</td><td></td></tr>
<tr><td>组长</td><td></td><td>组名</td><td></td></tr>
<tr><td>组员</td><td colspan="3">
<table>
<tr><td>姓名</td><td>分工</td><td>姓名</td><td>分工</td></tr>
<tr><td></td><td></td><td></td><td></td></tr>
<tr><td></td><td></td><td></td><td></td></tr>
<tr><td></td><td></td><td></td><td></td></tr>
<tr><td></td><td></td><td></td><td></td></tr>
<tr><td></td><td></td><td></td><td></td></tr>
</table>
</td></tr>
</table>

四、任务实施

工作活动 1

组名：__________ 调研人员：____________________

调研考察企业名称	
调研考察时间	
信息获取方式	
企业产品及服务特点	
所面向客户群体	
文化特色	
其他	

工作活动 2

组名：	PPT 名称：
PPT 模板选择	
主要内容	
文字、图片及音频视频等链接	
PPT 讲解展示要点	

五、任务评价与总结

一级指标	二级指标	评价内容	分值	自评	互评	教评	得分
工作能力(50分)	调研能力	调研对象选择具有代表性、多样性；调研深入、全面；信息获取准确	10分				
	信息获取能力	能结合调研运用数字化手段获取有效信息	5分				
	感知课堂生活	认同行业价值，在学习中能获得满足感	5分				
	参与态度与沟通能力	与教师、同学能够保持多向、丰富、适宜的信息交流	5分				
	知识获得	熟悉各种餐饮业态类型	5分				
		掌握各餐饮业态产品服务点	10分				
	素养达成	能发现问题、提出问题、分析问题、解决问题	5分				
		树立文旅融合发展理念	5分				

续表

一级指标	二级指标	评价内容	分值	自评	互评	教评	得分
任务得分（50分）	餐饮业态认知PPT制作及展示	各餐饮业态的服务与产品描述全面，特点突出	10分				
		各餐厅消费市场分析准确	10分				
		能从产品、服务、技艺、环境氛围营造等多方面深入挖掘相关餐饮文化特色	10分				
		PPT制作结构合理，思路清晰，整体界面美观、布局合理、文字清晰、字体设计恰当	10分				
		PPT使用了图片、音视频、文本等多种形式	5分				
		语言流畅、表述清晰、逻辑性强	5分				
总结	进步						
	欠缺						
	改进措施						

任务二　餐饮业发展趋势分析

学习要点

通过知识学习和任务实施，分别从从业者和消费者角度分析餐饮业发展趋势，深入理解行业的重要地位，初探从业人员职业素养，树立“干一行、爱一行”的从业意识。

案例导入

餐饮行业是一个具有悠久历史和深厚文化底蕴的行业，其发展历程与经济发展密切相关。一方面经济发展促进餐饮业转型升级，另一方面餐饮业也逐渐成为扩大内需、促进消费、惠及民生的支柱产业。

目前，中国的餐饮市场正在经历一场深度的变革。随着经济的发展，人们生活水平不断提高，对餐饮的需求也发生了变化。人们不再仅仅满足于基本的饮食需求，而是更加注重餐饮品质。餐饮企业经营者越来越重视行业市场研究，特别是针对消费市场和企业发展环境的研究，他们需要不断调整自身的经营策略和模式来适应市场的变化。餐饮企业开始注重品牌建设、服务品质提升，注重食材的品质和来源，推广绿色、健康、可持续的餐饮理念，促使新的餐饮文化和口味不断涌现，以满足消费者对健康和生活品质的追求。

经济的发展改变了人们的消费习惯和方式，这也对餐饮业产生了影响。餐饮企业开始引入智能化、数字化等技术手段，提高生产效率、服务质量和管理水平。例如，随着互联网的普及，外卖、团购等新型的餐饮消费方式逐渐兴起，这为餐饮企业提供了更多的销售渠道和机会。餐饮企业也开始与其他企业进行合作，推动产业融合和创新，进一步提高自身的竞争力和发展潜力。

引导问题：

(1) 结合生活和专业实践，举例说明餐饮业发展受到哪些因素的影响？

(2) 餐饮业在社会经济发展中发挥着怎样的作用？

一、知识学习

(一) 智能化和数字化

随着科技的不断发展，智能化和数字化成为餐饮业发展的重要趋势。未来的餐饮业将更加注重线上和线下的融合，注重数据分析和人工智能的应用，以提高效率、优化服务并提升客户体验。例如，通过线上平台，消费者可以方便地进行预订、点餐和支付，减少等待时间；线下餐厅可以通过智能化设备和数字化技术，提供更加优质的服务和沉浸式消费体验；通过数据分析和人工智能，餐厅可以更好地理解消费者需求，优化菜单和服务。

(二) 健康和可持续性

随着人们健康意识和环保意识的不断提高，未来的餐饮业将更加致力于促进健康饮食和可持续发展。这意味着餐厅需要提供更为健康、低碳且环境友好的食品和饮料选择。同时在生产过程中，餐厅应当提高能源使用效率并优化对水资源的管理。此外，通过采用可再生材料和减少一次性塑料制品的使用，餐厅能够进一步降低其对环境的影响，为绿色发展贡献自己的力量。

(三) 多元化和个性化

随着餐饮业竞争加剧，消费者需求不断变化，餐饮市场细分成为必然，餐饮业呈现多元化和个性化的发展趋势。越来越多的餐厅开始提供多样化的菜品选择，提供定制化的服务和体验，越来越多的特色餐厅不断涌现。例如，小而精的轻餐饮受到追捧，看花吃茶、苍蝇小馆……都是产品创新的好线索；特色饮品激活年轻人市场，餐饮业重餐轻饮的现象逐步发生变化；部分餐饮企业借助地理位置优势和产品结构特点，打破一日三餐的营业时间限制，推出新的特色产品，满足不同时段消费者的消费需求。同时，餐饮业与娱乐业、科技行业、零售业、健康产业相结合的跨界发展趋势正在不断加强。例如，近年来，越来越多的餐厅开始涉足零售业，通过销售食品、饮品、餐具等商品，增加收入来源，一些大型餐饮企业甚至打造了自己的零售品牌，通过线上线下多渠道销售，实现了品牌的延伸和拓展。

（四）连锁化和品牌化

在竞争激烈的餐饮市场中，连锁化经营、品牌化发展展现出强大的生命力和发展潜力，不仅可以扩大企业市场占有率，提高企业运营效率和管理水平，降低企业管理成本和风险，还可以扩大企业影响力和品牌知名度，提高企业的市场美誉度和顾客忠诚度，帮助企业建立独特的品牌形象和企业文化，提升企业的品牌价值。

（五）社区化和本地化

社区餐饮是餐饮市场的重要组成部分，具有地域特色，关乎民生。随着城镇化进程加速、社会老龄化程度加深，社区端餐饮机遇正逐步放大，这促使餐饮行业更加注重社区化和本地化，以建立更加紧密的消费者关系和营造更加友好的社区氛围。餐厅可以与本地社区建立合作关系，参与社区活动和公益事业，同时可以通过本地化的食材和料理方式，提供更加独特的餐饮服务，从而构建产品多样化、服务亲情化、营业时间灵活化、经营品牌化的高品质社区餐饮。此外，社区餐饮还将为突发事件发生后，解决民众饮食问题提供方案。

餐饮业蓬勃发展的背后，也有诸多问题亟待解决。例如，人才流失严重，高水平技术技能型人才匮乏；食品安全和质量问题给消费者健康带来风险；一次性餐具等非环保材料的使用，对环境造成污染等，餐饮企业面临着更多的社会责任。

二、任务工单

任务描述
任选一个小组为目标客户，根据宾客需求，围绕目的地美食之旅，设计三天两夜的行程
操作要求
1. 通过多个网络平台获取企业产品、服务等各项准确信息 2. 分析所获取信息的渠道、内容的有效性和针对性，从消费者的角度分析各餐饮企业数字化营销的优劣势 3. 以美食体验为主，完成合理的旅游路线设计 4. 进行产品推介 5. 通过任务，进一步深入分析餐饮业发展趋势
素养提升
习近平总书记在 2021 年 10 月 18 日中共中央政治局第三十四次集体学习时指出："把握数字化、网络化、智能化方向，推动制造业、服务业、农业等产业数字化，利用互联网新技术对传统产业进行全方位、全链条的改造，提高全要素生产率，发挥数字技术对经济发展的放大、叠加、倍增作用"。 餐饮业数字化运营已成为趋势，大数据、人工智能、物联网、元宇宙等新兴科技已全面渗透和应用到餐饮企业的运营、管理和服务各方面。餐饮行业数字化技术也经历并实现了从意识觉醒的萌芽期到大刀阔斧的加速期的跨越式发展，不仅在行业发展的低谷期扮演了重要的角色，更成为了整个行业的长期发展与制胜战略

三、任务分组

<table>
<tr><td>班级</td><td></td><td>教师</td><td colspan="2"></td></tr>
<tr><td>组长</td><td></td><td>组名</td><td colspan="2"></td></tr>
<tr><td rowspan="6">组员</td><td>姓名</td><td>分工</td><td>姓名</td><td>分工</td></tr>
<tr><td></td><td></td><td></td><td></td></tr>
<tr><td></td><td></td><td></td><td></td></tr>
<tr><td></td><td></td><td></td><td></td></tr>
<tr><td></td><td></td><td></td><td></td></tr>
<tr><td></td><td></td><td></td><td></td></tr>
</table>

四、任务实施

工作活动 1

组名：____________

工作活动内容	美食之旅行程设计	服务对象	
宾客需求			
美食产品信息获取渠道			
平台所展示信息的有效性			
美食产品所面向的目标市场			
美食之旅行程安排			

工作活动 2

组名		产品推介形式	
行程主题			
主要内容（美食介绍）			
产品推介要点			
餐饮业发展趋势及存在问题分析			

五、任务评价与总结

一级指标	二级指标	评价内容	分值	自评	互评	教评	得分
工作能力（60分）	信息检索能力	能灵活运用数字化手段准确获取有效信息	10分				
	参与态度	积极主动与教师、同学交流，相互尊重、理解	5分				
	团队合作	积极参与小组活动，能够保持多向、丰富、适宜的信息交流，配合度高	5分				
	知识获得	理解餐饮数字化转型的意义，了解餐饮数字化营销方式	10分				
		了解餐饮市场需求变化	10分				
		理解餐饮业存在的机遇与挑战	10分				
	素养达成	树立以人为本的服务理念	5分				
		提升数字化素养	5分				
任务得分（40分）	美食之旅行程设计及推介	以美食体验为主，旅游路线设计合理	10分				
		所推荐餐饮企业或产品特色突出，符合宾客需求	10分				
		产品推介形式新颖，有吸引力	10分				
		餐饮业发展趋势及存在问题的分析深入	10分				
总结	进步						
	欠缺						
	改进措施						

项目二　组织机构设置

● 知识目标

1. 了解餐饮部门的工作任务。
2. 掌握餐饮部门组织机构设置原则。
3. 熟悉餐饮部门主要岗位职责。

● 能力目标

1. 能够根据酒店规模和经营需要进行餐饮部组织机构设置。
2. 能够根据餐厅工作需要确定餐厅工作岗位。

● 素养目标

1. 正确认识餐饮工作的意义，培养爱岗敬业的职业精神。
2. 具有部门协作的团队意识。
3. 树立“二线为一线，全员为酒店”的工作意识。

任务一　完全服务型饭店餐饮部组织机构设置

学习要点

掌握餐饮部门工作任务和组织机构设置原则，了解各主要岗位的工作职责，能够结合案例，根据要求进行完全服务型饭店餐饮部组织架构设置。通过学习，深入理解餐饮部门工作团队合作的重要性。

案例导入

某五星级酒店餐饮部管理层组织机构设置图如图 1-1 所示。

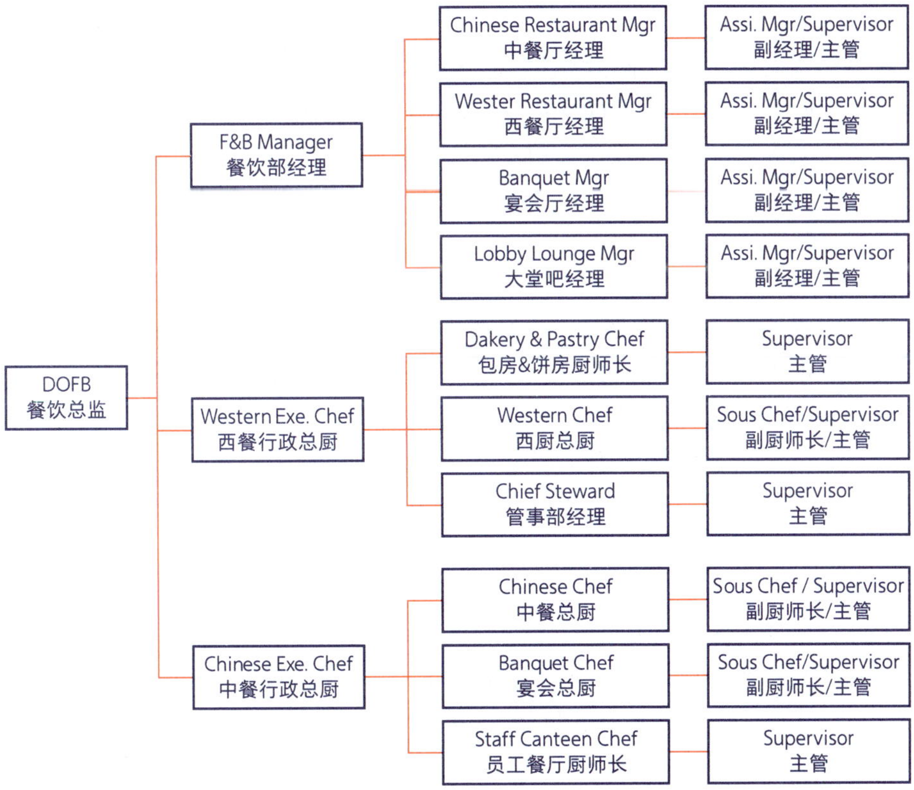

图 1-1　某五星级酒店餐饮部管理层组织结构设置图

引导问题：

(1) 结合对本模块项目一任务一“餐饮业态认知”的学习，思考完全服务型饭店餐饮部应设置哪些岗位？

(2) 各岗位的工作任务主要是什么？

一、知识学习

(一) 餐饮部门工作任务

餐饮工作是通过对餐厅的日常管理及运营的规划、组织、协调和控制，来提高宾客满意度并实现利润最大化的过程。其主要任务包括餐饮生产、对客服务、营销宣传、成本控制等多个方面。

1. 餐饮生产

餐饮生产环节是指从原材料采购到菜品制作所涉及的各环节。餐饮生产产品规格多、批量小，生产过程短、环节多，原材料易腐烂变质，工作人员技术水平参差不齐，管理难度很大。在整个生产过程中要求严把食品卫生安全关，菜品制作精细、质量稳定，同时要不断挖掘和发展饮食文化，开发新菜品，提高宾客的就餐兴趣。在保证出品质量的同时严格控制成本，提高经济效益。

2. 对客服务

为宾客提供友好、礼貌、细致、快捷、标准化和个性化的服务，是提升宾客用餐体验、提高宾客满意度的重要环节，也是提升企业品牌形象、提高企业市场竞争力、实现可持续发展的关键。餐饮服务对象广泛，需求多样，要求从业人员具有良好的沟通技巧、服务意识、数字化运营能力和敏锐的市场洞察力，在提供高品质服务的同时，不断开拓客源市场，吸引宾客融入酒店经营活动中。

3. 营销宣传

在移动互联网背景下，消费者行为习惯正在经历深刻变革，数字化营销已成为餐饮行业宣传营销的重要手段之一。数字化营销的优势在于目标客户精准，可以通过大数据分析等手段，提高广告投放的精准度和效果。通过社交媒体和微信公众号等平台，品牌能触及更广泛的潜在顾客群体，有效提升知名度与口碑。此外，数字化营销可以通过优惠券、折扣等多种营销手段，增加宾客的忠诚度和消费频次，增强客户黏性。同时，借助数据分析，企业能实时了解市场动态和宾客反馈，及时调整营销策略。

4. 成本控制

成本控制是餐饮管理的重要内容之一，涉及餐饮运营的所有环节。餐饮企业应该规范厨房生产各环节管理，严格控制成本；合理规划人力资源，提高员工工作效率；加强物料管理，严格控制费用；优化业务流程，降低运营成本，以实现利润最大化。

总之，餐饮工作是一个多部门、多环节密切配合，多方协同作业的过程。优秀卓越的产品和服务、有效增值的财务收益、团队合作和个人发展的有益促进，是餐饮管理人员的主要工作内容。

（二）餐饮部门组织机构设置原则

组织机构是企业或部门根据不同任务所设立的各岗位及管理系统。餐饮部门组织机构设置因其业态、规模大小、职能的差异而各有不同，所遵循的原则应基本一致。

1. 适应企业经营需求

餐饮部门组织机构应该根据企业的规模、业务范围、市场定位、发展战略等因素设置，岗位的设置都必须有利于经营管理，符合部门运转的需要。组织机构具有一定的稳定性，要避免由于机构频繁调整产生不确定性和风险。同时，随着市场环境的变化和企业的发展，组织机构也需要持续改进和优化。总之，企业需要随时关注组织机构的效率和灵活性，通过优化流程、提高数字化应用水平、加强内部沟通等方式保持组织机构的高效、科学运转。

资料：完全服务型饭店餐饮部组织架构及主要岗位职责案例

2. 统一指挥，职责分明

餐饮经营环节众多，组织的各级机构及个人必须服从一个上级的命令和指挥，即每个人都有明确的直接上级和下级。组织运行采用垂直领导、分级管理的方式，避免越级管理和横向管理，从而形成清晰的指挥链。部门组织机构内各岗位职责明确、协调统一，避免职责不清、交叉和责任缺失。

3. 专业分工与协作相结合

专业分工是指根据工作的专业化程度划分下属部门，其优势在于每个团队可以专注于特定的任务或职能，提高员工的技能和专业知识，从而达到更高的专业水平，提高工作效率，使组织更加高效地运行。但这种方式也可能导致部门之间产生沟通问题，因为每个部门只专注自己的工作，而忽略了整个组织的整体目标。因此，在实施专业分工原则时，需要确保各部门之间的有效沟通和协作。

4. 责权相应

餐饮部门组织机构设置应确保每个部门或岗位都有明确的职责和相应的权限，并确保这些权力能够支持其完成职责，做到权责分明、职权相当，这有助于确保组织的稳定性和高效性，避免出现职责不清、权力滥用等问题，为组织的长期发展提供保障。

5. 管理幅度合理

一个管理者有效管理的下属人数是有限的，如果管理幅度过大，就会导致管理效率低下、信息沟通不畅等问题；如果管理幅度过小，则会导致管理成本增加、组织僵化等问题。同时，管理幅度与管理层级设置之间存在密切关系。在组织规模一定的情况下，较大的管理幅度意味着较少的中间管理层级，组织结构相对扁平化；较小的管理幅度意味着较多的中间管理层级，组织结构相对垂直化。扁平化的组织结构有利于缩短上下级之间的距离，加强沟通与互动，提高决策效率和增强员工自主性，但也可能导致管理者对下属的指导和监督不足。垂直化的组织结构则有利于明确职责和层级关系，加强对下属的控制和管理，但可能会降低员工的积极性和主动性。因此，在设置管理幅度时，应根据部门的实际情况和特点，综合考虑组织规模、工作性质、人员素质、信息沟通效率等因素。

二、任务工单

任务描述
对照《旅游饭店星级的划分与评定》（GB/T 14308—2023）中完全服务型饭店对餐饮服务必备项、硬件和软件的要求，完成完全服务型饭店餐饮部组织机构设置，并绘制组织机构图
操作要求
1. 学习《旅游饭店星级的划分与评定》（GB/T 14308—2023）中对餐饮服务的相关要求，特别关注必备项中有关餐饮部门及其服务功能的规定 2. 阅读完全服务型饭店餐饮部组织架构及主要岗位职责学习资料 3. 通过小组讨论或请教行业专家，完成餐饮部组织机构设置，并绘制组织机构图
素养提升
标准作为重要的基础性制度，是支持高质量发展的重要技术力量。《国家标准化发展纲要》指出，要提高文化旅游产品与服务标准化水平。星级饭店评定标准的实施引导旅游业向着更规范、更专业的方向发展，有助于提高旅游业的整体竞争力，推动旅游业的创新发展

三、任务分组

<table>
<tr><td>班级</td><td></td><td>教师</td><td colspan="2"></td></tr>
<tr><td>组长</td><td></td><td>组名</td><td colspan="2"></td></tr>
<tr><td rowspan="6">组员</td><td>姓名</td><td>分工</td><td>姓名</td><td>分工</td></tr>
<tr><td></td><td></td><td></td><td></td></tr>
<tr><td></td><td></td><td></td><td></td></tr>
<tr><td></td><td></td><td></td><td></td></tr>
<tr><td></td><td></td><td></td><td></td></tr>
<tr><td></td><td></td><td></td><td></td></tr>
</table>

四、任务实施

工作活动 1

组名：________

完全服务型饭店星级	四星级 □　五星级□
管理层级	
所设岗位及其主要工作任务	
餐饮部组织机构图	

工作活动 2

组织机构图完善：

组名：	饭店星级：
征求行业专家意见，在教师指导下，绘制正确的组织机构图：	
记录自己存在的不足：	

五、任务评价与总结

一级指标	二级指标	评价内容	分值	自评	互评	教评	得分
工作能力（50分）	知识获得	熟悉餐饮工作任务	20分				
		掌握《旅游饭店星级的划分与评定》(GB/T 14308—2023)中餐饮设施设备、服务项目、服务质量标准					
		了解完全服务型饭店餐饮部主要设置岗位及岗位职责					
		掌握餐饮组织机构设置原则					
	信息获取能力	能结合本模块项目一的行业调研，并运用数字化手段获取有效信息	5分				
	感知课堂生活	认同小组探究型教学模式，在自主探究、积极思考后，进行高质量的协作	5分				
	参与态度与沟通能力	积极主动与教师、同学交流，相互尊重、理解	5分				
		与行业专家能够保持有效的信息交流	5分				
	素养达成	能正确认识餐饮工作的意义，培养爱岗敬业的职业精神	5分				
		提升团队合作意识	5分				
任务得分（50分）	餐饮部组织机构设置	部门设置完整，工作职责能够满足完全服务型饭店所对应的星级饭店评定标准要求	10分				
		岗位设置满足经营需要	10分				
		层级设置合理	10分				
		组织机构图遵循垂直管理原则绘制	10分				
		按照专业化分工划分各部门	5分				
		组织机构图绘制清晰、结构完整	5分				
总结	进步						
	欠缺						
	改进措施						

任务二　餐饮门店组织机构设置

学习要点

了解餐饮门店的主要经营模式，熟悉单体门店和连锁门店的组织机构设置特点，能够根据要求进行餐饮门店组织机构设置。

案例导入

××××年上半年，某餐饮集团完成了数字化升级改造，在宾客信息管理、产品结构优化、服务效率提升等方面效果显著。张涵所在的该集团旗下的连锁餐饮门店有 80 个餐位，宾客可以通过扫码点餐、网上结算、扫码开具电子发票完成结算。张涵作为店长，为节省人力决定取消收银员岗位。

引导问题：

(1) 你认为收银员岗位可以取消吗？为什么？

(2) 在数字化转型的大背景下，在线上线下一体化经营的变革中，餐饮门店组织结构将会有怎样的变化趋势？

一、知识学习

(一) 餐饮门店的经营模式

这里所说的餐饮门店是指独立开设在商业区、居民区或其他区域，主要提供餐饮服务的场所。这类门店通常包括正餐厅、快餐店、咖啡厅、茶馆等，旨在通过为宾客提供各种类型的食品和饮料来获取经济利益。

餐饮门店的经营模式主要包括以下几种。

1. 单店经营模式

单店经营模式的餐饮经营是最基本的经营方式，商家开设一家店铺，自行负责所有运营和管理。这类门店通常具有独特的菜品和特色，其经营模式的优点在于灵活性高，可以根据市场需求快速调整经营策略；缺点是抗风险能力较弱，品牌影响力有限，且难以实现规模扩张。

2. 连锁经营模式

连锁经营是指餐饮门店采用统一的品牌、管理和运营模式，通过在不同地区开设分店来扩大市场规模。这种模式的优点在于可以有效降低采购成本和运营成本，提高品牌知名度和市场占有率，但需要具备一定的管理能力和资金实力。

3. 互联网经营模式

随着互联网技术的不断发展，越来越多的餐饮门店开始采用互联网经营模式，此模式是指餐饮门店通过互联网平台，为宾客提供在线订餐、外卖配送等服务。这种模式的优点在于可以节省门店租金、人力成本等开支，提高经营效率，但也需要具备一定的技术实力和数据分析能力，需要在菜品品质、配送服务和线上营销等方面进行优化和创新。

（二）餐饮门店组织机构设置

餐饮门店组织机构设置需要综合考虑多方面因素，明确为达到经营目标所必须完成的各项和工作，科学设置部门和岗位。

由于经营模式的不同，餐饮单体店和连锁门店在组织机构设置上有较大差异，主要表现如下：一是连锁店通常有一个总部，负责制定企业战略、管理规范和标准，监督各分店的运营情况，提供支持和资源。（图 1–2）。有些大型连锁餐饮企业还会根据店面的分布情况设立区域层级，负责区域内各分店的日常运营和管理。区域层级通常包括区域经理、区域财务、区域采购、区域营销等岗位。各门店作为基层运营单元，负责具体的餐饮服务和运营工作。门店层级通常包括店长、副店长、前台服务员、后厨厨师、收银员等岗位。单体店则没有这种关系，根据自己的业务需求设置部门即可。二是连锁店通常有集中采购和配送的部门，以降低成本和提高效率，而单体店没有这种集中管理。三是连锁店通常设置专门的人力资源管理部门，建有完善的培训和管理体系，以确保员工素质和服务质量。总的来说，连锁店的组织机构设置更加复杂，注重标准化和集中管理，而单体店则更加灵活和自主。

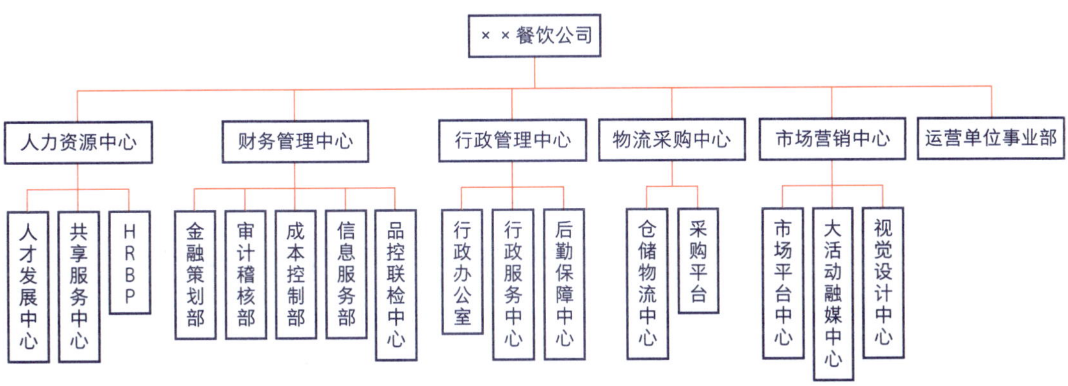

图 1–2　某连锁经营餐饮企业总部组织结构图

1. 直线型组织结构

餐饮门店的直线型组织结构是一种常见的简单组织形式，适用于小型门店岗位设置（图 1–3）。这种组织结构的优点是下属员工只接受一个上级的命令，结构简单、职责明确，信息传递速度快，决策效率高，有利于统一指挥和集中管理；缺点是员工晋升机会少，管理幅度有限，要求店长业务知识面广、能力强。

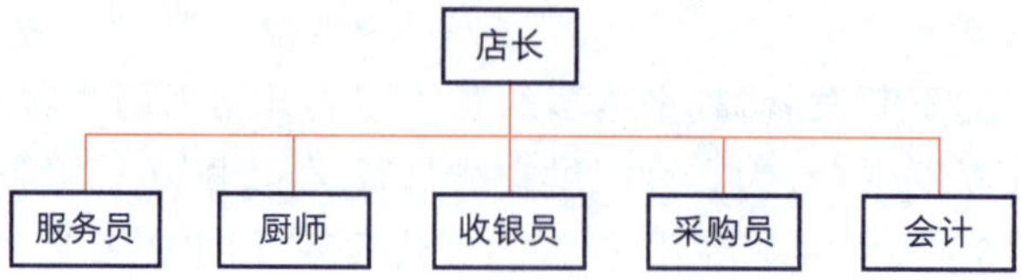

图 1-3 直线型组织结构图

2. 直线职能型组织结构

在直线职能型组织结构中，店长负责整个餐饮门店的运营和管理，下设若干直线管理岗位，如厨师长、前厅经理、管事经理、采购主管；同时还设立了各专业领域的职能部门和职能主管，如财务主管、人事主管、市场营销经理等（图 1-4）。这种组织结构既有垂直领导系统，保持了统一指挥的优点，又有基于专业分工的不同部门，各部门相互协作，共同完成餐饮门店的运营和管理。直线职能型组织结构的优点是能够充分发挥职能部门的专业优势，提高管理质量；缺点是部门间协调难度大，对市场变化反应不够灵活。

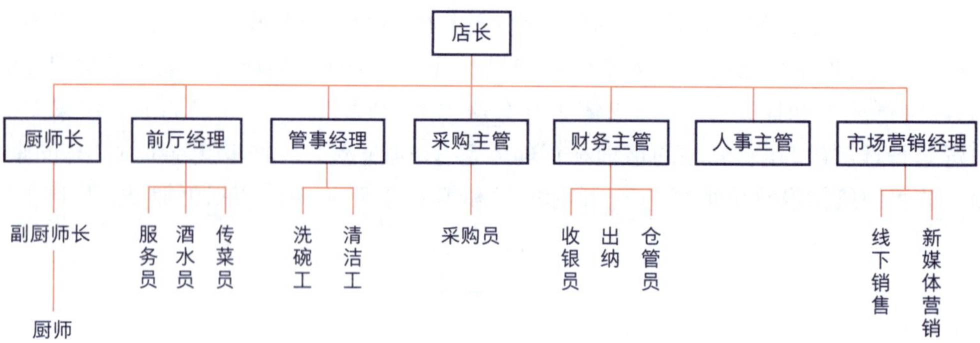

图 1-4 直线职能型组织结构图

在实际运用中，餐饮企业需要根据自身实际情况选择适合的组织形式，并加强部门间的沟通和协作，建立有效的信息传递机制和决策机制，以提高运营效率和服务质量。

二、任务工单

任务描述
某大型餐饮集团旗下中档餐饮品牌连锁门店位于大型综合商场内，以经营当地特色菜品为主，客源市场主要为本地居民和商场宾客。餐厅提供午晚餐正餐服务，经营火爆，用餐高峰期需要排号，已实现扫码点餐、会员管理等数字化经营，同时提供外卖服务。餐厅拥有 180 个餐位，包括零点餐厅 90 个餐位及 10 个宴会厅，其中小型宴会厅（容纳 6~8 人）6 个，中型宴会厅（容纳 8~14 人）4 个。请进行该门店组织机构设置
操作要求
1. 通过小组讨论或请教行业专家，完成该餐饮门店组织机构设置，并绘制组织机构图。 2. 分享该门店的组织机构设置思路

续表

素养提升
党的二十大报告指出，加快发展数字经济，促进数字经济和实体经济深度融合。新一代信息技术与各产业结合形成数字化生产力和数字经济，是现代化经济体系发展的重要方向。数据要素正在成为劳动力、资本、土地、技术、管理等之外最先进、最活跃的新生产要素。在餐饮业，数字化转型促使组织结构更趋于扁平化，智能化程度更高，管理更高效

三、任务分组

班级			教师		
组长			组名		
组员	姓名	分工		姓名	分工

四、任务实施

工作活动 1

组名：____________

管理层级	
所设岗位及其主要工作任务	
餐饮门店组织机构图	

工作活动 2

组织机构图完善：

组名：____________

征求行业专家意见，在教师指导下，绘制正确的组织机构图：
分享设计思路，记录自己存在的不足：

五、任务评价与总结

一级指标	二级指标	评价内容	分值	自评	互评	教评	得分
工作能力(40分)	知识获得	熟悉餐饮门店经营模式	15分				
		明晰总部和门店组织机构的区别					
		了解餐饮门店组织机构设置类型					
	感知课堂生活	认同小组探究型教学模式,在自主探究、积极思考后,进行高质量的协作	5分				
	参与态度与沟通能力	积极主动与教师、同学交流,相互尊重、理解	5分				
		与行业专家能够保持有效的信息交流	5分				
	素养达成	发现问题、提出问题、分析问题、解决问题	5分				
		提升团队合作意识	5分				
任务得分(60分)	餐饮门店组织机构设置	部门设置完整,工作职责清晰	10分				
		岗位设置满足经营需要	10分				
		层级设置合理	10分				
		组织机构设置科学合理,能够满足门店高效运转要求	10分				
		岗位设置充分考虑数字化转型因素	15分				
		组织机构图绘制清晰、结构完整	5分				
总结	进步						
	欠缺						
	改进措施						

项目三　菜品、饮品基本知识认知

● 知识目标

1. 掌握中餐菜肴特点及其分类。
2. 掌握西餐菜肴特点，熟悉主要西餐菜式特点。
3. 掌握酒精饮料和不含酒精饮料基本知识。

● 能力目标

1. 能够进行菜品知识介绍和推荐。
2. 能够进行饮品知识介绍和推荐。

● 素养目标

1. 深入理解中国菜深厚的文化内涵，增强民族自豪感和文化自信。
2. 增强个性化服务意识。
3. 提高信息沟通能力。

任务一　中西菜点认知

学习要点

掌握中西菜肴特点，熟悉中西菜肴的构成及其代表菜品。通过任务完成及分享，深入理解中国饮食文化内涵，能够从菜点用料、制作、色、香、味、形、器及历史文化等方面全方位进行菜品推介。

案例导入

小张是中餐厅的一名实习生，经过一段时间的实践学习已基本掌握服务流程。某日晚餐，小张为宾客上齐所有菜品，礼貌地告知宾客：

"您的菜品已经上齐，请慢用！有什么需要可以随时联系我。"

宾客:“麻烦帮我们准备一下面食吧。”

小张:“您需要什么面食?我们有面条、饺子、手抓饼。”

宾客:“饺子吧,有什么馅儿的?”

小张:“对不起,我还不太清楚,我去问一下。”(3 分钟后)

小张:“您好!我们水饺有虾仁的、鲅鱼的、白菜肉的、素三鲜的。”

宾客:“素的吧,里面有什么?”

小张:“我去厨房问问。”(3 分钟后)

小张:“您好,素三鲜水饺是韭菜、鸡蛋、虾皮。”

宾客:“好,来一份吧,一份几两?”

小张:“?”

宾客:“多少个?”

小张:“?”

引导问题:

(1) 你认为一名优秀的服务人员应该具备哪些专业知识?

(2) 在餐饮服务中要了解哪些菜品知识?

一、知识学习

(一) 中国菜的特点

中国菜历史悠久,历经数千年的发展形成了独特的风格特点,是中国文化的重要组成部分,也是世界烹调技艺的重要瑰宝。

1. 原料丰富,选料严谨

中国幅员辽阔、物产丰富,为中华美食提供了多样化的食材选择,加之中国菜多为熟制,大大提高了原料的可选性。广东有句俗语“脊背朝天,人皆可食”,可以窥见一斑。中国菜在选料上非常严谨和讲究,注重原料的品质、部位,以及季节性、地域性和营养价值等。厨师们会根据原料的特点,选择最合适的烹调方法,充分展示菜肴独特的魅力。

2. 刀工精细,善于调味

中国烹饪经过长期的经验积累,形成了切、片、削、雕、剔骨、花刀等数十种刀工技法。在烹饪过程中,根据食材的特性和烹制要求,选择合适的刀法可以提高烹饪效果,使菜肴更加多姿多彩。中国菜讲究调味,主要包括加热前的基础调味,加热中的定型调味和加热后的辅助调味。调味用料广泛、味型丰富,这赋予了中国菜独特的魅力。

3. 技法多样,注重火候

中国烹饪技艺源远流长,煎炒烹炸变化多样,数十种技法各具特色。火候的把握是中国烹饪的核心技艺之一。在烹调过程中根据食材的种类、质地、烹饪方法和口味要求等因素,合理控制火候大小和烹制时间,既可以使菜肴更加鲜嫩爽滑,也可以保持食材的原汁原味,获得最佳的烹制效果。

4. 重视造型,盛器考究

中国菜肴的造型艺术是中华饮食文化的重要组成部分,栩栩如生的菜品不仅展现了厨师的精湛技艺与匠心独运，更是激发了食客对美食的热情。如今很多“网红菜”凭借其独特的造型和颜值吸引了众多目光。美食美器的完美结合相得益彰，既能突出美食的特色，也能展现餐具的艺术美感。在中华传统文化中，餐具不仅是一种盛器，其设计、色彩乃至形状都被赋予了丰富的文化内涵和美好寓意。

（二）中国菜的分类

按照地区、发展历史、风味特色等，通常把中国菜肴分为地方菜、宫廷菜、官府菜、少数民族菜和素菜。

1. 地方菜

不同的地域文化和发展历史形成了我国各具特色的地方菜肴，它们是中国饮食文化的重要组成部分。地方菜注重对当地特有食材的选择和加工，有着不同的食材搭配和烹饪技艺，具有多样性和独特性，突出反映了该地区的地理、气候、物产、文化等方面的特点，体现了中国各地区的文化和特色，展现了中国人民的智慧和创造力。历经千年的演变发展，在清朝初期形成了以鲁菜、川菜、苏菜、粤菜为代表的四大菜系，在清朝末期，浙菜、闽菜、湘菜、徽菜等地方菜风格逐渐成熟，形成了八大菜系，后又增加了京菜和沪菜，至此十大菜系构成了我国地方菜的主要框架。

2. 宫廷菜

宫廷菜是指专供我国历代宫廷皇室享用的菜肴，又称为“御膳”，是我国封建社会烹饪技艺的最高水平，是中国菜的杰出代表。人们现在品尝的宫廷菜主要是明清以来形成的北京宫廷菜，其特点是选料严格，制作精细，形色美观，口味以清、鲜、酥、嫩见长，菜名多寓意吉祥美好。

3. 官府菜

官府菜是指历代封建王朝高官巨贾宅邸中的名厨经过长年研制完善，形成具有一定影响力的私家官府菜肴，有代表性的是孔府菜、谭家菜等。

4. 少数民族菜

少数民族菜是指中国各民族在长期的历史发展过程中，创造并广泛流传于民间的烹饪技艺、风味特色、饮食习俗的总和。由于各少数民族分布广泛，所在地的自然环境和物产各不相同，在民族文化、宗教信仰、生活习俗等方面也存在差异，所以形成了各具特色的民族风味菜肴，其丰富多彩的烹饪技艺为中国饮食文化的发展和传承作出了重要贡献。

5. 素菜

素菜是指用蔬菜、豆制品、菌类、藻类等植物性原料烹制而成的菜肴，主要有寺院素菜和民间素菜。素菜的主要特点是以时鲜为主、用料精细、注重本味、富含营养，在以素托荤方面有独到之处。

（三）西餐菜肴的特点

西餐菜肴泛指按照西方国家饮食习惯烹制的菜肴，其显著特点主要有以下几个方面。

1. 选料精细

西餐在烹饪过程中强调保持食材的原汁原味和营养价值，因此在选料上特别注重食材的品质和来源，特别是讲究食用生食或半生食的菜肴，要求食材新鲜度、安全性高，在质量和规格上有严格的标准。

2. 口味香醇

西餐烹饪中常用到各种调料和香料，包括胡椒、番茄酱、咖喱、迷迭香、丁香、香草、百里香等，以增加食物的香气，同时常用奶制品和葡萄酒调味，使得西餐菜肴口味更加香醇，层次感丰富。

3. 单独烹制沙司

西餐菜肴在形态上以大块为主，烹调时不易入味，大多需要在食用前浇上沙司。沙司是用于调味或增加口感的流质或半流质的酱汁，种类繁多，口味各异，单独烹制用以搭配不同的菜肴，能够起到画龙点睛的作用。

4. 注重肉类菜肴烹制的老嫩程度

西餐烹饪中对牛羊肉的老嫩程度非常讲究，不同的烹调方式和时间可以呈现出食材不同的口感和质地。在西餐菜肴中，牛羊肉的老嫩程度通常分为以下几种。

(1) 一成熟(Rare，简写为 R.)。菜肴表面焦黄，内部温度一般在 50℃左右，呈暗红色，口感柔软鲜嫩，汁水充足。因为原料内部温度未充分升高，所以对原料新鲜度要求极高，国内消费者接受程度较低，推荐时需谨慎。

(2) 三成熟(Medium Rare，简写为 M.R.)。菜肴表面呈浅褐色，内部温度一般在 55℃左右，呈鲜红色，外层已熟透，内部肉质仍然保持一定的鲜嫩度。

(3) 五成熟(Medium，简写为 M.)。菜肴表面呈褐色，内部温度一般在 60℃左右，颜色粉嫩，切开不见血，肉质相对多汁。

(4) 七成熟(Medium Well，简写为 M.W.)。菜肴表面呈深褐色，内部温度一般在 65℃左右，呈茶色，略见粉红色，肉质柔软，汁水适中。

(5) 全熟(Well Done，简写为 W.D.)。菜肴表面呈焦褐色，内部温度一般在 70℃以上，全部呈茶色，口感柔软，香味浓郁。

(四) 欧美主要国家的菜式特点

西餐菜肴大致可分为法式菜、英式菜、意式菜、俄式菜、美式菜。

1. 法式菜

法式菜是世界上最著名的美食之一，被认为是“西餐之精华”，其主要特点如下：一是选料广泛，加工精细，蜗牛、鹅肝、马兰、蛙腿等均可入菜；二是用料新鲜，讲究搭配，法式菜比较讲究半熟或者生食，烹制时注重火候，保持肉质的鲜嫩，同时配菜丰富，注重营养搭配；三是喜欢用酒调味，不同的菜品烹制时会搭配不同特点的酒品，如清汤用白葡萄酒，野味用红葡萄酒，不同地区特色菜品通常用当地葡萄酒搭配等。代表菜品有：法式焗蜗牛、香煎鹅肝、法式洋葱汤等。

2. 英式菜

英式菜有“家庭美肴”之称，量少而精，烹调简单，配菜也比较简单，很少用酒。英式菜最显著的特点是口味清淡，少油，烹饪时通常不使用过多的调味品，尽量保持食材的原汁原味，调味品放于餐桌，客人用餐时自取。代表菜品有：惠灵顿牛排、英式炸鱼、香草布丁等。

3. 意式菜

意式菜被誉为“西餐之母”，注重原汁原味，以味浓著称，烹饪方法以煎、炸、红烩、红焖居多，同时烹饪时会使用各种香料和调味料增强菜肴风味，但并不会过分掩盖食材本身的味道。在意式菜中，用米、面做菜是其显著的特色，种类丰富，主要有各种各样的通心粉、比萨等。另外，意式菜中海鲜菜肴和甜品也非常有特色。代表菜品有：奶油焗通心粉、萨拉米香肠、提拉米苏等。

4. 俄式菜

由于俄罗斯气候寒冷，人们需要补充较多的热量，所以俄式菜一般用油比较多，口味浓厚，酸、甜、咸、辣俱全。俄式小吃烹制讲究，其特点是生鲜、味酸咸，如鱼子酱、酸黄瓜、冷酸鱼等，富有刺激性，能够促进食欲。代表菜品有：黄油鸡卷、罗宋汤、羊肉手抓饭等。

5. 美式菜

美式菜是在英式菜的基础上发展起来的，继承了英式菜简单、清淡的特点，又融合多国烹饪精华，兼容并蓄，自成一格。美式菜口味咸中带甜，常用水果作为配料与菜肴一起烹制，多为铁扒类菜肴，讲究营养搭配和方便快捷。代表菜品有：华尔道夫沙拉、苹果烤火鸡、菠萝焗火腿等。

（五）西餐的上菜顺序

视频：西餐的上菜顺序

西餐有着严格的上菜顺序，一般为开胃头盘、汤、副菜、主菜、甜品、咖啡或茶。

1. 开胃头盘

开胃头盘是开餐的第一道菜，一般量少精致，口味偏咸偏酸，具有刺激食欲、唤醒食客味蕾的作用。作为用餐体验的重要开端，开胃菜注重精美的摆盘和食材的巧妙搭配。常见菜品有：虾仁鸡尾杯、鱼子酱、鹅肝慕斯等。

2. 汤

西餐中的汤从清汤到浓汤、从冷汤到热汤，种类繁多。汤多用高汤作为基底，营养丰富。其中的清汤或一些轻盈的汤品还与开胃菜一样，可以刺激食欲，为正式的餐食做好准备。常见汤品有：牛尾清汤、法式洋葱汤、奶油蘑菇汤等。

3. 副菜

副菜的选料以海鲜类原料为主，其主要功能之一是衬托主菜，通过味道、色彩、烹制方法的搭配，与主菜形成对比与补充，使整套菜品更加丰富。副菜选材既要考虑营养均衡，又要考虑与主菜的协调性。常见菜品有：香煎银鳕鱼、黄油焗龙虾、普卢旺斯带子等。

4. 主菜

主菜是西餐中最重要的部分，制作讲究，多用牛、羊、猪肉和禽类作为主原料，烹制方法多样，通过各种各样的酱汁增加风味。主菜菜品注重营养均衡，通常会搭配适量的蔬菜或烤土豆、意面等淀粉类食物。烹制精细，摆盘讲究，注重口味和色彩。常见菜品有：惠灵顿牛排、香草羊排、香橙鸭胸等。

5. 甜品

西式甜品种类繁多，口感和味道层次分明，往往会根据季节变化调整食材，注重装饰和摆盘的艺术性。如果食客同时点了奶酪和甜点，应该先上奶酪，再上甜点。常见甜品有布丁类、慕斯类、蛋糕类、冰淇淋等。

6. 咖啡或茶

西餐最后上咖啡或茶，服务时要搭配牛奶和糖。

二、任务工单

任务描述
结合中国菜知识学习，查阅相关资料，各小组选择四大菜系或八大菜系中任意一款地方菜，汇总整理此地方菜的特色、分支、烹饪文化、饮食习俗、代表菜品、守正创新等，制作成 PPT，进行课堂分享交流
操作要求
1. 掌握中国地方菜的分类 2. 能够多渠道、有效、准确地获取中国地方菜信息 3. 深入挖掘中华悠久饮食文化 4. PPT 制作风格符合地方菜文化特色，结构合理，思路清晰 5. 菜品知识介绍条理清晰，产品推介具有感染力
素养提升
习近平总书记 2022 年 5 月 27 日在十九届中央政治局第三十九次集体学习时的讲话中指出，“中华优秀传统文化是中华文明的智慧结晶和精华所在，是中华民族的根和魂，是我们在世界文化激荡中站稳脚跟的根基”。中国烹饪历史悠久，技艺精湛，具有深厚的文化底蕴，是中国优秀传统文化的重要组成部分。它不仅传承了古老的技艺，还承载了中国人民的智慧和创造力、情感和价值观。通过饮食，可以了解一个地方的历史、风俗和文化。中国菜体现了中国人民谦和的礼仪，是中国文化传播的重要载体

三、任务分组

班级			教师		
组长			组名		
组员	姓名	分工	姓名	分工	

四、任务实施

工作活动 1

组名：____________

地方菜名称	
信息获取途径	
菜系发展历史	
菜系分支、特点及其代表菜肴	
文化特色及创新发展	
饮食相关非物质文化遗产项目	

工作活动 2

组名：	PPT 名称：
PPT 模板选择	
主要内容及重点推介特色产品	
文字、图片及音频视频等链接	
PPT 讲解展示要点	

五、任务评价与总结

一级指标	二级指标	评价内容	分值	自评	互评	教评	得分
工作能力（60 分）	信息获取能力	能结合调研运用数字化手段获取有效信息	5 分				
		信息获取准确	5 分				
	感知课堂生活	能够全面客观地认识中国饮食文化的保护和传承、创新和发展	10 分				
	参与态度与沟通能力	与教师、同学能够保持多向、丰富、适宜的信息交流	5 分				
	知识获得	熟悉中国菜的特点	5 分				
		掌握中国菜的分类及特点	10 分				
		掌握地方菜的分类及特色	10 分				

续表

一级指标	二级指标	评价内容	分值	自评	互评	教评	得分
工作能力(60分)	素养达成	充分认识中国饮食文化交流的重要性	5分				
		树立文化自信	5分				
任务得分(40分)	中国地方菜系认知PPT制作及展示	所介绍地方菜系发展历史全面、准确	5分				
		所介绍地方菜系的分支、特色及代表菜肴准确,特点突出	10分				
		能从产品、服务、技艺、饮食习俗、创新发展等多方面深入挖掘相关餐饮文化特色	10分				
		PPT制作能够突出地方饮食文化特色,结构合理,思路清晰,整体界面美观、布局合理、文字清晰、字体设计恰当	10分				
		产品推介语言流畅、表述清晰、逻辑性强	5分				
总结	进步						
	欠缺						
	改进措施						

任务二　饮品知识认知

学习要点

掌握酒精饮料和不含酒精饮料的基本知识。通过完成任务及分享知识,进一步深入了解当地酒文化及茶文化特色,能够从制造工艺、口味特点、与菜肴的搭配、品饮习俗、健康饮用等多方面进行饮品推介。

案例导入

金秋十月,一对老夫妇来到江南一家餐厅用餐,王蕊接待了他们。两位宾客点菜不多,特别提出要品尝大闸蟹。点完菜后，他们请王蕊帮忙推荐酒水。王蕊看看菜单推荐道："叔叔、阿姨，我推荐你们来一点儿绍兴黄酒。黄酒性温，有活血暖胃的功效，可以降低螃蟹的寒性，酒精度也不高，是一种养生之酒。黄酒的甘醇还可以消除蟹肉的腥味，增加蟹肉鲜美的口感。当然，您也可以选择白酒或者白葡萄酒，都比较适合搭配大闸蟹。"

引导问题：

(1) 在餐饮服务中要了解哪些酒水知识?

(2) 为宾客推荐饮品时要考虑哪些因素?

一、知识学习

(一) 酒精饮料

酒精饮料是含有糖分的物质在酵母菌的作用下自然产生的含有乙醇(Ethyl Alcohol)的、带有刺激性的饮料。饮酒对身体有危害，在一些场合需要禁酒。酒有多种分类方法，可以通过酒精度、酒的颜色、酒的原料、生产工艺和酒的功能来分类。

1. 按照酒精度分类

(1) 低度酒。低度酒的酒精度不超过 15°。葡萄酒的酒精度约 12°，啤酒的酒精度约 4.5°。

(2) 中度酒。通常人们将酒精度在 16°~38° 的酒称为中度酒。

(3) 高度酒。高度酒也称为烈性酒，指酒精度高于 38° 的蒸馏酒。不同国家和地区对酒的酒精度有不同的认识。有些国家将 20° 以上的酒(包括 20° 的酒)称为高度酒。

2. 按照酒的颜色分类

(1) 白酒。白酒指无色透明的酒，如中国白酒、伏特加酒。

(2) 色酒。色酒指带有颜色的酒，如利口酒、红葡萄酒。

3. 按照制酒的原料分类

(1) 水果酒。水果酒指以水果为原料，经过发酵、蒸馏或配制成的酒，如葡萄酒、白兰地酒、味美思酒等。

(2) 粮食酒。粮食酒指以谷物为原料，经过发酵或蒸馏制成的酒，如啤酒、米酒、威士忌酒，中国茅台、五粮液等白酒。

4. 按照生产工艺分类

(1) 发酵酒。发酵酒又称为原汁酒，是含有糖分的液体进行发酵产生的含酒精的饮料。发酵酒的酒精度较低，一般不超过 15°，酒精度的高低取决于原料含糖量的多少。发酵酒根据原料可分为谷物发酵酒、水果发酵酒和其他发酵酒。水果发酵酒是以植物的果实为原料酿造而成的，以葡萄酒为主要代表。另外还有以苹果、梨、草莓等水果为原料酿造的其他水果酒。谷物发酵酒是以大米、糯米等为原料酿造而成的，主要有啤酒、黄酒、清酒等品种。少数发酵酒是以动物的奶、蜜等为原料而酿制的，如奶酒、蜜酒等。

(2) 蒸馏酒。蒸馏酒是以含糖分或淀粉的物质为原料，经糖化、发酵、蒸馏而成或者以其他发酵酒为原料蒸馏而成的酒，其特点是酒精度高，一般酒精度在 40° 以上，同时因为蒸馏酒酒精度高、含杂质少，所以可在常温下长期保存。蒸馏酒的种类有很多，有白兰地(Brandy)、威士忌(Whisky)、伏特加(Vodka)、金酒(Gin)、朗姆酒(Rum)、中国白酒(Chinese Liquor)和特基拉酒(Tequila)等,按生产原料的不同可分为谷物、果类、果杂类和其他四大类。

(3) 配制酒。配制酒是一个比较复杂的酒品系统,它的诞生晚于单一酒品。配制酒是以发酵酒或蒸馏酒为酒基,与其他酒品或非酒精物质进行配制获得,主要有开胃酒(Aperitif)、甜食酒(Desert Wine)、利口酒(Liqueur)等。

5. 按照酒的功能分类

(1) 餐前酒(Aperitif)。餐前酒指有开胃功能的各种酒,常在餐前饮用。常用的餐前酒有干雪利酒、清淡的波特酒(Port)、味美思酒(Vermouth)、苦酒(Bitter)、茴香酒(Anisette)和具有开胃作用的鸡尾酒(Aperitif Cocktails)等。

(2) 餐酒(Table Wine)。餐酒也称为餐中酒,指用餐时饮用的白葡萄酒、红葡萄酒、玫瑰红葡萄酒,以及清淡的香槟酒。

(3) 甜点酒(Dessert Wine)。甜点酒指吃点心时饮用的带有甜味的葡萄酒。这种葡萄酒酒精度高于一般餐酒,通常在16°以上,如甜雪利酒(Sherry)、波特酒(Port)、马德拉酒(Madeeira)。

(4) 餐后酒(Liqueur)。餐后酒也称为利口酒或考迪亚酒(Cordial),是人们餐后饮用的带甜味和香味的混合酒。这种酒多以烈性酒为基本原料,勾兑水果香料或香草及糖蜜制成。

此外,酒也可以根据国家和生产地来分类,许多同类酒由于出产国家不同,酒的特点也不同。例如,法国味美思酒以干味而著称并带有坚果香味。意大利味美思酒以甜味和独特的清香及苦味而著称。

(二) 不含酒精饮料

不含酒精饮料是指酒精含量小于0.5%、以补充人体水分为主要目的的饮品,包括茶、咖啡、果汁、碳酸饮料和矿泉水等。

1. 茶

茶通常是指茶树的嫩叶或嫩芽,用不同的工艺加工而成的物质,可热饮也可冷饮。中国是茶的故乡,世界茶叶和茶文化的发源地。茶按照其加工方式分为六大基本茶类和再加工茶类。

(1) 绿茶。绿茶是不发酵茶,其产区遍及各产茶省份,是我国目前产量和销量最大的茶叶。其特点是干茶绿、茶汤绿、叶底绿,冲泡后香气清高,滋味鲜醇爽口、微苦后甘。包括炒青绿茶(龙井、碧螺春等)、烘青绿茶(黄山毛峰、太平猴魁等)、晒青绿茶(滇青、川青等)、蒸青绿茶(恩施玉露、煎茶等)。

(2) 红茶。红茶是全发酵茶,具有红叶红汤的典型品质特征,滋味鲜浓甜醇,包括小种红茶(正山小种、烟小种等)、工夫红茶(滇红、祁红、川红、闽红等)、红碎茶(叶茶、碎茶、片茶、末茶)。

(3) 乌龙茶。乌龙茶又称青茶,属于半发酵茶,产区主要分布在福建省、广东省和台湾省,其品质特征为:干茶色泽青褐、条索紧结,汤色金黄或绿黄,香气馥郁悠长,有花果香,滋味浓醇回甘，叶底绿中有红。包括闽北乌龙（武夷水仙、大红袍、肉桂等）、闽南乌龙（铁观音、毛蟹、黄金桂等）、广东乌龙（凤凰单枞、凤凰水仙等）、台湾乌龙（冻顶乌龙、文山包种等）。

（4）黑茶。黑茶是后发酵茶，干茶乌黑油润，茶汤汤色红褐，包括滇桂黑茶（普洱茶、六堡茶等）、湖南黑茶（安北黑茶等）、湖北老青茶（蒲圻老青茶等）、四川边茶（南路边茶、西路边茶等）。

（5）白茶。白茶属微发酵茶，是我国产量较少的特有茶类之一，起源于福建，因色泽银白，外形满披白毫而得名，包括白芽茶（白毫银针等）、白叶茶（白牡丹、贡眉等）。

（6）黄茶。黄茶是轻发酵茶，其最大的特点是黄汤黄叶，包括黄芽茶（君山银针、蒙顶黄芽等）、黄小茶（北港毛尖、沩山毛尖等）、黄大茶（霍山黄大茶、广东大叶青等）。

（7）再加工茶。再加工茶是以基本茶类为基础，经过再加工制成的，如花茶（茉莉花茶、玫瑰花茶、桂花茶等）、紧压茶（黑砖、茯砖、饼茶等）、萃取茶（速溶茶、浓缩茶等）、果味茶（荔枝红茶、柠檬红茶、猕猴桃茶等）、药用保健茶（减肥茶、杜仲茶、甜菊茶等）、含茶饮料（茶可乐、茶汽水、茶酒等）等。

2. 咖啡

咖啡（Coffee），是用经过烘焙磨粉的咖啡豆制作出来的饮料。常见的咖啡饮品种类有普通速溶咖啡（Instant Coffee）、现磨咖啡（Fresh Brewed Coffee）、不含咖啡因咖啡（Decaffeinated Coffee）、意式特浓咖啡（Espresso）、奶泡咖啡（Cappuccino）、拿铁咖啡（Coffee Latte）、冰咖啡（Iced Coffee）等。

3. 碳酸饮料

碳酸饮料（Carbonated Drinks）是指在一定条件下充入二氧化碳气体的饮品，不包括由发酵法自身产生的二氧化碳气体的饮料，成品中二氧化碳气体的含量（20℃时体积倍数）不低于 2.0 倍。

（1）果汁型（Fruit Juice Type）。果汁型指原果汁含量不低于 2.5% 的碳酸饮料，如橙汁汽水、菠萝汁汽水或混合果汁汽水等。

（2）果味型（Fruit Flavoured Type）。果味型指以果香型食用香精为主要赋香剂，原果汁含量低于 2.5% 的碳酸饮料，如桔子汽水、柠檬汽水等。

（3）可乐型（Cola Type）。可乐型指含有焦糖色、可乐香精或类似可乐果和水果香型的辛香、果香混合香型的碳酸饮料，如可口可乐、百事可乐、七喜等。

（4）低热量型（Low-calorie Type）。低热量型指以甜味剂全部或部分代替糖类的各型碳酸饮料和苏打水，成品热量低于 75 kj/100 ml。

（5）其他型（Other Types）。其他型指含有植物油提取物或非果香型的食用香精为赋香剂，以及补充人体运动后失去的电解质、能量等的碳酸饮料，如姜汁汽水、沙示汽水、运动汽水等。

4. 果汁饮料

以新鲜或冷藏水果为原料，经过清洗、挑选后，采用物理的方法，如压榨、浸提、离心等方法得到水果汁液，以水果汁液为基料，通过加糖、酸味剂、香精，色素等调制的产品，被称为果汁饮料。

(1) 果汁。果汁是由原料水果用机械方法(如榨汁工艺)加工所得的,没有发酵过的,具有该种水果原有特征的制品。

(2) 果浆。果浆是采用打浆工艺将水果或水果的可食部分加工制成未发酵但能发酵的浆液,具有水果原有特征的制品。

(3) 浓缩果汁。浓缩果汁是采用物理方法从果汁中除去一定比例的天然水分制成具有果汁应有特征的制品。

(4) 浓缩果浆。浓缩果浆是果浆经浓缩除去水分制成的制品。

(5) 果肉饮料。果肉饮料是在果浆或浓缩果浆中加水、糖、酸味剂、香精等调制而成的制品,成品中果浆含量≥ 30 g/100 mL。混合果肉饮料是含两种或两种以上果浆的果肉饮料。

(6) 果粒果汁饮料。果粒果汁饮料是在果汁或浓缩果汁中加入水,柑橘类的囊胞或其他水果经切细的果肉,以及糖、酸味剂等调配而成的制品。要求产品中果粒含量≥ 5 g/100 mL,果汁含量≥ 10 g/100 mL。

二、任务工单

任务描述
深入了解当地生产的特色酒水及饮料,包括但不限于各类白酒、葡萄酒、黄酒、啤酒、茶叶等,结合饮品知识学习,查阅相关资料,以小组为单位,选择其中 1~2 款饮品,汇总整理其生产工艺、口味特点、历史文化、服务要求、品饮习俗、消费市场、创新发展等,制作成 PPT,进行课堂分享交流
操作要求
1. 掌握酒精饮料和不含酒精饮料的分类及特点 2. 能够多渠道、有效、准确地获取当地所产品的信息 3. 深入挖掘中华悠久饮食文化 4. PPT 制作风格符合所选饮品文化特色,结构合理,思路清晰 5. 饮品知识介绍条理清晰,产品推介具有感染力
素养提升
“茶叶深深融入中国人的生活,成为传承中华文化的重要载体。从古代的丝绸之路、茶马古道、茶船古道,到今天的丝绸之路经济带、21 世纪海上丝绸之路,茶穿越历史、跨越国界,深受世界各国人民的喜爱”。中华民族五千年文明画卷,每一卷都飘着清幽茶香。茶叶的价值不仅体现在脱贫致富、经济发展上,作为中国传统文化的重要组成部分,茶文化的交流,对于文化的交流互鉴也起到了重要作用。以茶论道,以茶交友,要让更多的人知茶爱茶,共品茶香茶韵,共享美好生活

三、任务分组

班级		教师	
组长		组名	

组员

姓名	分工	姓名	分工

四、任务实施

工作活动 1

组名：____________

饮品名称	
信息获取途径	
生产工艺、口味特点、服务要求	
消费市场情况	
历史文化、品饮习俗	
饮品的创新发展	
饮品相关非物质文化遗产项目	

工作活动 2

组名：	PPT 名称：
PPT 模板选择	
主要内容及重点推介特色产品	
文字、图片及音频视频等链接	
PPT 讲解展示要点	

五、任务评价与总结

一级指标	二级指标	评价内容	分值	自评	互评	教评	得分
工作能力（50分）	信息获取能力	能结合调研运用数字化手段获取有效信息	5分				
		信息获取准确	5分				
	感知课堂生活	是否能够深入了解当地饮品的文化特色，保护和传承，创新和发展	10分				
	参与态度与沟通能力	与教师、同学能够保持多向、丰富、适宜的信息交流	5分				
	知识获得	熟悉掌握饮品的分类	5分				
		掌握各类饮品的特点	10分				
	素养达成	充分认识酒水文化的优劣势	5分				
		树立文化自信	5分				
任务得分（50分）	饮品认知PPT制作及展示	所介绍饮品的发展历史全面、准确	5分				
		所介绍饮品的生产工艺、口味特点及服务要求准确，特点突出	10分				
		能从产品的发展历史、品饮习俗等多方面深入挖掘饮品文化特色	10分				
		能够较全面地了解所介绍饮品的消费市场、创新和发展	10分				
		PPT制作能够突出地方饮食文化特色，结构合理，思路清晰，整体界面美观、布局合理、文字清晰、字体设计恰当	10分				
		产品推介语言流畅、表述清晰、逻辑性强	5分				
总结	进步						
	欠缺						
	改进措施						

模 块 小 结

本模块聚焦数字化转型背景下餐饮行业的发展趋势，围绕宾客需求响应、企业组织优化、产品创新发展三个不同的角度设计任务，注重学习者在任务执行过程中对新媒体的深入认识，使其了解新媒体在行业中的应用。在引导学习者形成行业认知的同时，深化以文塑旅、以旅彰文，文旅深度融合发展理念。

学习者通过本模块的学习，应熟悉餐饮企业特点，掌握组织机构的设置原则，了解当地饮食文化特色。

赛 证 直 通

扫二维码，完成在线练习。

在线自测 1

模块二　餐　厅　服　务

◆ 模块导读

本模块主要包括餐饮服务技能、中餐服务、西餐服务和其他形式服务，旨在帮助学习者了解餐饮服务的基本程序，掌握各项服务的流程和操作标准，提升学习者餐饮服务的专业能力。

◆ 思维导图

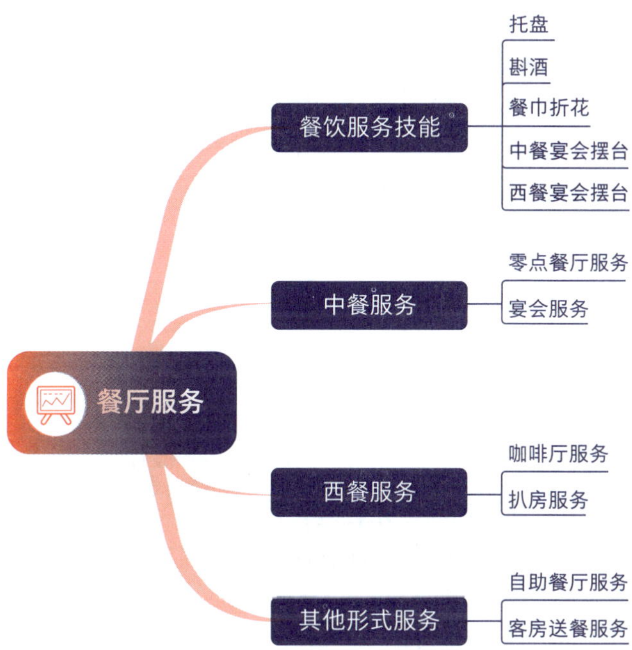

项目一　餐饮服务技能

- **知识目标**

掌握餐饮服务技能的各项要素和操作标准及规范。

- **能力目标**

1. 掌握托盘操作的动作要领，能够灵活使用托盘，完成规范化服务操作。
2. 能够根据酒水的类型，灵活完成斟酒服务操作。
3. 能够掌握餐巾折花的各项技能。
4. 能够独立完成中西餐宴会摆台操作。

- **素养目标**

1. 具备严谨的工作态度、精益求精的工匠精神。
2. 具备操作的规范化意识，提升操作的规范化水平。
3. 提高创新能力，树立守正创新的职业意识。

任务一　托　　盘

学习要点

通过案例分析和学习，掌握托盘使用技巧。在任务学习中，注重托盘技能训练，结合实际工作任务，认识到托盘使用的重要性并且能够娴熟地使用托盘。

案例导入

托盘在酒店的日常服务中是必不可少的工具，在使用托盘进行托物时，物品的摆放有一定的要求。咖啡厅正在进行新员工托盘培训，图 2-1 和图 2-2 是新员工小张和领班小李摆放的两个托盘。

图 2-1 托盘示意一

图 2-2 托盘示意二

引导问题：

(1) 认真查看案例图片，思考两幅图片中托盘内的物品摆放有什么不同。

(2) 托盘服务的使用场景有哪些?

一、知识学习

托盘是餐厅服务人员运送各种物品的基本服务工具。正确有效地使用托盘是每名餐厅服务人员在工作中必须掌握的基本操作技能。

(一) 托盘的种类及用途

可根据材质、大小及形状对托盘进行分类，运送不同的物品要使用不同类型的托盘。

1. 托盘的种类

按材质分类：常见的托盘有木质、金属、塑料、胶木防滑托盘等。

按大小分类：托盘分为大、中、小型三种规格。

按形状分类：有方形、长方形、圆形和异形托盘等。

2. 托盘的用途

大、中型长方形托盘：常用于传菜，托送酒水和盘碟等较重物品。

大、中型圆形托盘：常用于餐厅摆台、斟酒、撤换餐具等。

小型托盘：常用于运送账单、信件、饮料和餐桌上的小器皿等。

(二) 使用托盘的正确方法

1. 轻托

用于托送较轻的物品，或用于上菜、分菜、斟酒、撤换餐具等，一般所托重量在 5 kg 以内。轻托步骤一般包括理盘、装盘、起盘、行走和落盘五部分。轻托的注意事项如下。

(1) 托盘不可从宾客头上越过，以免发生意外。

(2) 用轻托的方式给宾客斟酒时，要随时注意调整托盘的重心。

(3) 从托盘内取用物品时，要从两边交替取拿，以保持托盘的平衡。

(4) 托托盘的时候要量力而行，切记贪多，以确保操作安全。

视频：轻托

2. 重托

又称肩上托，用于托送较重的菜点、酒水和盘碟等，一般所托重量在 10 kg 左右。

（三）托盘保管与保养

1. 每餐后要进行清洁，用洗洁精刷洗正反两面，禁止用洗碗机洗。

2. 随时保持清洁，无水渍、污渍、油渍。

3. 洗后托盘用干布擦净，竖立自然晾干。

4. 每天进行清点，保证数量。

5. 爱护托盘，严禁乱涂乱划，盘上不能有各种笔迹、漆迹或乱盖原子印章，区分使用部门用不干胶贴纸。

6. 严禁把玩托盘或空中传递。

二、任务工单

任务描述
按照轻托的技术要领，进行静托和托盘行走练习
操作要求
1. 理盘、装盘、起盘符合要求 2. 静托重量不低于 1.5 kg，女生静托时间不少于 3 min；男生静托时间不少于 5 min 3. 静托及托盘行走动作标准 4. 训练以小组为单位展开，训练中相互学习，并开展多种形式的竞赛活动
素养提升
千里之行始于足下，托盘服务是餐厅服务模块的第一项训练技能，也是餐饮服务技能的基本功。学习者在托盘技能练习的过程中，要充分发扬中华民族勤勉、踏实的优秀品质，既要根据所托物品、服务环境等因素灵活处理各种情况，还需全程专注于托盘，脚踏实地、身正步稳，这样才能顺利完成本项服务，扎扎实实地踏出职业生涯的第一步

三、任务分组

<table>
<tr><td>班级</td><td colspan="2"></td><td>教师</td><td colspan="2"></td></tr>
<tr><td>组长</td><td colspan="2"></td><td>组名</td><td colspan="2"></td></tr>
<tr><td rowspan="6">组员</td><td>姓名</td><td>分工</td><td colspan="2">姓名</td><td>分工</td></tr>
<tr><td></td><td></td><td colspan="2"></td><td></td></tr>
<tr><td></td><td></td><td colspan="2"></td><td></td></tr>
<tr><td></td><td></td><td colspan="2"></td><td></td></tr>
<tr><td></td><td></td><td colspan="2"></td><td></td></tr>
<tr><td></td><td></td><td colspan="2"></td><td></td></tr>
</table>

四、任务实施

工作活动 1

小组讨论确定托盘技能要求：

理盘技能要求	
装盘技能要求	
起盘技能要求	
行走技能要求	
落盘技能要求	

工作活动 2

小组内进行托盘技能评分：

项目	分数	要求和标准	细节配分	扣分	得分
码放托盘	15 分	选择干净、无水渍的托盘	5 分		
		托盘内物品要求：重的、高的放内侧；矮的、低的放外侧；先拿的放外侧，后拿的放里侧	5 分		
		托盘内物品商标冲外	5 分		
起盘	10 分	起盘时应左脚在前，右脚在后，屈膝弯腰，以确保托盘平稳	5 分		
		右手将托盘拉出 1/3，左手托于托盘底部中心，右手扶住托盘，起托后撤回左脚	5 分		
静托	30 分	两肩平行，用左手托托盘	3 分		
		左手上臂垂直于地面，下臂向前抬起与地面平行，上臂与下臂垂直成 90° 角	2 分		
		手掌掌心朝上，五指张开，大拇指指端到手掌的掌根部位和其余四指托住盘底，手掌自然形成凹形，掌心不与盘底接触	5 分		
		左手手肘离腰部一拳距离	3 分		
		右手放于背后	2 分		
		按标准站姿站立	5 分		
		男生静托 3 瓶啤酒 5 min（如不到 5 min，则每少一分钟扣 2 分，少于 1 min 不得分）	5 分		
		女生静托 3 瓶啤酒 3 min（如不到 3 min，则每少一分钟扣 2 分，少于 1 min 不得分）	5 分		

续表

项目	分数	要求和标准	细节配分	扣分	得分
行走	15分	持托盘行走时，要确保头正肩平，上身挺直，目视前方	5分		
		托盘应自然摆动，行走步伐沉稳	5分		
		菜汁、酒水不外溢	5分		
落盘	10分	到达目的地时要将托盘小心地放到工作台上	5分		
		左脚在前，右脚在后，弯腰前倾，右手协助将托盘放于工作台上	5分		
整体要求	20分	操作规范，动作娴熟，优雅	10分		
		表情自然大方，姿势优美，面带微笑	10分		
总计	100分		100分		

五、任务评价与总结

一级指标	二级指标	评价内容	分值	自评	互评	教评	得分
工作能力(50分)	信息检索能力	能使用数字化手段获取知识和有效信息；能将查到的信息有效运用到学习中	5分				
	感知课堂生活	熟悉工作岗位，认同岗位工作价值，在学习中能获得满足感，认同课堂文化	5分				
	参与态度与沟通能力	与教师、同学能够保持多向、丰富、适宜的信息交流	5分				
	知识能力获得	掌握托盘各项技能要求	10分				
		掌握托盘的种类和作用	10分				
	素养达成	发现问题、提出问题、分析问题、解决问题	5分				
		具有精益求精的工匠精神	10分				
任务得分(50分)	托盘技能训练	物品、器具使用准确	10分				
		托盘训练全过程姿势标准	15分				
		托盘训练流程准确	15分				
		托盘训练服务仪态和精神风貌良好	10分				
总结	进步						
	欠缺						
	改进措施						

任务二　斟　　酒

学习要点

通过案例分析和学习，掌握斟酒动作要领及服务技巧。在任务学习中，注重斟酒技能训练，结合实际工作任务，熟知各类型酒水的斟倒顺序、技巧及斟倒量，灵活完成斟酒服务操作。

案例导入

某五星级酒店的商务晚宴上，资深侍酒师正在为葡萄酒领域的知名收藏家提供酒水服务。侍酒师手中托着一瓶源自法国波尔多列级庄园的优质葡萄酒，他首先向客人展示了酒瓶标签，然后用开瓶器开启瓶塞。他没有直接倒酒，而是让客户闻瓶塞以判断是否有异味，并进行了醒酒步骤。斟酒时，他只倒入约 1/3，以方便客人观察酒色并旋转酒杯。然而，在倾倒过程中，由于操作不当，酒液溅出，影响了服务的专业度和宾客体验。

引导问题：

(1) 侍酒师在斟酒过程中的哪些操作体现了专业的斟酒服务？

(2) 在上述案例中，侍酒师的服务存在哪些可能导致酒液溅出杯口的不足之处？

一、知识学习

(一) 斟酒所需器具

白酒：分酒器、酒杯。

红葡萄酒：口布、开瓶器、小碟、酒杯、醒酒器。

白葡萄酒：金属水桶及桶架、口布、开瓶器、小碟、酒杯。

起泡酒及香槟酒：金属水桶及桶架、口布、小碟、酒杯。

(二) 斟酒服务流程

1. 斟酒前的准备工作

斟酒前的准备工作包括检查酒水、示瓶、调节酒水温度、根据客人所点酒水准备相应的酒杯及开瓶用具等。各类酒水的最佳饮用温度如表 2-1 所示。

2. 开瓶

普通酒水开启瓶盖比较容易，但葡萄酒和香槟酒的开启应掌握正确的方法。

首先备好酒钻、毛巾。开瓶时，要尽量减少瓶体的晃动，动作要准确、敏捷、果断。开启瓶塞以后，用干净的餐巾细擦拭瓶口。检查酒水质量，如发现瓶子破裂或酒水中有悬浮物、浑浊沉淀物等质变现象，应及时调换。开启后的封皮、木塞、盖子等物不要直接放在桌上，应在离开时一并带走。

表 2-1　各类酒水的最佳饮用温度

酒水名称	最佳饮用温度
啤酒	4~10℃
白葡萄酒	8~12℃
红葡萄酒	18~24℃
香槟酒、起泡酒	4~8℃
清酒	一般以 16℃左右为宜，如果低于 13℃，则酒香难以挥发和被感知。另外清酒加温后饮用，加温一般加至 40~50℃
加饭酒	加温至 60℃

3. 试酒

将酒缓缓置入主人杯中（约 10 mL），请主人品尝。

4. 斟酒

视频：斟酒

斟酒分为桌斟和捧斟，其中桌斟包括徒手斟酒和托盘斟酒。

徒手斟酒：站立在客人右侧，左手持一块洁净的餐巾背于身后，右手握酒瓶中部，将酒标朝向宾客。斟酒时，身体微向前倾进行斟倒。斟至适当酒量时，右手持瓶顺时针旋转，收回酒瓶。

托盘斟酒：使用托盘斟酒时，服务人员应用左手托托盘，将托盘中的酒水向客人展示，请宾客选择酒水，然后进行斟倒。托盘斟酒时，托盘不可逾越宾客的头顶，掌握好托盘重心的同时，左臂将托盘向外托送，避免托盘碰到宾客。

视频：徒手斟酒

捧斟：此操作适用于酒会和酒吧服务。手握酒瓶的基本姿势与桌斟一样，不同的是，捧斟是一手握酒瓶，另一手将酒杯拿在手中，斟酒的动作应在台面以外的地方进行，此操作适用于非冰镇处理的酒。

一般白酒斟八成，红葡萄酒斟五成，白葡萄酒斟七成。起泡酒应分两次斟，第一次斟 1/3，待泡沫平息后，再斟 1/3。斟啤酒时，应使酒液顺杯壁滑入杯中，八成酒二成沫。

斟酒顺序：中餐宴会斟酒顺序一般从主宾位开始，按顺时针依次为客人斟酒。西餐宴会的斟酒顺序依次为：女主宾、女宾、女主人、男主宾、男宾、男主人。

斟酒注意事项如下。

（1）为宾客斟酒不可太满，瓶口不可碰杯口，以相距 2 cm 为宜，酒标朝向宾客。

（2）斟酒时要掌握好酒瓶的倾斜度，控制酒的流速。若因操作不慎将杯子碰倒，应立即向宾客表示歉意，同时在桌面酒水痕迹处铺上干净的餐巾。

（3）当宾客杯中的酒水只剩下 1/3 时，应询问宾客以便及时添斟。

（4）对于白葡萄酒、香槟等需冰镇的酒水，斟酒时需使用服务巾，斟完酒后需将酒放回冰桶中以保持温度。

(5) 当宾客祝酒讲话时,服务人员要停止一切服务,端正肃立在适当的位置上,讲话结束时,为讲话者送上酒水,供祝酒之用。

二、任务工单

任务描述
1. 熟练运用徒手斟倒酒水和托盘斟倒酒水的操作要领为宾客提供酒水服务。 2. 服务包括白酒服务、红葡萄酒服务
操作要求
1. 为两名宾客进行酒水服务,依次斟倒白酒和红葡萄酒。 2. 白酒斟倒服务流程规范。 3. 红葡萄酒斟倒服务流程规范。 4. 以小组为单位展开评价,评价时注意细节
素养提升
中国作为酒类消费大国,有着悠久而深厚的酒文化。改革开放以来,来自世界各地的各式酒品得到了广大中国消费者的认可和喜爱,中西方的酒文化也在中国人的餐桌上不断交融、碰撞。在斟酒服务的过程中,既要注重流程的规范,也要做到服务优雅、彬彬有礼,斟酒时务必遵循适度原则,饮酒更是如此,美酒虽好,也不要贪杯

三、任务分组

<table>
<tr><td>班级</td><td colspan="2"></td><td>教师</td><td colspan="2"></td></tr>
<tr><td>组长</td><td colspan="2"></td><td>组名</td><td colspan="2"></td></tr>
<tr><td rowspan="6">组员</td><td>姓名</td><td>分工</td><td>姓名</td><td colspan="2">分工</td></tr>
<tr><td></td><td></td><td></td><td colspan="2"></td></tr>
<tr><td></td><td></td><td></td><td colspan="2"></td></tr>
<tr><td></td><td></td><td></td><td colspan="2"></td></tr>
<tr><td></td><td></td><td></td><td colspan="2"></td></tr>
<tr><td></td><td></td><td></td><td colspan="2"></td></tr>
</table>

四、任务实施

工作活动 1

小组讨论确定斟酒技能要求：

斟酒时的顺序	
斟酒时的动作要领	
斟酒的酒量标准	

工作活动 2

小组内进行斟倒酒水服务评分：

项目	分数	要求与标准	分值	扣分	得分
斟酒	80 分	先斟倒红葡萄酒，再斟倒白酒	5 分		
		从主宾开始，按顺时针方向从宾客右侧斟倒	10 分		
		红葡萄酒斟至五分满，白酒八分满（如不标准，则每 1 杯扣 2 分）	10 分		
		斟倒时，手握酒瓶的下半部，酒标朝向宾客	5 分		
		每倒完一杯均需按顺时针转动酒瓶	10 分		
		斟酒要求不滴不撒（每撒一滴扣 1 分）	10 分		
		瓶口不可搭在杯口上，瓶口距杯口 1~3 cm（如不标准，则每 1 杯扣 2 分）	10 分		
		倒酒时绕开餐椅，姿势标准	10 分		
		托盘斟酒时，轻托技能准确	5 分		
		换瓶时掌控托盘重心	5 分		
整体要求	20 分	操作规范，动作娴熟、优雅	10 分		
		表情自然大方，姿势优美，面带微笑	10 分		
总计	100 分		100		

五、任务评价与总结

一级指标	二级指标	评价内容	分值	自评	互评	教评	得分
工作能力（50分）	信息检索能力	能使用数字化手段获取知识和有效信息；能将查到的信息有效运用到学习中	5分				
	感知课堂生活	熟悉工作岗位，认同岗位工作价值，在学习中能获得满足感，认同课堂文化	5分				
	参与态度与沟通能力	与教师、同学能够保持多向、丰富、适宜的信息交流	5分				
	知识能力获得	掌握酒水相关知识	10分				
		掌握斟酒服务的各项技能要求	10分				
	素养达成	发现问题、提出问题、分析问题、解决问题、创新问题	5分				
		具有精益求精的工匠精神	10分				
任务得分（50分）	斟酒服务训练	物品、器具使用准确	10分				
		斟酒服务流程准确	15分				
		斟酒服务姿势标准	15分				
		服务仪态和精神风貌良好	10分				
总结	进步						
	欠缺						
	改进措施						

任务三　餐巾折花

学习要点

通过案例分析和学习，了解餐巾的作用、类别及餐巾折花的造型分类，掌握餐巾折花的基本技法，培养学习者的规范化操作意识、良好的观察力、审美能力和操作能力。

案例导入

在一家高级餐厅的包间里，餐桌上的一件艺术品引起了宾客们的特别关注——一朵由餐巾折叠而成的精致玫瑰花，它栩栩如生，不仅增添了餐桌的艺术氛围，还体现出餐厅对于细节的极致追求和对服务品质的高端定位。

这家餐厅的服务人员利用纯白色棉质餐巾，经过精心折叠和巧妙构思，将其变身为一朵立体感十足的玫瑰花。这朵"餐巾玫瑰"不仅是餐桌上的装饰元素，还能作为热菜上桌前保护餐具整洁的实用工具，同时也寓意着对宾客的欢迎之情。它属于餐巾折花中的花卉类造型，体现了餐饮美学和实用性相结合的原则。

引导问题：

(1) 餐巾在餐饮服务中除了基本的清洁用途，还有哪些功能和作用？

(2) 餐巾折花有哪些基本的造型分类？上述案例提到的"餐巾玫瑰"属于哪一类？

一、知识学习

(一) 餐巾的作用

餐巾(Napkin)，又名口布、席巾，是宴会、酒席及用餐过程中使用的保洁用品，可用来擦嘴、遮羞或防止汤汁、酒水弄脏衣物。餐巾也是一种装饰美化餐台的艺术品。餐巾折花可以装饰、美化餐台，不同的餐巾花型蕴含着不同的宴会主题，突出不同的宴会目的。造型各异的餐巾花既美化了餐台，又烘托了就餐气氛，给宾客以愉悦之感。

餐巾花型的摆放可标出主人、主宾的席位。主位餐巾折花突出的造型，传递和表达了宾主之间的情谊，展示了宴会的格调。餐巾在西餐宴会中还有信息提示的作用。宾客将餐巾摆放于不同的位置可以传递如暂时离开、用餐结束等含义。

视频：餐巾折花

(二) 餐巾折花

扫描二维码，学习餐巾折花的相关知识。

(三) 餐巾花的分类

扫描二维码，学习餐巾花分类的相关知识。

视频：餐巾花的分类

(四) 餐巾折花的基本技法

餐巾折花的基本技法包括叠、推、卷、穿、翻、拉、伸、握、掰、捏等，手法众多，可单独或叠加使用。

(五) 餐巾折花实例

扫描二维码，学习餐巾折花的相关实用案例。

视频：餐巾折花实例

(六) 餐巾折花的摆放要求及注意事项

(1) 操作前清洗双手，并保证折叠承载物(托盘或餐盘)的卫生，保证餐巾干净、平整。

(2) 折叠尽量简便，减少反复折叠次数。

(3) 放花入杯时，手指不允许接触杯口，杯身不允许留下指纹。

(4) 杯花放入杯中的深度适当，盘花摆正摆稳，观赏面要朝向宾客。

(5) 主题花要摆插在主位，一般的餐巾花则摆插在其他宾客席上。

(6) 整齐、美观、位置适当、便于观赏、使用方便，不要遮挡餐具和台面的用品，更不要影响服务操作。

二、任务工单

任务描述
1. 随堂进行餐巾折花技能训练 2. 训练内容包括 5 种杯花、5 种盘花，花型可自行选择
操作要求
1. 保证操作过程卫生，手法规范、熟练、优美 2. 简化折叠方法，减少反复折叠次数，一次成型 3. 餐巾花造型美观，大小一致，线条挺括平整，突出主次
素养提升
餐巾折花是展现餐桌艺术的重要载体，看似简单，实则需要服务人员精心设计、细心制作、用心选择，整个过程必须严格遵守操作卫生要求。在大型宴会中，酒店餐巾花的制作往往需要多名服务人员的通力配合，因此良好的团队合作能力必不可缺。随着人民对美好生活的进一步追求，餐巾折花的花型也在不断发展创新，许多融入中式传统文化的餐巾折花造型颇受消费者的青睐。学习者要充分发挥精益求精的工匠精神，用自己的巧手、巧思为宾客创造更为舒适的餐桌艺术环境

三、任务实施

工 作 活 动

根据所学微课及查找资料，确定 5 种杯花、5 种盘花的花型、寓意及主要折叠步骤。

分类	花型	寓意	主要折叠步骤
杯花			

续表

分类	花型	寓意	主要折叠步骤
盘花			

四、任务评价与总结

一级指标	二级指标	评价内容	分值	自评	互评	教评	得分
工作能力（50分）	信息检索能力	能使用数字化手段获取知识和有效信息；能将查到的信息有效运用到学习中	5分				
	感知课堂生活	熟悉工作岗位，认同岗位工作价值，在学习中能获得满足感，认同课堂文化	5分				
	参与态度与沟通能力	积极主动与教师、同学交流餐巾折花技能要求，相互尊重、理解；与教师、同学能够保持多向、丰富、适宜的信息交流	5分				
	知识能力获得	掌握餐巾折花的基本技法	5分				
		掌握餐巾折花的多种花型	10分				
		掌握餐巾折花的服务注意事项	5分				
	素养达成	发现问题、提出问题、分析问题、解决问题、创新问题	5分				
		具有精益求精的工匠精神	5分				
		树立创新意识与提升审美能力	5分				
任务得分（50分）	餐巾折花训练	折花手法准确、熟练、优美	10分				
		餐巾花挺括美观，突出主次（5种杯花、5种盘花，手折3次以上，每少1种扣1分）	15分				
		叠餐巾花要分正反面	5分				
		餐巾花摆放整齐，高矮有序，突出正副主人位置，观赏面朝向宾客	10分				
		操作过程卫生，折叠时要在平盘内进行，不允许用牙咬和用其他辅助用品	5分				
		服务仪态和精神风貌良好	5分				

续表

总结	进步	
	欠缺	
	改进措施	

任务四　中餐宴会摆台

学习要点

通过案例分析和学习，了解中餐宴会摆台的工作流程，掌握基本要领和操作程序，能够在实际工作中根据宴会需要熟练应用摆台技能。

案例导入

全国星级饭店服务技能大赛已经举办多届，请观看中餐宴会摆台视频。

视频：中餐宴会摆台展示

引导问题：

(1) 中餐宴会摆台的前期准备工作有哪些？

(2) 中餐宴会摆台的餐具、物品都有哪些？其规格、数量有什么要求？

(3) 中餐宴会摆台的流程是什么？

视频：中餐宴会摆台基本要求

一、知识学习

摆台，是指为宾客就餐摆放餐桌、确定席位，提供必要的就餐用具，包括摆放餐桌、铺台布、安排座椅、准备餐具、摆放餐具、美化席面等。摆台要求摆放合理，餐具卫生，摆设配套齐全、规格整齐一致、符合传统习惯，既方便用餐，又便于服务。中餐宴会摆台的基本要求、摆台流程和动作规范请扫二维码学习。

视频：中餐宴会摆台操作流程和动作规范

二、任务工单

任务描述
1. 随堂进行中餐宴会摆台技能训练 2. 训练内容包括铺桌布、餐具摆放、杯具摆放、餐巾折花等 3. 能够熟练使用托盘
操作要求
1. 铺装饰布、台布：装饰布、台布正面朝上，台面平整，下垂均等 2. 餐碟定位：餐碟边沿距桌边距离均等，每个餐碟之间的间隔要相等，且操作规范、卫生 3. 摆放味碟、汤碗、筷架等餐具：各餐具摆放整齐，距离均等，拿放餐具卫生 4. 摆放葡萄酒杯、白酒杯、水杯：葡萄酒杯摆放在餐位正上方，水杯、白酒杯分别摆在葡萄酒杯的左右侧，各餐具摆放整齐，距离均等 5. 餐巾折花：花型能突出主位，巾花挺拔、造型美观、款式新颖，操作手法卫生
素养提升
中餐宴会摆台作为中华饮食文化的重要组成部分，承载着丰富的历史和文化内涵，同时它也是餐饮服务技能综合能力的体现，在细节把控、整体美观上处处凸显着餐饮服务人员的专业性。在中餐宴会摆台练习中，只有树立规范化、程序化、标准化服务意识，保持认真、踏实、精益求精的工匠精神，反复练习，不惧辛劳，才能掌握摆台服务的精度与准度。技能服务重在细节，这样才能成就良好的职业素养和过硬的职业技能，用娴熟的技能展现中式餐饮服务的魅力。此外，中餐宴会摆台作为一种艺术创作，也需要学习者发挥创新思维，尝试不同的摆台风格和创意设计。

三、任务实施

工作活动 1

通过学习微课内容和查找相关资料，确定中餐宴会摆台的技能要求。

铺桌布 技能要求	
餐具摆放 技能要求	
杯具摆放 技能要求	
餐巾折花 技能要求	
托盘使用 技能要求	

工作活动 2

根据中餐宴会摆台服务评分标准进行训练。

序号	项目	分值	操作程序及标准	分值	扣分	得分
1	台布	6 分	台布铺设方法正确，要求一次完成，如果用两次完成，则扣 0.5 分，3 次及以上不得分	3 分		
			台布定位准确，十字居中，凸缝朝向主副主人位，下垂均等，台面平整	3 分		
2	餐椅定位	6 分	从主人位开始拉椅定位，使座位中心与餐碟中心对齐	3 分		
			餐椅之间距离均等，餐椅座面边缘与台布下垂部分相切	3 分		
3	餐碟定位	10 分	一次性定位、碟间距离均等，餐碟标志对正，相对餐碟与餐桌中心点三点一线	6 分		
			与桌沿距离相等	2 分		
			拿碟手法正确（手拿餐碟边缘部分）、卫生	2 分		
4	汤碗、味碟、汤勺	10 分	汤碗、味碟位于餐碟上方，汤碗在左，味碟在右，间距均等	5 分		
			汤勺放置于汤碗中，勺把朝左，与餐碟平行	5 分		
5	筷架、筷子、长柄勺、牙签	20 分	筷架、筷子、长柄勺摆放位置合理，间距均等	5 分		
			筷尾距餐桌沿距离均等	6 分		
			筷套正面朝上	3 分		
			牙签位于长柄勺和筷子之间，牙签套正面朝上，底部与长柄勺齐平	6 分		
6	葡萄酒杯、白酒杯、水杯	12 分	葡萄酒杯在汤碗与味碟的中线上方	5 分		
			白酒杯摆在葡萄酒杯的右侧，水杯位于葡萄酒杯左侧，杯肚间隔相等，3 杯成水平直线或斜直线。如果折的是杯花，则待餐巾花折好后和水杯一起摆上桌	5 分		
			摆杯手法正确（手拿杯柄或中下部）、卫生	2 分		
7	餐巾折花	10 分	花型突出主位，符合主题、整体协调	3 分		
			折叠手法正确、卫生，一次性成形	3 分		
			花型逼真、美观大方	4 分		

续表

序号	项目	分值	操作程序及标准	分值	扣分	得分
8	公用餐具	4分	公用餐具摆放在正副主人的正上方	2分		
			按先筷后勺顺序将筷、勺放在公用筷架上(设两套),公用筷架与正副主人位水杯间距相等,筷子末端及勺柄向右	2分		
9	花瓶(花篮或其他装饰物)、菜单和桌号牌	6分	花瓶(花篮或其他装饰物)摆在台面正中,造型精美、符合主题要求	2分		
			菜单摆放在筷子架右侧,位置一致(两个菜单则分别摆放在正副主人的筷子架右侧)	2分		
			桌号牌摆放在花瓶(花篮或其他装饰物)正前方,面对副主人位	2分		
10	托盘	6分	用左手胸前托法将托盘托起,使托盘位置高于自身腰部	2分		
			理盘有序,起托、落托规范	2分		
			动作准确、平稳、姿势优美	2分		
11	综合印象	10分	操作过程中动作规范、娴熟、敏捷、声轻,姿态优美,能体现岗位气质	10分		
	合计			100分		

四、任务评价与总结

一级指标	二级指标	评价内容	分值	自评	互评	教评	得分
工作能力(50分)	信息检索能力	能使用数字化手段获取知识和有效信息;能将查到的信息有效运用到学习中	5分				
	感知课堂生活	熟悉工作岗位,认同岗位工作价值,在学习中能获得满足感,认同课堂文化	5分				
	参与态度与沟通能力	积极主动与教师、同学交流中餐宴会摆台技能要求,相互尊重、理解;与教师、同学能够保持多向、丰富、适宜的信息交流	5分				
	知识能力获得	掌握中餐宴会摆台所需物品知识	10分				
		掌握中餐宴会摆台的各项技能要求	10分				
	素养达成	发现问题、提出问题、分析问题、解决问题、创新问题	5分				
		具有精益求精的工匠精神	10分				

续表

一级指标	二级指标	评价内容	分值	自评	互评	教评	得分
任务得分(50分)	中餐宴会摆台训练	摆台流程准确	10分				
		物品摆放位置准确,手法卫生	10分				
		台面摆设美观、整齐、方便实用	10分				
		托盘、餐巾折花技能操作准确	10分				
		服务仪态和精神风貌良好	10分				
总结	进步						
	欠缺						
	改进措施						

任务五　西餐宴会摆台

学习要点

通过案例分析和学习,了解西餐宴会摆台的工作流程,掌握基本要领和操作程序,能够在实际工作中根据宴会需要熟练应用摆台技能。

案例导入

全国旅游院校服务技能(饭店服务)大赛——西餐宴会摆台赛项已经举办多届,请扫码观看视频。

视频:西餐宴会摆台展示

引导问题:

(1) 西餐宴会摆台的前期准备工作有哪些?

(2) 西餐宴会摆台的餐具、物品都有哪些?其规格、数量有何要求?

(3) 西餐宴会摆台的流程是什么?

一、知识学习

扫二维码,学习西餐宴会摆台相关内容。

视频:西餐宴会摆台讲解

二、任务工单

任务描述
随堂进行西餐宴会摆台技能训练。训练内容包括铺台布、餐具摆放、杯具摆放、餐巾折花等,能够熟练使用托盘
操作要求
1. 铺台布:台布、装饰布正面朝上,台面平整,下垂均等 2. 餐椅定位:餐椅边沿距桌边距离均等,每个餐椅之间的间隔要相等,且操作规范、卫生 3. 摆放装饰盘、不锈钢餐具等:各餐具摆放整齐,距离均等,拿放餐具卫生 4. 摆放面包盘、黄油碟、黄油刀 5. 摆放白葡萄酒杯、红葡萄酒杯、水杯:将白葡萄酒杯摆放在开胃品刀正上方,将红葡萄酒杯、水杯分别摆在白葡萄酒杯的左侧,各酒具摆放整齐、距离均等 6. 餐巾折花:花形能突出主位,巾花挺拔、造型美观、款式新颖,操作手法卫生 7. 摆放花瓶、椒盐瓶、牙签盅等
素养提升
西餐宴会有着重要的社交用途,体现着餐厅的服务水平,也是宴请者身份的象征。随着中国高水平对外开放的不断深入,西式餐饮在国内进一步发展,西餐宴会也在越来越多的场合出现,且菜品往往是中西合璧的。在进行西餐宴会摆台时,可以适当融入中华文化的元素,如使用具有中国特色的餐具、布置具有中国特色的装饰品等,以此弘扬中华文化,增进国际友人对中华文化的了解和喜爱。中西方宴会摆台虽然在餐具、器物、摆台流程和具体要求上大为不同,但对服务人员的规范化、程序化、标准化服务要求是同样严格的。在西餐宴会摆台的练习中,学习者同样要保持精益求精、不怕吃苦的工作态度,为来自世界各地的客人们展示中国餐饮服务人员的工匠精神,努力提升西餐宴会的品质和体验,促进跨文化交流和认同

三、任务实施

工作活动 1

通过学习微课内容和查找相关资料,确定西餐宴会摆台的技能要求。

铺桌布 技能要求	
餐具摆放 技能要求	
杯具摆放 技能要求	
餐巾折花 技能要求	
托盘使用 技能要求	

工作活动 2

根据西餐宴会摆台服务评分标准进行训练。

序号	项目	项目评分细则	分值	扣分	得分
1	台布（6 分）	台布中凸线向上、对齐	2 分		
		台布四边下垂均等	2 分		
		铺设操作最多四次整理成形	2 分		
2	席椅定位（3.6 分）	摆设操作从席椅正后方进行	0.6 分（每把 0.1 分）		
		从主人位开始按顺时针方向摆设	0.6 分		
		席椅之间距离相等	0.6 分（每把 0.1 分）		
		相对席椅的椅背中心对准	0.6 分（每对 0.2 分）		
		席椅边沿与下垂台布距离均等	1.2 分（每把 0.2 分）		
3	装饰盘（9 分）	从主人位开始按顺时针方向摆设	1.5 分		
		盘边与桌边距离相等	1.5 分（每个 0.25 分）		
		装饰盘中心与餐位中心对准	3 分（每个 0.5 分）		
		盘与盘之间距离均等	1.5 分（每个 0.25 分）		
		手持盘沿右侧操作，符合卫生要求	1.5 分（每个 0.25 分）		
4	刀、叉、勺（10.8 分）	刀、勺、叉由内向外摆放，距桌边距离相等	4.2 分（每件 0.1 分）		
		甜品叉勺在装饰盘上方，叉在下勺在上，叉柄向左勺柄向右	1.2 分（每件 0.1 分）		
		刀、勺、叉之间及与其他餐具间距离均等	5.4 分（每件 0.1 分）		
5	面包盘、黄油刀、黄油碟（4.2 分）	摆放顺序：面包盘、黄油刀、黄油盘	1.8 分（每件 0.1 分）		
		面包盘放在开胃品叉左侧，位置合理，距离相等	0.6 分（每件 0.1 分）		
		面包盘拿法正确，符合操作卫生要求	0.6 分（每件 0.1 分）		
		黄油刀置于面包盘右侧边沿 1/3 处，刀刃向内	0.6 分（每件 0.1 分）		
		黄油碟摆放在黄油刀尖正上方，相距均等	0.6 分（每件 0.1 分）		
6	杯具（11.4 分）	摆放顺序：白葡萄酒杯、红葡萄酒杯、水杯（白葡萄酒杯摆在开胃品刀的正上方，杯底中心在开胃品刀的中心线上，杯底距开胃品刀尖距离相等）	1.8 分（每个 0.1 分）		
		三杯成斜直线，向右与水平线呈 45° 角	6 分（每组 1 分）		
		各杯身之间相距均等	1.8 分（每个 0.1 分）		
		操作时手持杯中下部或颈部	1.8 分（每个 0.1 分）		

续表

序号	项目	项目评分细则	分值	扣分	得分
7	花瓶（花坛或其他装饰物）（3分）	花瓶（花坛或其他装饰物）置于餐桌中央和台布中线上	2分		
		花瓶（花坛或其他装饰物）的高度不超过30厘米	1分		
8	烛台（5分）	烛台与花瓶（花坛或其他装饰物）间距相等	2分（每座1分）		
		烛台底座中心压台布中凸线	1分（每座0.5分）		
		两个烛台方向一致，并与杯具所呈直线平行	2分（每座1分）		
9	牙签盅（3分）	牙签盅与烛台间距相等	2分（每个1分）		
		牙签盅中心压在台布中凸线上	1分（每个0.5分）		
10	椒盐瓶（5分）	椒盐瓶与牙签盅间距相等	2分（每组1分）		
		椒盐瓶两瓶间距相等，左椒右盐	2分（每组1分）		
		椒盐瓶间距中心对准台布中凸线	1分（每组0.5分）		
11	餐巾盘花（10分）	餐巾折花在盘中摆放一致，突出正副主人	4分		
		折叠手法正确，花型挺括、造型美观	6分		
12	托盘使用（7分）	餐件和餐具分类按序摆放，符合科学操作	2分		
		杯具在托盘中杯口朝上	2分		
		托盘外展自如、技术稳定，动作优雅	3分		
13	综合印象（22分）	所有操作符合卫生要求	6分		
		操作按照顺时针方向进行	4分		
		整体美观，每个餐位的摆台标准一致	6分		
		操作过程中动作规范、娴熟、敏捷、声轻，姿态优美，能体现岗位气质	6分		
	合计		100分		

四、任务评价与总结

一级指标	二级指标	评价内容	分值	自评	互评	教评	得分
工作能力（50分）	信息检索能力	能使用数字化手段获取知识和有效信息；能将查到的信息有效运用到学习中	5分				
	感知课堂生活	熟悉工作岗位，认同岗位工作价值，在学习中能获得满足感，认同课堂文化	5分				
	参与态度与沟通能力	积极主动与教师、同学交流西餐宴会摆台技能要求，相互尊重、理解；与教师、同学能够保持多向、丰富、适宜的信息交流	5分				
	知识能力获得	掌握西餐宴会摆台所需物品知识	10分				
		掌握西餐宴会摆台的各项技能要求	10分				
	素养达成	发现问题、提出问题、分析问题、解决问题、创新问题	5分				
		具有精益求精的工匠精神	10分				
任务得分（50分）	西餐宴会摆台训练	摆台流程准确	15分				
		物品摆放位置准确，手法卫生	20分				
		托盘技能操作标准	5分				
		服务仪态和精神风貌良好	10分				
总结	进步						
	欠缺						
	改进措施						

项目二　中 餐 服 务

- **知识目标**

1. 掌握中餐服务的基本要求。
2. 掌握中餐零点服务的流程和标准。
3. 掌握中餐宴会服务的流程和标准。

- **能力目标**

1. 能够完成中餐零点与宴会开餐前的准备工作。
2. 能够掌握迎宾工作技巧。
3. 能够运用专业知识进行菜品推荐。
4. 能够正确完成中餐零点服务流程。
5. 能够正确完成中餐宴会服务流程。
6. 能够具备得体友好的对客服务能力和沟通协调能力。

- **素养目标**

1. 具备美学意识,提高审美分析能力。
2. 具备精益求精的工匠精神。
3. 具备爱岗敬业、吃苦耐劳的劳模精神。
4. 提升创新能力,树立守正创新的职业意识。

任务一　零点餐厅服务

学习要点

通过案例分析和学习,了解中餐零点服务的流程与标准,掌握迎宾服务、中餐点菜服务、席间巡台服务的内容和要求,提高服务意识,培养较强的服务技能和处理问题的应变能力。

案例导入

正值“五一”假期，退休后的万老师过60岁生日。万老师和老伴、儿子、儿媳（广州人）、小孙女（5岁）、怀孕7个月的女儿及女婿（四川人）晚上一起来餐厅用餐。餐厅领班小王为他们提供了优质的服务，推荐了如下菜品：菠萝咕老肉、龙井虾仁、宫保鸡丁、砂锅鳙鱼头、酸萝卜老鸭汤、口袋豆腐、松子玉米、蚝油生菜。客人非常满意。

资料：中餐零点菜单

引导问题：

(1) 针对不同客人群体、不同季节等，有哪些菜品推荐技巧？

(2) 如何针对不同客人群体提供个性化服务？

一、知识学习

零点服务是指客人来到餐厅后自行点餐就餐的服务方式。它具有就餐时间的随意性，就餐要求的多样性，就餐场所的选择性，接待工作的复杂性，生产、销售、消费的同步性等特点。

零点服务包括：餐前准备、迎宾服务、点菜服务、上菜服务、席间服务、结账服务与餐后收档。

（一）餐前准备

(1) 按餐厅的要求着装，按时到岗，接受任务。

(2) 整理工作台。

(3) 按中餐零点摆台的规范摆台。

(4) 熟悉当日菜单，特别要注意当日不能供应的品种，了解预订信息。

(5) 准备好开餐用品及各种服务用品。

(6) 在开餐前10分钟就位，准备迎接客人。

视频：迎送服务

（二）迎宾服务

(1) 迎宾员按规定着装，立于指定位置，站姿优雅。有客人到达时，迎宾员面带微笑主动上前迎接客人，并用敬语问候，询问客人是否有预订及就餐人数。

(2) 对于有预订的客人，须核对预订资料注明已到，带其到预订的餐台。如无预订，就按照就餐人数、服务区域及宾客的特点等，按先里后外、尊重选择、合理调整的原则去安排合适的餐位。如没有空位，则应委婉告知客人，经同意后将客人带到休息区，一旦有空位，就马上安排客人就餐。

(3) 迎宾员将客人引领到预订或适当的座位，在引领过程中要注意步速并不时回头招呼客人，如遇台阶、障碍物或地滑，则要及时提醒客人注意。到达餐桌旁边，应先征询客人意见，在客人对餐桌表示满意后，协助当区服务员帮客人落座，从客人右侧上毛巾、上茶，随后铺餐巾、除筷套，根据就餐人数进行撤位。

（三）点菜服务

视频：点菜技巧

点菜服务流程包括点菜准备，询问点菜，接受点菜，记录内容，复述确认，礼貌致谢、下单。

1. 点菜准备

点菜员应熟悉餐厅所售菜品，掌握菜肴的烹调方法、主要原料、口味特色、烹调时间和营养价值等信息，以便为客人提供合理的建议。在开餐之前，点菜员应了解当日的沽清菜品，避免出现点菜过程中因客人所点菜品短缺未提前告知而引起客人不满的情况。

2. 询问点菜

待客人入座片刻，服务人员站在客人右侧，上身微倾，以示对客人的尊重，有礼貌地问候客人，并询问客人是否可以开始点菜，得到肯定答复后，即为客人点菜。

3. 接受点菜

随着科学技术的不断发展，餐饮企业的点单方式越来越多样。目前大部分餐厅采用的是各种各样的点菜系统和小程序等，如点菜机点菜、扫码点菜等，告别了手写点单的传统方式。为方便教学，本教材将点单方式分为客人自点、为客点单两种方式。待客人示意可以开始点单后，点菜员为客人点菜。

⑴ 客人自点。如果客人为餐厅老顾客或对餐厅菜品比较熟悉，客人往往就会自行进行点菜。这时点菜员要及时告知客人已脱销的菜品；遇到客人点了同种味型菜品的情况要及时提醒其进行更换；对于客人所点菜品的数量要做好参谋。

如餐厅具有二维码等自助点餐设备设施，则点菜员应引导客人进行自助点餐，必要时协助客人点餐。

⑵ 为客点单。当遇到需要服务人员为之点菜的客人时，点菜员应细心观察客人需求，根据客人的用餐目的、消费水平和口味特点，主动、适时、适度地向客人介绍当日创新菜、时令菜、特价菜菜点，推介酒水、饮料，帮助客人挑选餐厅的特色菜。介绍时应简洁明了，切忌催促和强行推销。客人所点的菜如果售罄，则应及时告知对方并给予更换建议，发现有同味或者原料相同的菜式时，应礼貌提醒并询问意见。

视频：上菜要领与技巧

4. 记录内容

点菜员应认真清楚地记下客人的桌号、用餐人数、时间及所点的菜点酒水和特殊要求等。

5. 复述确认

无论是客人自点还是为客点餐，待客人点单完毕后，为了确保点单正确无误，点单员都必须仔细核对菜单，并用清晰的语言复述客人所点的菜点酒水的名称、数量和特殊要求。

6. 礼貌致谢、下单

在客人确认点菜信息后，点单员应向客人致谢，并说明大致需要等待的时间。点完菜后点菜员应及时将客人所点的菜品输入计算机系统，或将点菜单的信息传递给厨房、传菜、收银等部门。

（四）上菜服务

1. 上菜

（1）上菜位置：服务员上菜之前应注意观察，选择合适的位置上菜，以不打扰客人和方便操作为宜。

（2）上菜时机：客人点菜后 10 min 内凉菜应上桌，20 min 内上热菜，30 min 内上齐全部菜品，也可根据客人要求灵活掌握上菜时机。

（3）上菜顺序：中餐上菜顺序一般是先冷菜后热菜，先咸菜后甜菜，先荤菜后素菜，先菜肴后点心、水果。

（4）上菜要领如下。

① 上菜前，应仔细核对台号和菜品，避免上错菜。应对上菜位置做到心中有数，整理台面，留出空间。

② 上菜动作规范，不可从客人肩上、头顶越过。

③ 新上的菜应放至主宾面前。

④ 报菜名时应保持音量适中、吐字清晰，特式菜品应做简单介绍。

⑤ 上菜时，菜盘不准在桌面上推拉。

⑥ 上带有调料的菜品时，应先上调料，再用双手将菜端上。

⑦ 按位上的菜肴，应从主宾开始按顺时针方向依次为每位客人服务。

⑧ 服务过程中，应及时撤走空菜盘，保持餐桌清洁美观。

⑨ 服务过程中，应注意操作卫生，动作规范、优雅。

2. 菜品摆放

菜品摆放时，若有两道菜，应呈一字形摆放；三道菜，应呈品字形摆放；四道菜，应呈菱形摆放；五道菜，应以汤或主菜为圆心，其余四道菜在外侧均匀摆放；六道菜则应呈梅花形摆放，将汤在中间。

（五）席间服务

1. 小毛巾服务

客人落座后，服务人员要及时给客人上毛巾。要注意小毛巾的温度，冬季上热巾，夏季上凉巾。

2. 更换骨碟

为了体现优质的服务，一餐中骨碟更换应不少于 3 次。一般来说，上大菜前更换骨碟；上甜菜前更换骨碟；吃完鱼后更换骨碟；上口味相差较大的菜肴前更换骨碟；客人骨碟内杂物超过 1/3 时更换骨碟；上水果前更换骨碟。

3. 清理台面

用餐服务过程中，服务人员应及时清理台面。当桌面有掉落的菜肴、碎屑及客人用餐过程中产生的垃圾时，应及时进行清理。

4. 添加茶水、酒水

巡台过程中，发现客人的茶水、酒水需要添加时，要及时进行添加，并注意服务方法。

5. 收撤脏餐具

巡台过程中，如发现有客人用过的脏盘、脏碗，则要及时收撤。当发现餐桌上的菜品用完、出现空盘时，也要及时撤走。

（六）结账服务与餐后收档

1. 结账服务

（1）账单准备。客人用餐结束、示意结账时，服务人员应迅速仔细核对账单，确认无误后将账单交由客人进行确认和结账。如客人对账单表示质疑，则服务人员应及时再次核对。

（2）结账方式。结账的方式主要包括电子支付、信用卡结账、现金结账、挂账支付等。

① 电子支付。随着电子商务的发展，现在很多餐厅都采用微信、支付宝等多种电子支付手段。当客人提出使用电子支付时，服务人员应及时正确地根据餐厅规定协助客人进行支付，并在支付完成后及时进行确认。

② 信用卡结账。第一，确认信用卡种类；第二，确认持卡人姓名、性别、信用卡有效期等信息；第三，将信用卡和账单送交收银台，由收银员办理刷卡结账工作；第四，请客人确认账单金额，并在信用卡消费单上签名；第五，服务人员将签单的顾客联、信用卡交还客人，并表示感谢。

③ 现金结账。客人付现金后，服务人员应当面点清并礼貌致谢，然后把找回的零钱和发票用账单夹或收银盘递送给客人，并请客人当面点清。

④ 挂账支付。挂账一般有两种情况，一种是住店客人，另一种是协议单位。对于住店客人要求挂账的，服务人员应首先请客人出示房卡或通过饭店管理信息系统核对客人信息（包括是否在有效期内、住店客人的签名、询问收银员房间押金是否足够等）；确认无误后，请客人在账单上签名（核对与入住信息上的签名是否一致）。对于协议单位要求挂账的，服务人员应首先确定其是否是饭店的协议客户，其次确认其是否是协议单位的有效签字人，确认无误后，请客人在账单上签名确认即可。

（3）开具发票。在为客人开具发票时，服务人员应向客人确认所开发票的类型，确定是普票还是专票，询问开具发票抬头的信息、相关的开户行信息等内容，正确地为客人开具发票。请客人确认开具好的发票后，用餐厅或酒店专用信封盛放递送给客人，方便客人携带。

随着科技的发展，很多酒店和餐厅同时使用扫码开票方式。扫码开票不需要收银员输入发票抬头，支持宾客自助极速开票。宾客付费完成后，收银员将本次消费信息打印在小票上，小票尾部带有二维码，宾客使用微信或支付宝扫描小票上的二维码，即可实现自助开票，无须排队等待。

2. 餐后收档

（1）撤台整理。送走客人回到餐厅后，服务人员首先应迅速检查餐厅，确认是否有客人遗留物品；然后，服务人员需要迅速清理桌面，并重新摆台，以便迎接下一批客人前来就餐。

（2）垃圾分类。服务人员在处理厨余垃圾时，应该按照所在地及酒店或餐厅企业的要求对垃圾进行正确分类和处理，以保护环境，避免浪费。

二、任务工单

任务描述
分小组拍摄点菜服务的视频，模拟如何为不同的客人推荐菜品
操作要求
1. 按照零点餐厅点菜服务的流程进行拍摄 2. 统一使用本任务案例导入中所提供的零点菜单 3. 采用角色扮演法，模拟不同客人的身份 4. 分享点菜服务视频，提升服务品质
素养提升
中餐零点服务的特点是客人多而杂、人数不固定、口味需求不一、用餐时间交错，致使餐厅接待量不均衡、服务工作量较大、营业时间较长。此外，行业的快速发展也促进了服务的不断升级，催生了服务形式的不断创新，客人在注重菜品质量的同时，愈发追求体验感。因此，在零点餐厅进行服务训练的过程中，应秉持勤勉尽职、认真负责、吃苦耐劳、爱岗敬业的态度，在突出热情、周到、细致、体贴的服务同时，还要做到迅速、快捷而不紊乱，努力提升个人应变能力、沟通能力、创新意识和综合服务能力，让来自五湖四海的客人乘兴而来、满意而归，打造和谐友爱的就餐体验

三、任务分组

<table>
<tr><td>班级</td><td colspan="2"></td><td>教师</td><td colspan="2"></td></tr>
<tr><td>组长</td><td colspan="2"></td><td>组名</td><td colspan="2"></td></tr>
<tr><td rowspan="6">组员</td><td>姓名</td><td>分工</td><td colspan="2">姓名</td><td>分工</td></tr>
<tr><td></td><td></td><td colspan="2"></td><td></td></tr>
<tr><td></td><td></td><td colspan="2"></td><td></td></tr>
<tr><td></td><td></td><td colspan="2"></td><td></td></tr>
<tr><td></td><td></td><td colspan="2"></td><td></td></tr>
<tr><td></td><td></td><td colspan="2"></td><td></td></tr>
</table>

四、任务实施

工作活动 1

小组讨论确定零点餐厅点菜服务视频拍摄的关键点。

客情分析	
菜品推销技巧	
客人所点菜品	
注意事项	

工作活动 2

运用世界咖啡教学法小组进行组间交流。

组名：	讨论主题：
其他小组反馈：	
总结提升菜品推销技巧：	

五、任务评价与总结

一级指标	二级指标	评价内容	分值	自评	互评	教评	得分
工作能力(50分)	数字化应用能力	能使用数字化手段获取知识和有效信息；能运用数字技术编辑信息	10分				
	感知课堂生活	熟悉工作岗位，认同岗位工作价值，在学习中能获得满足感，认同课堂文化	5分				
	参与态度与沟通能力	积极主动与教师、同学交流中餐零点餐厅服务要求，相互尊重、理解；与教师、同学能够保持多向、丰富、适宜的信息交流	10分				
	知识能力获得	掌握零点餐厅服务流程	10分				
		掌握面对不同客人的菜品推荐技巧	5分				
	素养达成	发现问题、提出问题、分析问题、解决问题、创新问题	5分				
		树立以人为本的服务理念	5分				

续表

一级指标	二级指标	评价内容	分值	自评	互评	教评	得分
任务得分(50分)	点菜前的准备	熟悉菜单内容,掌握菜肴的烹调方法、主要原料、口味特色、烹调时间和营养价值等信息	5分				
		应了解当日的沽清菜品	2分				
		准备好点单时的用具,菜单、点菜单	3分				
	递送菜单	站在客人右侧一步距离,上身微倾,以示对客人的尊重	2分				
		呈送菜单并做专业介绍,关注细节,展现良好的服务水平	5分				
		有礼貌地问候客人,并询问客人是否可以开始点菜,得到肯定答复后即为客人点菜	3分				
	点餐服务	能够积极地进行菜品介绍	5分				
		能够有针对性地进行菜品推荐	10分				
		遇到客人的特殊要求,积极热情地处理	5分				
		和客人确认点单内容,并询问是否有特殊要求	5分				
		点单流程正确、顺畅	5分				
总结	进步						
	欠缺						
	改进措施						

任务二　宴 会 服 务

学习要点

通过案例分析和学习,掌握中餐宴会服务操作流程、标准及服务注意事项。

案例导入

资料：中餐宴会菜单

未来科技人工智能公司为了庆祝公司新技术研发成功，预订了酒店的中餐宴会包间，举办晚宴，人数为 9 人，餐标为 158 元 / 位。餐厅根据预订信息进行了摆台调整，列出了宴会菜单（扫描二维码了解宴会菜单）。

引导问题：

（1）中餐宴会服务要做哪些方面的客情分析？

（2）宴会开餐前的准备工作有哪些？

一、知识学习

中餐宴会是按照中国的饮食习惯，使用中餐餐具、饮用中国饮料、食用中国菜肴，按照中式服务方法和礼节进行的具有中国传统形式的宴会。中餐宴会具有就餐人数多、消费标准高、菜品品种多、气氛隆重热烈、就餐时间长、接待服务讲究等特点。

（一）宴会前的准备

餐饮部门在接到宴会通知后，应根据各项具体要求，在宴会开始前进行一系列相应的准备工作。宴会前的组织准备工作主要包括：掌握宴会情况、进行人员分工、进行场地布置、准备相关物品、进行开餐前检查和召开餐前例会。

1. 掌握宴会情况

接到宴会通知后，餐厅服务人员要做到“八知、三了解”。八知：知道宴会规模、知道宴会标准、知道开餐时间、知道菜单内容、知道宾主情况、知道收费办法、知道宴会主题、知道主办地点；三了解：了解客人的风俗习惯、了解客人的进餐方式、了解客人的特殊需要和爱好。

2. 进行人员分工

宴会活动中应根据宴会的规格和需求及员工的工作特长来进行人员的分工。

3. 进行场地布置

宴会场地的布置应根据宴会的设计方案进行，既要反映宴会的特点，又要使客人进入宴会厅后感到舒适、美观。

4. 准备相关物品

根据宴会人数和菜品数量准备相应餐具，一般情况下，备用餐具数量不低于客人人数的 20%。准备好茶壶、茶叶及开水，备好宴会所需酒水饮料，开启照明设备；宴会开始前 5~10 min 摆放冷盘。

5. 进行开餐前检查

在宴会活动开始之前需要对宴会的准备活动进行全面的检查，检查内容包括以下几个方面。

卫生检查：包括员工个人卫生、餐具卫生、宴会厅环境卫生等。

设备检查：包括电器设备检查、空调运转及室温调节检查、有线设备检查等。

安全检查：检查安全出口的通畅情况、餐桌椅的牢固情况、地面情况、易燃物品是否有专人保管等。

6. 召开餐前例会

宴会开始前，当次宴会的指挥者需要召集所有服务人员召开餐前例会。餐前例会的主要内容包括：点名；员工仪容仪表检查；人员的任务分工；通报当日客情，强调接待 VIP 的注意事项；介绍当日特殊菜肴及其服务方法；对前期准备工作进行总结，指明存在的问题和值得表扬学习的地方；抽查员工对菜单的掌握情况等。

(二) 宴会餐间服务

宴会的迎宾服务程序与零点餐厅的迎宾服务流程相类似，不同之处在于宴会的迎宾服务只针对本次宴会活动，所掌握的客人信息相对比较一致，迎宾员应于宴会开始之前在宴会厅门口迎候客人。

1. 入席服务

待客人坐定后，服务人员应提供细致周到的入席服务，包括香巾服务、茶水服务、帮客人开餐巾、撤筷套、撤走席位卡和花瓶等。

2. 酒水服务

根据客人需求提供酒水服务。斟倒酒水时，应从主宾开始按顺时针方向逐位斟倒酒水。宴会活动中使用酒水种类较多，通常先斟葡萄酒，再斟烈性酒，最后斟饮料。酒水斟倒完毕后，及时撤走客人不需要的空酒杯。

3. 上菜、分菜服务

中餐宴会上菜不要从主人和主宾之间上菜，也不要在儿童或老人旁边上菜。

为倡导餐桌文明和餐桌卫生，服务人员在上菜时，应为每道菜品配备公勺、公叉、公筷等公用餐具。对于规格较高的宴会，应根据客人要求、菜肴特点提供相应的分菜服务。

视频：中餐分菜

4. 甜品、水果服务

待所有菜品上齐后，服务人员应为客人收撤酒杯（留饮料杯），更换骨碟，并奉上甜品餐具或水果叉，服务甜品或水果。客人用完水果后，服务人员应及时清理台面，撤去不需要的餐具，保持台面清洁。

5. 巡台服务

宴会服务的巡台服务主要包括毛巾服务、更换骨碟、清理台面等工作（相关内容已在零点服务部分做了详细描述）。在客人食用了需用手剥的菜肴时，服务人员要及时上洗手盅和香巾。巡台过程中，服务人员应及时主动为客人添加酒水、茶水；及时清理台面，确保餐台干净整洁；及时将空的菜盘撤走，调整菜品位置。

宴会服务中，服务人员要做到“三轻、四勤”。三轻：说话轻、走路轻、动作轻；四勤：眼勤、手勤、腿勤、嘴勤。

(三) 宴会餐后服务

结账服务是宴会收尾的重要工作之一。客人用餐结束、示意结账时，服务人员应迅速核对账单，并将账单呈递给客人。结账服务流程已在零点服务中做了详细论述，此处不再赘述。

客人用餐完毕，宴会服务人员应礼貌送别客人，并提醒客人带好随身物品。送走客人回到宴会厅，首先要做的是迅速检查四周，查看是否有客人遗留的物品，争取第一时间送还；其次将宴会厅大灯关闭，以节能降耗；再次按照“一布草、二金银餐具、三玻璃器皿、四瓷器”的顺序收台；最后做好清理卫生，重新摆台。

宴会活动结束之后，服务人员要对客人的喜好、评价等情况进行整理记录，建立客史档案，以便为客人提供更优质的服务。

二、任务工单

任务描述
年夜饭是春节的重头戏，酒店精心设计的年夜饭套餐预订火爆。在这个合家团聚的喜庆时刻，提供更加优质的服务是能给予客人的最好祝福。请各小组自行设定用餐宾客客情，线上查找一份酒店年夜饭菜单，并据此拟定年夜饭家庭宴会的餐前准备工作内容，并画出中餐宴会服务流程思维导图
操作要求
1. 设定客情 2. 查找当地特色年夜饭菜单 3. 根据知识点的学习，列出各项餐前准备工作 4. 进行宴会服务流程设计，画出思维导图
素养提升
中餐宴会作为一种隆重正式的餐饮活动，在接待服务上强调周到细致，讲究礼节礼貌、服务技艺和服务规格，这就要求服务人员必须具备良好的职业道德、服务意识和团队合作能力，以及全面而综合的餐饮服务能力，做到体贴、耐心、细致。在进行中餐宴会服务训练过程中，需要注意宴会预订时人际交流的礼貌礼节，系列服务时的服务意识，设备用品管理时的细心和保障服务流程无误时需要的责任感等，以全面提升服务意识、合作能力、心理调节能力、礼貌礼节意识等职业基本素质和职业核心能力

三、任务分组

班级		教师	
组长		组名	

组员	姓名	分工	姓名	分工

四、任务实施

工作活动 1

宴会前的准备工作	
中餐宴会服务流程思维导图	

工作活动 2

运用世界咖啡教学法引导小组进行组间交流。

组名：	讨论主题：
其他小组给予的反馈：	
技能强化与提升： 根据其他小组建议，对准备工作内容和宴会思维导图进行完善。	

五、任务评价与总结

一级指标	二级指标	评价内容	分值	自评	互评	教评	得分
工作能力（50分）	信息检索能力	能使用数字化手段获取知识和有效信息；能将查到的信息有效运用到学习中	10分				
	感知课堂生活	熟悉工作岗位，认同岗位工作价值，在学习中能获得满足感，认同课堂文化	5分				
	参与态度与沟通能力	积极主动与教师、同学交流中餐宴会服务要求，相互尊重、理解；与教师、同学能够保持多向、丰富、适宜的信息交流	10分				
	知识能力获得	掌握中餐宴会的准备工作	5分				
		掌握中餐宴会的服务流程	10分				
	素养达成	发现问题、提出问题、分析问题、解决问题、创新问题	5分				
		树立以人为本的服务理念	5分				

续表

一级指标	二级指标	评价内容	分值	自评	互评	教评	得分
任务得分（50分）	宴会前的准备	根据客人要求写出宴会的“八知、三了解”	5分				
		根据宴会需求进行宴会前的物品准备工作	5分				
		召开餐前例会	2分				
		进行宴会开餐前的检查	3分				
	宴会服务	提供细致周到的入席服务，服务规范无遗漏项目	5分				
		为客人提供规范的酒水服务	5分				
		为客人提供规范的菜品服务	10分				
		及时提供巡台服务	5分				
	宴会后的收尾工作	提供规范的结账服务	2分				
		礼貌送别客人，并提醒客人带好随身物品	2分				
		按照“一布草、二金银餐具、三玻璃器皿、四瓷器”的顺序收台；做好清理卫生	3分				
		宴会结束进行工作总结，建立客史档案	3分				
总结	进步						
	欠缺						
	改进措施						

项目三　西餐服务

● 知识目标

1. 了解西餐早餐的套餐分类并熟记西餐早餐的菜品内容。
2. 掌握咖啡厅午晚餐的服务程序及注意事项。
3. 掌握扒房的服务程序及注意事项。

● 能力目标

1. 能够掌握咖啡厅午晚餐的服务及管理技巧。
2. 能够掌握扒房的点单服务、菜品服务及酒水服务技巧。

● 素养目标

1. 具备勤于思考、善于实操、团结协作的职业素养能力。
2. 具备美学意识，提高审美分析能力。
3. 具备精益求精的工匠精神。
4. 具备爱岗敬业、吃苦耐劳的劳模精神。
5. 提升创新能力，培养守正创新的职业意识。

任务一　咖啡厅服务

学习要点

通过案例分析和学习，了解咖啡厅服务的流程与标准，掌握服务的内容和要求，提高服务意识，培养较强的服务技能和处理问题的应变能力。

案例导入

在忙碌的早餐时段，服务人员小吴正在为客人点单，客人表示“请给我一个煎鸡蛋，一杯咖啡”。记下客人的点单后，小吴使用点单机下单给厨房，这时页面弹出“双面煎蛋还是单面煎蛋”。小吴又走到客人面前询问其是要双面煎蛋还是要单面煎蛋，客人说双面煎蛋。小吴输入双面煎蛋后页面又弹出“老还是嫩”。小吴只好再次走到客人面前询问客人是要煎得老一些还是嫩一些。客人不耐烦地说：“我要赶飞机，你就不能一次问完吗？”

引导问题：

(1) 咖啡厅服务有哪些特点？

(2) 咖啡厅早餐服务要注意什么？

一、知识学习

咖啡厅属西餐厅，其菜肴以西餐简餐为主，家具较简单，餐台多为方形，可以随意拼合。餐具直接铺放在简易的纸垫或餐具垫上，较少使用台布。咖啡厅宾客的流动量大，要求服务快捷简便。咖啡厅通常是酒店开设早餐和自助餐的场所。

资料：西餐早餐形式与内容

（一）咖啡厅早餐服务

咖啡厅早餐分为零点早餐和自助餐早餐。星级酒店除了提供房间内早餐牌、零点早餐服务，还提供自助早餐服务。自助餐服务与管理在后面的项目中详细介绍，此处主要介绍西式零点早餐服务。

西式早餐一般包括果汁类、水果类、谷麦类、鸡蛋类、肉类、面包类、热饮类等。

西式早餐套餐一般分为包含果汁类、面包类、饮料类和水果类的欧陆式早餐；包含果汁类、面包类、饮料类、水果类、谷物类、蛋类和肉类的美式早餐；还包括英式早餐、行政式早餐和日式早餐等。

1. 欧陆式早餐

欧陆式早餐（The Continental Breakfast）也称为标准早餐。其内容简单，包括：

(1) 果汁类。果汁一般采用新鲜水果榨取，也可采用听（罐或瓶）装果汁，客人可任选一种。

(2) 面包类。一般有吐司（Toast）、牛角包（Croissant）、丹麦包（Danish Bread）等种类供客人选择，上面包时配黄油（Butter）、果酱（Jam）或蜂蜜（Honey）。

(3) 饮料类。早餐最常用的饮料是咖啡（Coffee）和茶（Tea），另外还有牛奶（Milk）、热巧克力（Hot Chocolate）和酸奶（Yogurt）等，上咖啡和茶时要配牛奶和糖。

(4) 水果类。一般为时令水果（Fresh Seasonal Fruit）。

2. 美式早餐（The American Breakfast）

美式早餐比欧陆式早餐复杂，除欧陆式早餐的内容外，还包括：

(1) 谷物类。一般有燕麦片（Oatmeal）、玉米片（Corn Flakes）、卜卜米（Rice Crispy）等。通常加水或牛奶煮成粥类食品。

(2) 蛋类。

① 煎蛋（Fried Egg）。它可分为单面煎（Sunny-Side Up）和双面煎（Turn-Over）。双面煎又可分为双面煎嫩蛋（Turn-Over Easy）和双面煎老蛋（Turn-Over Hard），其中的区别是蛋黄是否凝固。

② 煮蛋（Boiled Egg）。煮蛋一般因客人要求不同而老嫩不一。煮制 2~3 min 的为嫩蛋，5~7 min 的为老蛋。所以客人点煮蛋时应问清煮制时间。煮蛋应放在蛋盅内奉客，同时送上垫碟和咖啡勺。

③ 炒蛋（Scrambled Egg）。炒蛋要求鸡蛋熟但无凝结的蛋块，炒蛋时一般应加少许牛奶调匀，以确保成品质量。炒蛋通常放在烤面包上提供给客人，也可直接装盘。

④ 水波蛋（Poached Egg）。水波蛋与我国一些地区的“糖氽蛋”类似，先将鸡蛋打入碗中，轻轻倒入加了少量盐和白醋的沸水锅内，煮制两三分钟后捞出沥干水分，放在烤面包上装盘，服务时搭配糖浆或蜂蜜。

⑤ 蛋卷（Omelet）。蛋卷又称奄列蛋，是先将蛋液倒入放了少许油但油温较高的煎锅内摊成饼形，再加入不同原料后卷成梭子形。加入的原料随客人喜好挑选。服务蛋卷时一般要配番茄酱。

（3）肉类。一般有火腿（Ham）、香肠（Sausage）、培根（Bacon）3 种，服务前应在油锅中略煎一下，通常与蛋类一起装盘。

3. 英式早餐

英式早餐（The English Breakfast）非常丰富，除各式面包、饮品外，还包括烤番茄、炒蛋、香肠、咸肉、麦片（搭配牛奶或酸奶）、茄汁黄豆、炸蘑菇等菜点。

4. 行政式早餐

除美式早餐的内容外，行政式早餐（The Executive Breakfast）可另点菜和扒类食品。

5. 日式早餐

日式早餐（The Japanese Breakfast）的内容包括：时令水果、白米饭、海鲜类、豆腐类、煎蛋、日式泡菜、味噌汤、日式绿茶等。

（二）咖啡厅零点服务

1. 餐前准备

扫描二维码，学习餐前准备的相关知识。

视频：餐前准备

2. 摆台

扫描二维码，学习摆台的相关知识。

3. 检查

检查餐厅设施设备、环境卫生、空调温度，检查桌椅是否整齐，检查摆台是否规范，检查背景音乐，检查面包、黄油是否备好，检查个人仪容仪表是否标准等等。

视频：摆台

4. 餐中服务

餐中服务流程包括迎宾服务、点菜前服务、点单服务、酒水服务、菜品服务、结账服务和送客服务。扫描二维码学习餐中服务的具体流程及相关知识。

视频：餐中服务

餐中服务的注意事项包括以下几个方面。

（1）熟悉本餐厅每日套餐的内容和特色，适时推介。

（2）点菜时使用客人座位示意图，注意客人对菜肴的特殊要求。

（3）注意菜肴与酒水的搭配，适时推销酒水。

(4) 服务甜品前应撤走除酒杯外的所有餐具,摆上甜品叉勺。

(5) 为一桌客人点完菜后,须问清是分开付账还是一起付账,以便收银时准确制作账单。

(6) 要勤巡台,及时为客人添加酒水、冰水、黄油、面包,收撤空酒杯等。

(7) 服务迅速敏捷、细致周到。

5. 餐后服务

扫描二维码,学习餐后服务的技巧和具体要求。

视频:餐后整理

二、任务工单

任务描述
请各小组根据知识学习,总结咖啡厅开餐前的准备工作内容,梳理咖啡厅零点服务流程并制作思维导图
操作要求
1. 按照咖啡厅的开餐要求总结餐前准备工作的内容 2. 按照咖啡厅的特点设计咖啡厅服务流程 3. 制作服务流程思维导图
素养提升
在咖啡厅内客人可享用一日三餐,这就要求服务人员全面掌握西式简餐的服务要求和技能。在咖啡厅服务的练习中,学习者在注重保证高质量服务的前提下,也要适应社会的快节奏,在这个追求高效率的时代,为客人提供高效、便捷又舒心的餐饮服务。在生活和学习中学习者也要注重效率与质量,努力争取个人的高质量发展

三、任务分组

班级			教师	
组长			组名	
组员	姓名	分工	姓名	分工

四、任务实施

工作活动 1

咖啡厅开餐前的准备工作	
咖啡厅服务流程思维导图	

工作活动 2

运用世界咖啡教学法引导小组进行组间交流。

组名：	讨论主题：
其他小组给予的反馈：	
技能强化与提升： 根据其他小组的建议，对准备工作内容和服务流程思维导图进行完善。	

五、任务评价与总结

一级指标	二级指标	评价内容	分值	自评	互评	教评	得分
工作能力（50 分）	信息检索能力	能使用数字化手段获取知识和有效信息；能将查到的信息有效运用到学习中	10 分				
	感知课堂生活	熟悉工作岗位，认同岗位工作价值，在学习中能获得满足感，认同课堂文化	5 分				
	参与态度与沟通能力	积极主动与教师、同学交流咖啡厅服务要求，相互尊重、理解；与教师、同学能够保持多向、丰富、适宜的信息交流	10 分				

续表

<table>
<tr><th>一级指标</th><th>二级指标</th><th>评价内容</th><th>分值</th><th>自评</th><th>互评</th><th>教评</th><th>得分</th></tr>
<tr><td rowspan="4">工作能力（50 分）</td><td rowspan="2">知识能力获得</td><td>掌握西餐早餐内容</td><td>5 分</td><td></td><td></td><td></td><td></td></tr>
<tr><td>掌握咖啡厅服务流程</td><td>10 分</td><td></td><td></td><td></td><td></td></tr>
<tr><td rowspan="2">素养达成</td><td>发现问题、提出问题、分析问题、解决问题、创新问题</td><td>5 分</td><td></td><td></td><td></td><td></td></tr>
<tr><td>树立以人为本的服务理念</td><td>5 分</td><td></td><td></td><td></td><td></td></tr>
<tr><td rowspan="23">任务得分（50 分）</td><td rowspan="3">开餐前的准备</td><td>按标准准备餐具用具</td><td>2 分</td><td></td><td></td><td></td><td></td></tr>
<tr><td>准备服务用具，包括托盘、菜单、酒水单、开瓶器、红酒篮、冰桶、冰水、糖缸、奶盅等</td><td>2 分</td><td></td><td></td><td></td><td></td></tr>
<tr><td>按标准要求摆台</td><td>3 分</td><td></td><td></td><td></td><td></td></tr>
<tr><td rowspan="4">迎宾服务</td><td>引领方式正确、规范</td><td>3 分</td><td></td><td></td><td></td><td></td></tr>
<tr><td>正确接待有预订和无预订的客人</td><td>2 分</td><td></td><td></td><td></td><td></td></tr>
<tr><td>为客人拉椅入座，服务顺序正确</td><td>2 分</td><td></td><td></td><td></td><td></td></tr>
<tr><td>呈送菜单并做专业介绍，关注细节，展现良好的服务水平</td><td>2 分</td><td></td><td></td><td></td><td></td></tr>
<tr><td rowspan="5">点餐服务</td><td>递送菜单规范，热情</td><td>2 分</td><td></td><td></td><td></td><td></td></tr>
<tr><td>能够积极地进行菜品介绍</td><td>3 分</td><td></td><td></td><td></td><td></td></tr>
<tr><td>能够有针对性地进行菜品推荐</td><td>2 分</td><td></td><td></td><td></td><td></td></tr>
<tr><td>和客人确认点单内容，并询问是否有特殊要求</td><td>3 分</td><td></td><td></td><td></td><td></td></tr>
<tr><td>点单流程正确，顺畅</td><td>3 分</td><td></td><td></td><td></td><td></td></tr>
<tr><td rowspan="4">菜品服务</td><td>根据客人所点菜品补充餐具</td><td>3 分</td><td></td><td></td><td></td><td></td></tr>
<tr><td>为客人提供规范的上菜服务</td><td>3 分</td><td></td><td></td><td></td><td></td></tr>
<tr><td>为客人及时添加酒水、饮料</td><td>3 分</td><td></td><td></td><td></td><td></td></tr>
<tr><td>服务过程中及时清理台面</td><td>2 分</td><td></td><td></td><td></td><td></td></tr>
<tr><td rowspan="2">结账服务</td><td>准备账单，并正确核对</td><td>2 分</td><td></td><td></td><td></td><td></td></tr>
<tr><td>结账服务流程正确</td><td>2 分</td><td></td><td></td><td></td><td></td></tr>
<tr><td rowspan="3">送客和收尾工作</td><td>提醒客人带好随身物品，检查并确认客人有无遗留物品</td><td>2 分</td><td></td><td></td><td></td><td></td></tr>
<tr><td>送客热情、有礼貌</td><td>2 分</td><td></td><td></td><td></td><td></td></tr>
<tr><td>用餐结束后正确地清理收尾</td><td>2 分</td><td></td><td></td><td></td><td></td></tr>
</table>

续表

<table>
<tr><td rowspan="3">总结</td><td>进步</td><td></td></tr>
<tr><td>欠缺</td><td></td></tr>
<tr><td>改进
措施</td><td></td></tr>
</table>

任务二　扒 房 服 务

学习要点

通过案例分析和学习，能够了解扒房同普通西餐厅服务的区别，掌握扒房服务的各项基本技能、扒房餐桌服务的方式和流程及操作要领，提高服务意识，树立规范化、程序化、标准化的服务操作意识。

案例导入

本周日是林先生和夫人的结婚纪念日，林先生特意预订了西餐厅靠窗的餐桌，窗边能欣赏到室外的湖景，林先生还提前预订了一瓶法国勃艮第产区的红葡萄酒，领班小麦带领员工为他们提供了优质的西餐扒房服务。当餐，小麦为客人推荐了头盘美味湖虾酿馅蘑菇，汤是奶油薄荷豌豆汤，主菜是惠灵顿牛排配芦笋，甜品是提拉米苏。林先生和夫人非常满意。

引导问题：

(1) 此次西餐服务中哪些菜品可以和红葡萄酒搭配?

(2) 此案例中的上菜顺序是什么?

一、知识学习

扒房(Grill Room)，通常是指五星级酒店中提供一流法式服务、雅致的用餐环境和高品质西式菜肴的高级餐厅。扒房的装潢多采用西方艺术风格，较为华丽、浪漫、典雅，餐厅内的物品、器皿、餐具等多使用高档的材质。

扒房提供午、晚两餐，常选用高档食材，菜品精致，烹饪技法高超，用餐节奏缓慢且价格昂贵。扒房备有世界各地知名产区葡萄酒及名牌酒水。

扒房服务人员以男性为主，需着西装或燕尾服，佩戴领结。女引座员或服务人员一般着正式的裙装。扒房对服务人员的服务技术要求较高。服务人员除要掌握各种基本服务技能外，还应熟悉菜肴与酒水知识及服务方式，娴熟地掌握客前烹制技能，并具有熟练的外语会话能力。扒房服务的基本流程如下。

(一) 开餐前的准备

根据客人的预订情况、当日客情、特别菜肴推销及服务的需要，备足所需服务器具、餐具，备好各种调味品。

保持餐厅的整洁卫生，摆台整齐、规范，准备好各种水杯、酒杯、餐具、冰水。保证音响、照明及一切设备运转正常，熟悉当天的特色菜肴。

(二) 扒房摆台

扫描二维码，学习扒房摆台具体要求和标准的相关内容。

视频：扒房摆台

(三) 餐中服务

1. 迎宾服务

服务人员应微笑站立迎接客人的到来。当客人进入餐厅后，首先询问客人是否有预订。如有预订，则将客人引领至预订餐桌；如未预订，则需根据客人的人数、要求将客人引入适当的餐桌。

2. 拉椅、餐巾服务

服务人员应主动向前，遵照女士优先的原则帮助客人拉椅。待客人落座，按照女士优先、先宾后主、顺时针方向铺餐巾。

3. 递送菜单

服务员将菜单正面朝上，递给每位客人一份。

4. 开胃酒服务

服务员询问客人喝什么开胃酒，并做相应介绍和推荐，填写酒水单。用托盘将客人所点开胃酒依次送上，并报酒名，如不需开胃酒，则为客人倒上冰水。遵循女士优先、先宾后主的原则，从客人右侧送上。

5. 点菜服务

西餐客人是各自点餐的，点菜前需提前画好餐桌台迹图，台迹图一般按照座椅的顺序在点菜单上进行标记，或者依据其他参照物进行标记，区分每位客人所点菜品。待客人看完菜单后，首先主动询问是否点单。得到肯定答复后，介绍餐厅特色菜肴，从女宾开始依次点菜，最后为主人点菜。在点菜过程中随时提供信息和建议，如牛排几成熟、色拉配何种酱汁。将每位客人所点菜肴及其要求，如生熟程度、口味要求、配菜调料、上菜时间等认真记录在点单台迹图上。

呈递葡萄酒单给主人，根据客人所点的菜品，介绍和推荐与之搭配的酒水。点菜完毕，复述菜品，确认后礼貌致谢并将菜单收回。

6. 菜品服务

根据客人所点菜品和上菜顺序，补充摆放餐具。最先食用的菜肴使用餐具置于最外侧，其余餐具依次由外向内摆放。随后为客人派送黄油、面包等。

依照开胃菜、汤、副盘、主菜、甜品、咖啡或茶的顺序，遵循先撤后上的原则撤盘及更换餐具，所有菜肴上桌时均需遵循先女后男、先宾后主的原则，按顺时针方向依次进行，上菜时需介绍菜品名称，除非客人事先要求，否则顺序不可颠倒，一般情况下，所有客人所点主菜要一起上，只有等所有客人均吃完后才可收拾餐盘。任何一道需配酒的菜肴在上桌前均应先斟酒后上菜。服务人员应视客人食用情况及时添加面包和黄油。

7. 酒水服务

根据客人所点酒水，到吧台领取并准备相应的服务用具及酒杯，如红酒篮、醒酒器、冰桶、开瓶器等。根据客人所点酒水摆放相应杯具，为客人服务酒水。

8. 甜品与咖啡、茶服务

客人用完主菜后及时推销甜品。上甜品之前先撤下除酒杯、水杯以外的餐具，包括主餐盘、主餐餐具、面包盘、黄油碟、椒盐瓶、面包篮等。用一块叠成四方块的餐巾对餐台进行扫台。摆好甜品叉勺，为客人提供甜点。

服务咖啡或茶之前先摆好糖缸和奶缸，咖啡杯或茶杯放在客人的右手边。

9. 餐前烹制

餐前烹制指在就餐客人面前进行的一种烹饪表演。服务人员在客前烹制车上现场调制鸡尾酒、制作沙拉、牛排或甜品等，是一种能够增加就餐气氛、提高客人用餐兴趣和就餐档次的服务方式。此项服务要求服务人员具有娴熟的服务技能操作时，注意安全和卫生。

10. 结账服务

提前备好账单，等客人示意时为客人结账，并询问其满意度情况。西餐厅有些客人要求分单结账，因此应注意将同桌客人的分列账单记录准确。

11. 送客服务

客人离座时主动为客人拉椅，礼貌致谢并欢迎再次光临。

（四）餐后服务

检查有无客人遗落的物品。整理桌椅，清理台面，先收餐巾、后收玻璃器皿、再收不锈钢餐具、最后收瓷器类餐具。重新摆台，迎接下一批客人的到来或做好结束工作。

资料：西餐扒房菜单

二、任务工单

任务描述
某西餐扒房来了 4 位客人用餐，Cassy 负责为客人服务。请以小组为单位，根据提供的菜单模拟为客人点单，并进行模拟菜品服务。要求画出点餐台迹图，列出菜品服务流程
操作要求
1. 熟悉菜单 2. 按照扒房用餐习惯进行模拟点餐 3. 按照服务要求画出点餐台迹图，台迹图参照物明确、信息完整 4. 根据所点菜肴列出菜品服务程序

续表

素养提升
扒房服务的关键特征是服务品质。服务人员必须时刻保持优雅，尊重每位客人的需求和习惯，注意保护客人的隐私，细心倾听和回应所有的要求。提供最专业的西式餐饮服务。此外，扒房还会提供定制化的服务，根据客人的需求提供个性化的餐点和饮品，提高品尝体验的满意度。创新是提升客人体验感的关键词，且近年来中国西餐行业在服务形式、菜品设计等方面越来越注重本土化创新，以满足消费者对于独特口味和文化体验的需求。例如，一些西餐厅已经开始融合中式调味料和食材，推出具有中国特色的西餐菜肴。文化因交流而繁荣，中西餐饮文化不断交融，焕发出新的活力

三、任务分组

<table>
<tr><td>班级</td><td></td><td>教师</td><td colspan="3"></td></tr>
<tr><td>组长</td><td></td><td>组名</td><td colspan="3"></td></tr>
<tr><td rowspan="6">组员</td><td>姓名</td><td>分工</td><td>姓名</td><td colspan="2">分工</td></tr>
<tr><td></td><td></td><td></td><td colspan="2"></td></tr>
<tr><td></td><td></td><td></td><td colspan="2"></td></tr>
<tr><td></td><td></td><td></td><td colspan="2"></td></tr>
<tr><td></td><td></td><td></td><td colspan="2"></td></tr>
<tr><td></td><td></td><td></td><td colspan="2"></td></tr>
</table>

四、任务实施

工作活动 1

组名：____________

台迹图	
上菜顺序	
菜品服务流程	

工作活动 2

运用世界咖啡教学法小组进行组间交流。

组名：	讨论主题：
其他小组给予的反馈：	
技能强化与提升： 根据其他小组建议，对台迹图和菜品服务流程进行完善。	

五、任务评价与总结

一级指标	二级指标	评价内容	分值	自评	互评	教评	得分
工作能力（50 分）	信息检索能力	能使用数字化手段获取知识和有效信息；能将查到的信息有效运用到学习中	10 分				
	感知课堂生活	熟悉工作岗位，认同岗位工作价值，在学习中能获得满足感，认同课堂文化	5 分				
	参与态度与沟通能力	积极主动与教师、同学交流西餐扒房服务要求，相互尊重、理解；与教师、同学能够保持多向、丰富、适宜的信息交流	10 分				
	知识能力获得	掌握扒房点菜服务要求	5 分				
		掌握扒房服务流程	10 分				
	素养达成	发现问题、提出问题、分析问题、解决问题、创新问题	5 分				
		树立精益求精的服务理念	5 分				
任务得分（50 分）	台迹图	台迹图标示正确	5 分				
		每位客人点单内容书写完整、清晰	8 分				
		菜品成熟度、所配酱汁、口味要求等记录准确	7 分				
	菜品服务	上菜顺序正确	15 分				
		主菜一起上	10 分				
		积极推销甜品，服务咖啡或茶	5 分				
总结	进步						
	欠缺						
	改进措施						

项目四　其他形式服务

● **知识目标**

1. 掌握自助餐餐台设计的基本要求。
2. 掌握自助餐服务的流程和标准。
3. 掌握客房送餐服务的流程和标准。

● **能力目标**

1. 能够完成自助餐餐台设计。
2. 能够完成自助餐餐前准备、餐台服务、就餐服务及餐后结束工作。
3. 能够完成客房送餐的准备工作。
4. 能够完成客房送餐服务的电话点餐服务。
5. 能够完成客房送餐的送餐环节。

● **素养目标**

1. 具备精益求精的工匠精神。
2. 具备爱岗敬业、吃苦耐劳的劳模精神。
3. 具备美学意识，提高审美分析能力。
4. 提高创新能力，培养守正创新的职业意识。
5. 具备得体友好的对客服务能力和沟通协调能力。

任务一　自助餐厅服务

学习要点

通过案例分析和学习，了解自助餐餐台的设计要求与原则，了解自助餐的特点及分类，熟悉自助餐的主要服务流程，掌握各服务环节中的注意事项。

案例导入

请对比图 2-3 和图 2-4 这两幅自助餐餐台的图片，并思考以下问题。

图 2-3 自助餐餐台示意一

图 2-4 自助餐餐台示意二

引导问题：

(1) 什么样的餐台更能吸引客人？

(2) 自助餐餐台设计的注意事项有哪些？

一、知识学习

自助餐是一种由客人从预先布置好的餐台上自行挑选、拿取食品或自烹自食的就餐形式。因其形式多样、菜式丰富、就餐灵活、用餐简便而深受消费者喜爱。

(一) 自助餐的特点

(1) 菜品丰富，陈列精彩，价格适中。

(2) 由于菜品摆上餐台时就已制作完毕，客人无须等候，随到随吃，不受时间限制。

(3) 服务人员提供简单的服务（如添加菜品、饮料、撤盘等）。厨师也可提前批量烹制菜品，使餐厅节省了劳动力，降低了成本。

(二) 自助餐餐台设计

一般在餐厅中间或一侧设置一个中心装饰台，台面中央部分用鲜花、艺术品、果蔬雕刻、灯光照明等装饰点缀。各餐台因功能不同可分为菜品台、点心水果台、酒水饮料台等。菜品的摆放可根据自助餐不同形式来决定。例如，中式自助餐为冷菜、热菜、小吃（点心）、水果；西式自助餐为沙拉、开胃菜、汤、热菜、烤肉、甜点和水果。热菜必须用保温锅保温。取食菜点的服务叉匙或点心夹应统一放在菜品盘中或菜品盘旁边的餐碟中。菜品前应摆放菜牌。

菜品台可呈圆形、S 形、I 形、L 形、多边形等，其大小和多少根据进餐人数和食品数目而定，一般每位客人取食品时约需 30 cm 的宽度。

酒水台一般按 50~80 人设一个酒水台。

（三）自助餐服务

1. 物品准备及餐桌摆台

（1）用品准备。开餐前，服务人员须将托盘、餐巾、餐具等备足。

（2）食品准备。调料和事先准备的食品放在适当的位置，冷热饮料等要精心装饰后展示。

（3）餐桌摆台。自助餐餐桌摆台一般需要摆放主刀、主叉、汤勺，有些餐厅也会摆放筷子等。

2. 就餐服务

自助餐和一般餐厅不同，大多不提供桌面服务。客人前来取菜，服务人员主动迎接客人微笑问好，其服务方法如下。

（1）为客人递送餐盘等餐具，向客人介绍菜品，便于客人选用。

（2）当客人取菜后，服务人员要及时整理菜台、添加菜肴，使自助餐餐台始终保持丰盛、整洁、美观。

（3）自助餐台服务员要密切地与厨房保持联系，对需要添加的菜点要尽可能做到提前通知厨房。

（4）随时整理自助餐餐台，应保持有足够数量的就餐用具。

3. 巡台服务

当客人离座取菜时，服务人员要及时撤走客人用过的脏餐用具。

4. 结账服务

目前我国的自助餐多采用每客位价的收费方式，很多餐厅采用的是进餐前先付费的方式。

二、任务工单

任务描述
某五星级酒店有 300 张床位，平均出租率为 90%，其中 80% 的客人选择在酒店咖啡厅用早餐。餐厅面积为 920 m^2，餐厅座位数为 188 个，请以小组为单位，根据以上情况，结合西餐早餐的学习，为酒店做一份中西合璧的咖啡厅自助早餐餐台设计，做出图例并使用 PPT 进行分享
操作要求
1. 画出自助早餐餐台的设计图，包括餐台的长度等 2. 划分不同的食品分区 3. 进行自助餐餐台的美化创新设计 4. 制作 PPT，并进行任务分享
素养提升
当前，自助餐市场也呈现出多元化、健康、环保、消费群体多样化和激烈竞争的发展趋势。取之有制、用之有节则裕，取之无制、用之不节则乏。珍惜粮食、厉行节约，不仅是中华民族的传统美德，也是餐饮行业高质量发展的必然要求。近年来我国餐饮行业减少“舌尖上的浪费”取得显著成效，制止餐饮浪费需要久久为功，离不开全社会的共同努力。作为服务人员必须引导客人适度取餐，杜绝浪费，涵养简约文明的饮食文化

三、任务分组

<table>
<tr><td>班级</td><td></td><td>教师</td><td></td></tr>
<tr><td>组长</td><td></td><td>组名</td><td></td></tr>
<tr><td>组员</td><td colspan="3">
<table>
<tr><td>姓名</td><td>分工</td><td>姓名</td><td>分工</td></tr>
<tr><td></td><td></td><td></td><td></td></tr>
<tr><td></td><td></td><td></td><td></td></tr>
<tr><td></td><td></td><td></td><td></td></tr>
<tr><td></td><td></td><td></td><td></td></tr>
<tr><td></td><td></td><td></td><td></td></tr>
</table>
</td></tr>
</table>

四、任务实施

工作活动 1

组名：______________

自助早餐 餐台设计	
食品 区域的划分	
自助餐台 装饰设计方案	

工作活动 2

<table>
<tr><td>组名：</td><td colspan="2">PPT 名称：</td></tr>
<tr><td>PPT 模板选择</td><td colspan="2"></td></tr>
<tr><td>主要内容</td><td colspan="2"></td></tr>
<tr><td>文字、图片及音频视频等链接</td><td colspan="2"></td></tr>
<tr><td>PPT 讲解展示要点</td><td colspan="2"></td></tr>
</table>

五、任务评价与总结

一级指标	二级指标	评价内容	分值	自评	互评	教评	得分
工作能力（50分）	信息检索能力	能使用数字化手段获取知识和有效信息；能运用数字技术编辑信息	5分				
	感知课堂生活	熟悉工作岗位，认同岗位工作价值，在学习中能获得满足感，认同课堂文化	5分				
	参与态度与沟通能力	积极主动与教师、同学交流自助餐服务要求，相互尊重、理解；与教师、同学能够保持多向、丰富、适宜的信息交流	5分				
	知识能力获得	掌握自助餐台设计方法	10分				
		掌握自助餐服务流程	10分				
	素养达成	发现问题、提出问题、分析问题、解决问题、创新问题	5分				
		具备审美能力和创新意识	5分				
		具有节约意识	5分				
任务得分（50分）	自助餐台及食品区域分布图	自助餐台长度、形状等设计合理	5分				
		按照客人用餐习惯进行自助餐台冷菜、热菜、点心、水果及餐具的摆放区域设计	10分				
		设计充分考虑便捷性、协调性、安全性	10分				
	自助餐台装饰设计	餐台设计美观、醒目、富有吸引力	10分				
		餐台设计考虑方便客人取菜	5分				
	PPT设计	PPT设计简洁明了，图片、文字表述清楚且有吸引力	10分				
总结	进步						
	欠缺						
	改进措施						

任务二　客房送餐服务

学习要点

通过知识学习和任务实施，了解客房送餐服务的工作流程和注意事项，能够独立或借助送物机器人完成送餐服务。

案例导入

“您好，我是小I。我已到达您的房间门口，请开门扫描我身上的二维码，取走您的物品。”晚上6:00，某精选酒店的机器人小I正忙着为客人送晚餐。自打酒店推出“无接触服务”后，客房送物送餐的工作就几乎都由它来负责了……

越来越多的酒店引入了智能机器人送餐、取物等功能，从而提高了送餐效率、节省了人工成本。

引导问题：

(1) 你所知道的餐饮智能化应用有哪些？

(2) 用机器人完成客房送餐服务有哪些注意事项？

一、知识学习

(一) 客房送餐服务的特点

客房送餐服务有独立性强、服务环节多、人工成本高的特点，而且送餐的餐饮品种与服务内容也受到一定的限制。这项服务与客房部的关系最为密切，需要配合得当。

视频：客房送餐服务

(二) 客房送餐服务的内容

客房送餐服务的内容包括：饮料服务、食品服务、特别服务。

(三) 客房送餐的服务程序

客房送餐的服务程序包括接受订餐、准备用具、准备食品和酒水、准备账单、核对检查、送餐等步骤。

1. 接受订餐

服务人员通过电话接受客人点单时，要详细记录客人所点菜品及酒水，做适当的推销，重复点单内容和特殊要求，记录好客人的房号、姓名和用餐人数，告知客人送餐时间，感谢客人来电，然后将订单分别送到相应厨房和吧台。

随着数字化技术的应用，客房送餐通过扫码点餐已经比较普遍。当接到客人线上订单时，服务人员应按上述内容核对信息。

2. 准备用具

准备托盘或餐车，准备相应的餐具、酒具、餐巾、调料、花瓶、开瓶器、收餐卡等。

3. 准备食品和酒水

准备好食品和酒水，注意食品的温度，需保温的食品和酒水应放在餐车的保温箱内。

4. 准备账单

如果是电话预订，则需提前打印好账单，放在账单夹内并准备好笔。

5. 核对检查

检查服务用具、餐具是否清洁，食品酒水是否合乎标准，账单是否无误。

6. 送餐

搭乘员工电梯送餐。到达客人房间门口时，先敲门报送餐服务“Room Service”。客人开门后先问好，将食品酒水摆放至客人指定位置，简单介绍后，请客人结账并祝客人用餐愉快，并告知客人收餐时间，然后离开客人房间。

（四）服务注意事项

1. 客房送餐的预订方式有两种：一种是门把手早餐菜单预订，另一种是电话或线上预订。

2. 送食物到客房时，须将调味料事先准备好，连同所需餐具一并送入客房。

3. 易冷的热菜或易融化的冰冻食品，须有保温或冷藏设备，并以最快的速度送至房间。

4. 到达客人房间时，须征询客人同意后方可进入房间，同时称呼客人姓氏问候，进房后，征询托盘或餐车的放置位置，然后按要求放好。

5. 结账收款时唱收并告知客人找零的数目，然后前往收银台办理。若客人签单挂账，则务必告知客人使用正楷书写。

6. 结账后，恭祝客人用餐愉快，退离房间并为客人关好房门。

7. 若客人未来电要求收餐，在送早餐 30 min、正餐 60 min 后，服务人员应打电话到客房，征询客人进餐情况和对菜品的意见，询问是否可以收餐。

二、任务工单

任务描述
独立完成欧陆式早餐的客房送餐服务（客人通过扫码预订）流程思维导图
操作要求
1. 掌握欧陆式早餐包含的食品和饮品种类，具体产品自行设定 2. 根据送餐服务的标准及要求进行送餐服务思维导图设计
素养提升
随着科技的迅速发展，服务行业也在不断创新和引入新的技术来提升服务质量和客人体验。餐饮科技创新改变了人们的就餐方式、点餐方式和餐厅管理方式。随着科技的不断进步，餐饮业也在不断探索更高效、更智能化的解决方案，如在客房送餐服务中使用送物机器人等，从而提高客人的就餐体验和餐厅的运营效率

三、任务实施

工作活动 1

根据所学知识及查找资料，确定欧陆式早餐客房送餐服务流程和注意事项。

客房送餐 食品和饮品	
送餐前的 准备工作	
客房送餐服务流程 思维导图	

四、任务评价与总结

一级指标	二级指标	评价内容	分值	自评	互评	教评	得分
工作能力（50 分）	信息检索能力	能使用数字化手段获取知识和有效信息；能运用数字技术编辑信息	10 分				
	感知课堂生活	熟悉工作岗位，认同岗位工作价值，在学习中能获得满足感，认同课堂文化	5 分				
	参与态度与沟通能力	积极主动与教师、同学交流客房送餐服务要求，相互尊重、理解；与教师、同学能够保持多向、丰富、适宜的信息交流	5 分				
	知识能力获得	掌握客房送餐的服务流程	10 分				
		掌握客房送餐服务的注意事项	10 分				
	素养达成	发现问题、提出问题、分析问题、解决问题、创新问题	5 分				
		具有数字化服务素养	5 分				
任务得分（50 分）	客房送餐服务流程思维导图制作	送餐用具选择正确	10 分				
		餐具、杯具、用品准备齐全	10 分				
		食品和饮品准备齐全	10 分				
		思维导图制作流程完整、准确，思路清晰	20 分				
总结	进步						
	欠缺						
	改进措施						

模块小结

本模块教学内容聚焦餐饮服务相关知识，学习任务的设计基于餐厅服务工作实际，涉及餐饮服务的基本程序、服务流程和操作标准，为学习者拓展餐饮服务的专业能力打下基础。本模块强调实践与理论相结合，让学习者在模拟或实际工作环境中反复练习各项技能，以确保其提高服务操作的精准性和专业性，理解精益求精的工匠精神。同时，学习者应注重服务中的创新与个性化，提升客人用餐体验。

随着数字化应用的不断深入、客人需求的不断变化，服务流程正在逐步优化，以沉浸式消费体验为核心的餐饮服务模式越来越受到消费者的欢迎，因此守正创新是餐饮服务的不断追求。

赛证直通

扫二维码，完成在线练习。

在线自测 2

模块三　主题宴会设计

◆ 模块导读

本模块主要包括宴会预订管理，主题宴会场境设计，主题宴会菜单、酒单设计，主题宴会台面设计和主题宴会服务设计，旨在帮助学习者了解主题宴会设计的要求，掌握主题宴会的设计原则，提升学习者主题宴会设计能力。

◆ 思维导图

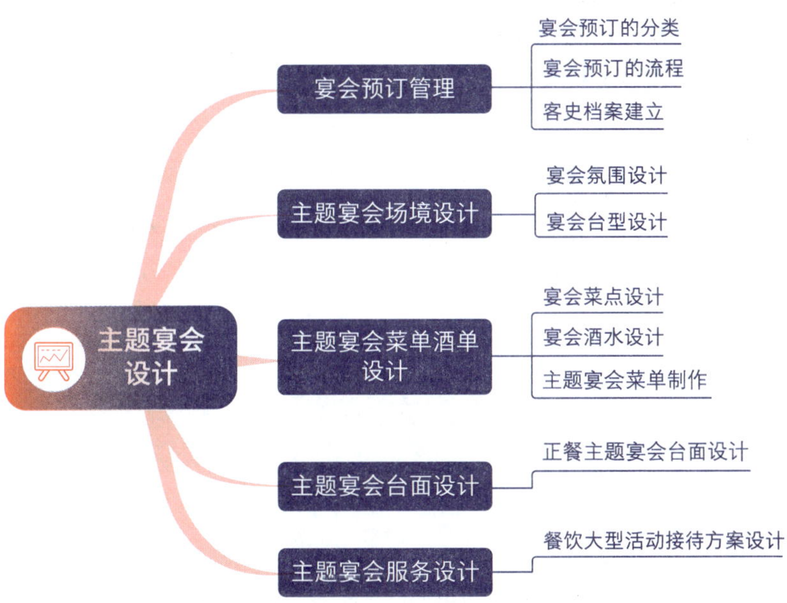

项目一　宴会预订管理

- **知识目标**

1. 了解宴会预订的常用类型。
2. 掌握宴会预订的流程。
3. 根据客人信息明确宴会预订各种表单的相关内容。
4. 掌握客史档案相关内容。

- **能力目标**

1. 能够独立完成宴会预订工作。
2. 能够根据客人预订信息完成宴会通知单的制作。
3. 能够设计并制作客史档案。

- **素养目标**

1. 具有敬业精神和服务意识。
2. 具有较强的沟通技巧和表达能力，能够与客人进行良好的沟通。
3. 具备法治观念和守法意识。

任务一　宴会预订类型

学习要点

宴会的设计与管理首先从受理预订开始。学习者通过此任务的学习，重点掌握宴会预订的方式及常用方式的受理流程。

案例导入

某饭店接到阳光旅行社的晚餐预订电话，用餐时间是 19 :30。由于客人乘坐的飞机晚点，直到 21 :00 才接到客人。这时导游赶紧给饭店打电话要求留餐，但是饭店方迟迟未接电话。导游怀着忐忑的心情到达饭店后，发现该饭店餐厅已下班。这时客人将误机导致的不良情绪都发泄在了导游的身上。导游急忙安抚，并请客人在大厅等候。最后导游找到值班经理，质问他为什么不讲信用，随意取消预订。值班经理核实确认后答道：“晚餐用餐时间截止到 20 :30，超预订太久会视为预订取消。”经双方协商，同意这批客人在咖啡厅用餐……

引导问题：

(1) 本案例中采用的是哪种预订方式？

(2) 引发客人不满的原因是什么？

视频：宴会预订管理(一)

一、知识学习

(一) 常用的宴会预订方式

1. 电话预订

电话预订是最为快捷的预订方式，能够迅速传递信息，当场回复和确认客人的订餐信息，并使双方达到迅速有效的沟通。

2. 面谈预订

面谈预订是指客人通过到店面谈的方式进行宴会预订。预订员可以通过与客人面对面交谈了解更多客人信息，并可以为客人提供宴会相关资料，也可带领客人实地参观。这种方式能够让客人更直接地了解酒店信息，但客人要花费更多的时间和精力。

3. 信函、传真预订

信函、传真预订是指通过邮寄信函或者发送传真的形式进行宴会预订，适用于较早时间提出的或含有宴会确认及合同内容的预订。此类预订最终还是需要客人到酒店来实地参观、面谈。

4. 网络预订

网络预订是现代宴会预订中非常便捷的一种方式。客人通过企业官网、官方微信公众号、小程序及各种 App 等第三方平台进行预订，可以随时随地通过手机或电脑查看详细的场地信息、价格和服务内容，并根据自己的需求进行预订，无须亲自前往酒店，更不需要长时间等待电话回复。很多平台还会提供在线预订的特别优惠或积分奖励。网络预订不仅提升了预订的效率，还为客户提供了更多的选择和便利。

(二) 常用宴会预订方式的受理流程

1. 电话预订流程

(1) 接听电话前。要准备好笔和宴会安排日记簿，并保持良好的姿态。

(2) 电话接听阶段。首先，预订员要在电话铃响 10 s 内迅速拿起电话，主动问候并介绍自己及所在酒店信息；其次，问清客人的预订内容，包括用餐日期及时间、用餐方式、标准、付款方式、联系人的姓名及电话号码、特殊要求等；再次，要将客人的预订内容进行复述并做好记录；最后，将信息准确填写在宴会安排日记簿上。

(3) 结束通话阶段。对客人的来电表示感谢，在客人先挂断电话后再放下电话。

注意：通常会在开餐前半小时致电客人再次核实预订。

2. 面谈预订流程

第一，礼貌问候客人；第二，问清客人的姓名、单位、联系方式、宴请日期及时间、参加人数、场地及设备要求；第三，必要时可以带客人实地参观；第四，根据客人要求提供标准菜单，如客人提出更改菜单中的个别菜品，则预订员应视情况予以调整；第五，面谈预订通常用于提前时间较久的大型宴会或者会议，因此应根据与客人沟通达成的协议草拟出合同，对于未定事宜和客人需改动的事宜应注明最后确认时间；第六，请客人在合同上签字，合同一式两份，妥善保管；第七，向客人表示感谢，礼貌送客；第八，根据记录的资料认真填写宴会预订表、宴会通知单等。

3. 网络预订流程

在收到预订后，应尽快与客人取得联系，确认预订日期、时间、人数、特别要求等信息，做好预订记录。如果是大型宴会，还需要了解客人对菜品、酒水以及装饰等的要求，或者与客人约定时间，进行进一步的面谈预订。

二、任务工单

任务描述
1. 电话预订 某旅行社致电某饭店宴会预订部，计划于 9 月 30 日在该饭店的宴会厅举办一场 300 人参加的美食节 2. 面谈预订 某人工智能国际学术会议在本地五星级酒店举行，主办方想在晚宴前举办一个小型的鸡尾酒会
操作要求
1. 小组选定其中之一完成预订的脚本 2. 每组随机两位同学通过角色扮演（预订员和客人）进行电话预订或面谈预订
素养提升
在宴会预订过程中，预订员应保持热情友好的态度，尊重他人、注重礼仪，积极与客人交流沟通，认真准确地完成预订，同时注意保护客人信息，合理合法签订合同等。党的二十大报告中首次对“坚持全面依法治国，推进法治中国建设”作出专门论述。在宴会预订的工作实践中，预订员必须遵循国家法律法规、行业标准和规章制度，强化守法意识，树立正确的法治观念

三、任务分组

班级		教师	
组长		组名	

组员

姓名	分工	姓名	分工

四、任务实施

工作活动 1

电话预订 / 面谈预订脚本

组名	
脚本：	

工作活动 2

组名		预订方式	
预订信息			
职业素养			

五、任务评价与总结

一级指标	二级指标	评价内容	分值	自评	互评	教评	得分
工作能力(50分)	信息检索能力	能使用数字化手段获取知识和有效信息；能将查到的信息有效运用到学习中	5分				
	感知课堂生活	熟悉宴会预订岗位，认同岗位工作价值，在学习中能获得满足感，认同课堂文化	5分				
	参与态度与沟通能力	积极主动与教师、同学交流宴会预订流程，相互尊重、理解；与教师、同学能够保持多向、丰富、适宜的信息交流	5分				
	知识能力获得	掌握宴会预订的分类	10分				
		能够正确进行电话和面谈预订	15分				
	素养达成	发现问题、提出问题、分析问题、解决问题	5分				
		提高语言沟通能力	5分				
任务得分(50分)	电话预订和面谈预订	介绍自己及所在酒店信息并主动问候客人	5分				
		预订信息完整	15分				
		预订流程准确	10分				
		对客服务语言表述流畅，沟通有效	10分				
		掌握餐厅各项服务信息，能够灵活运用，如菜品、酒水、场地、设备等信息	10分				
总结	进步						
	欠缺						
	改进措施						

任务二　宴会预订流程

学习要点

宴会预订的专业性很强，同时还有较强的灵活性。通过对案例的分析和学习，学习者应掌握宴会预订的工作流程，应能结合实际工作任务，准确填写宴会预订的相关表格，并根据客人的预订信息完成宴会通知单。

案例导入

小李是某饭店宴会部的预订员，他第一次接到客户的大型宴会预订，通过电话记录了宴会日期、时间、主办单位联系人情况、参加人数、宴会类别、价格、菜单酒水要求等基本情况后，就急忙想着带上预订单和合同亲自到客户单位去确认。同事小杨劝阻他说，你最好请对方发一个预订要求的传真过来，然后根据要求把宴会预订单、宴会厅的平面图和有关详细情况反馈给对方，并要求对方第二次传真预订；必要的时候还要请客户来饭店看一下场地，然后填写预订表格，签订合同。小李按照同事建议进行了反馈，经过前后几次沟通，最终与客户签订了合同。

引导问题：

(1) 宴会预订的流程有哪些？

(2) 在宴会预订的过程中会用到哪些表格？

视频：宴会预订管理(二)

一、知识学习

宴会预订是一项专业性很强的工作。作为预订员，要熟知宴会场所的面积、设施情况，了解菜肴知识，清楚酒店各类菜肴的加工过程和口味特点；要掌握各种宴会的标准售价及同类酒店的价格情况；还要熟悉主要客源国和地区的风俗习惯、饮食特点等，能够根据客人的要求、喜好对菜单做出相应的调整。

(一) 接受预订

这一阶段的工作主要是回答客人提出的问题，尽可能确认预订，填写宴会预订单和宴会安排日记簿。

1. 填写宴会预订单(表 3-1)

表 3-1 宴会预订单

预订日期		宴会名称		宴会类别	
预订人姓名		地址		电话	
宴会厅名称		宴会开始时间		出席人数	
宴会标准		订金		付款方式	
菜单：			场地、设备		
特殊要求：			宴会台型		
联系人			承办人		

2. 填写宴会安排日记簿（表 3-2）

宴会安排日记簿的作用是记录预订情况，供预订员在受理预订时查核信息。

表 3-2 宴会安排日记簿

年 月 日

时间	宴会厅	宴会名称	举办单位	人数	标准	联系人	备注
中	宴会厅 A						
	宴会厅 B						
	宴会厅 C						
晚	宴会厅 A						
	宴会厅 B						
	宴会厅 C						

（二）宴会跟踪查询

对于时间提前较久的预订和暂时性预订，预订员要进行密切的跟踪查询，主动与客人保持电话联系。因为在正式确定预订前，客人可能会对比其他酒店的环境、设施、价格等因素，这就要求预订员要及时给客人满意的答复，并准确且详细记录每次与客人沟通的内容，存档备查，同时要将资料及时传递给相关部门及人员，直至宴会预订成功。对于大型宴会要及时签订合同并收取订金。

1. 签订宴会合同

预订员将双方同意的事项记录在合同书上，并请客人签字，这样可以更好地保障客人及酒店的权益。合同内容通常包括宴会时间、地点、保证人数等基本信息，服务相关内容、费用与支付，以及违约责任等。

2. 收取宴会订金

在签订合同时，为保证宴会的确认，酒店通常要求客人预付一定数量的订金，一般大型宴会订金为总费用的 15% 左右。

(三) 发布宴会通知单(BEO 单)

宴会确定后,预订员对内发布一式若干份的宴会通知单,用于告知各部门在此次宴会中的具体工作,以及各部门需要准备的物品明细和相关事项。

宴会通知单(表 3-3)一般会分成三个部分。

(1) 宴会通知单的上面部分记录宴会信息,包括宴会名称、宴会日期、宴会时间、宴会地点、预订人姓名、预订人电话、预计人数、保证人数等。

(2) 宴会通知单的中间部分,主要记录各部门为本次宴会所做的各项工作,包括工程部、管事部、客房部、安保部、财务部等。

(3) 宴会通知单的底部则主要列出宴会通知单将要发送的部门。

表 3-3　宴会通知单

编号:

<table>
<tr><td colspan="2">宴会名称:</td><td colspan="2">宴会日期:</td><td>宴会时间:</td></tr>
<tr><td colspan="2">预订人姓名:</td><td colspan="3">预订人电话:</td></tr>
<tr><td colspan="2">预计人数:</td><td colspan="2">保证人数:</td><td>宴会地点:</td></tr>
<tr><td colspan="2">订金:</td><td colspan="2">收据单号:</td><td>预订员:</td></tr>
<tr><td colspan="3" rowspan="5">厨房部:
菜单

宴会部:
台型</td><td>工程部</td><td></td></tr>
<tr><td>管事部</td><td></td></tr>
<tr><td>客房部</td><td></td></tr>
<tr><td>安保部</td><td></td></tr>
<tr><td>财务部</td><td></td></tr>
<tr><td>发送部门</td><td colspan="4">○总经理　○餐饮部　○客房部　○财务部　○采购部
○安保部　○管事部　○工程部　○其他</td></tr>
</table>

(四) 宴会预订的变更与取消

1. 宴会预订的变更

一旦客人对宴会提出任何变更,预订员要详细了解客人更改的项目、更改原因,尽量满足客人要求,并认真记录更改后的内容。向客人说明有关项目更改后的处理意见,征得客人同意并向客人表示感谢。预订员应必须马上给各相关部门发送宴会变更通知单(表 3-4)。

变更通知单上要详细准确地记录变更项目、变更内容,清楚地告知相关部门要修改的工作内容,各部门应按照变更单通知的内容来调整工作,合力达成客人的要求。

表 3–4　宴会变更通知单

<table>
<tr><td colspan="2">发文日期：</td><td colspan="2">宴会预订单编号：</td></tr>
<tr><td>宴会名称</td><td></td><td>宴会地点</td><td></td></tr>
<tr><td>宴会日期</td><td></td><td>联系人</td><td></td></tr>
<tr><td>变更项目</td><td>原计划</td><td colspan="2">变更后</td></tr>
<tr><td>日期</td><td></td><td colspan="2"></td></tr>
<tr><td>时间</td><td></td><td colspan="2"></td></tr>
<tr><td>内容</td><td></td><td colspan="2"></td></tr>
<tr><td colspan="2">其他变更项目：</td><td colspan="2">增加项目：</td></tr>
<tr><td colspan="4">宴会部经理：</td></tr>
<tr><td>发送部门</td><td colspan="3">○总经理　○餐饮部　○客房部　○财务部　○采购部
○安保部　○管事部　○工程部　○其他</td></tr>
</table>

2. 宴会预订的取消

若客人因为种种原因要求取消宴会，则预订员应做好以下工作。

（1）预订员应问清取消预订的原因，尽量挽留客人。这对日后改进宴会推销工作有非常重要的作用。

（2）在宴会预订单上盖上“取消”印记，记录取消预订的日期、要求、取消人的姓名及受理宴会取消的预订员姓名，然后将该宴会预订单放到规定的地方，并及时通知有关部门。

（3）如果是大型的宴会或会议等预订的取消，则应立即向宴会经理报告。

（4）宴会经理有责任向客人去函对不能为其服务表示遗憾，并表示希望今后还能有合作的机会。

（5）如果预订被取消，则预订员要填写一份“取消宴会预订报告”（表 3–5）。

表 3–5　取消宴会预订报告

<table>
<tr><td>单位名称：</td><td>联系人：</td></tr>
<tr><td>宴请 / 会议日期：</td><td>宴会类型：</td></tr>
<tr><td>预订日期：</td><td>预订途径：</td></tr>
<tr><td colspan="2">取消的原因：</td></tr>
<tr><td colspan="2">挽回的措施（简明扼要的步骤）：</td></tr>
<tr><td colspan="2">宴会经理签名：</td></tr>
</table>

二、任务工单

任务描述
各组选择一个不同的预订，完成预订回复函和宴会通知单。 案例 1 尊敬的 ×× 酒店宴会预订部： 我们计划于 20×× 年 6 月 3 日下午 6：00 在贵店举办“白山滑雪运动协会年会”，拟预订中餐晚宴 8 桌，每桌 10 人，宴会活动预计持续 2.5 h，预算大约每桌 1 800 元。本次宴会需设主席台并配备音、视频设备，赴宴客人包括轮椅客人 5 位、儿童客人 3 位、全素食客人 1 位。我们在活动中计划播放“滑雪运动 10 年珍贵镜头”。 烦请在收到此函后 3 日内与我确认预订。涉及此次宴会的有关事项请直接与我联系。谢谢！ 联系人：李 ×× 联系电话：123×××××××× 案例 2 尊敬的 ×× 酒店宴会预订部： 我们公司计划于 20×× 年 6 月 19 日中午 12：00 在贵店举办“天马行空公司上半年工作答谢宴会”，拟预订中餐 8 桌，每桌 10 人，宴会活动预计时长 3 h，餐费不含酒水预算大约每桌 2 000 元。本次宴会客人喜欢海鲜，另外赴宴客人中有轮椅客人 3 位、全素食客人 2 位。午宴期间，客人们希望听到背景音乐。 烦请在收到此函后 3 日内与我确认预订。涉及此次宴会的有关事项请直接与我联系。谢谢！ 联系人：张 ×× 联系电话：123×××××××× 案例 3 尊敬的 ×× 酒店宴会预订部： 鉴于对贵酒店品牌的认可，我们计划于 20×× 年 6 月 3 日中午 12：00 在贵店为宝宝举办“百日宴”，拟预订午宴 16 桌，每桌 10 人，宴会活动预计持续 2.5 h，每桌预算餐标为 3 888 元（酒水自备）。本次赴宴客人预计有 70 岁以上老人 8 位、儿童 8 位。当天须酒店提供休息房 2 间。另外，我们计划在宴会中播放“宝宝出生以来的视频与照片集锦”。 烦请在收到此函后 3 日内与我确认预订。涉及此次宴会的有关事项请直接与我联系。谢谢！ 联系人：许 ×× 联系电话：123××××××××

续表

<table>
<tr><td>案例 4
尊敬的 ×× 酒店宴会预订部：
鉴于对贵酒店的品牌认知和良好体验，我们计划于 20×× 年 10 月 4 日重阳节当日中午 12∶00 在贵店举办宴会，拟预订午宴 9 桌，每桌 10 人，宴会活动预计持续 3 h，每桌预算餐标为 3 000 元左右（酒水自备）。本次宴会主要宴请父母和亲朋好友。当日下午 2∶00 须酒店提供棋牌室 2 间，10 人用大 KTV 包间 1 间，休息用房 1 间。
烦请在收到此函后 3 日内与我确认预订。涉及此次宴会的有关事项请直接与我联系。谢谢！
联系人：杨 ××
联系电话：123××××××××

案例 5
尊敬的 ×× 酒店宴会预订部：
我单位计划于 20×× 年 6 月 18 日下午 5∶30 在贵店举办“半岛海上运动产品推介会”，需要预订中餐晚宴 8 桌，每桌 10 人，宴会活动预计持续 3 h，餐费含酒水预算大约每桌 2 800 元。本次赴宴客人中有欧美客人 2 位。宴会期间，我们需要边台 2 张，以便陈列产品样品。
烦请在收到此函后 3 日内与我确认预订。涉及此次宴会的有关事项请直接与我联系。谢谢！
联系人：王 ××
联系电话：123××××××××

案例 6
尊敬的 ×× 酒店宴会预订部：
鉴于对贵酒店的品牌认知和良好体验，我们计划于 20×× 年 6 月 18 日下午 18∶00 在贵店举办婚宴，拟预订晚宴 18 桌，每桌 10 人。宴会活动预计持续 2.5 h，每桌预算餐标 3 288 元（酒水自备）。本次宴会当天须酒店提供婚房 1 间，化妆间 1 间，并根据参加婚宴客人数量提供餐前休闲食品。
烦请在收到此函后 3 日内与我确认预订。涉及此次宴会的有关事项请直接与我联系。谢谢！
联系人：孙 ××
联系电话：123××××××××</td></tr>
<tr><td>操作要求</td></tr>
<tr><td>1. 给客人写 1 份要素完整的预订回复函
2. 制作宴会通知单</td></tr>
<tr><td>素养提升</td></tr>
<tr><td>宴会预订工作的专业性强，在填写相关表格时必须非常严谨。在整个流程中要树立正确的工作态度，保持积极进取、认真负责的精神状态，以高度的责任感和使命感推动各项工作落到实处。宴会预订往往涉及多个部门、多方利益，需要团队协作才能完成，因此学习者要认识到团队协作的重要性，培养沟通、协调和合作能力，提升集体荣誉感</td></tr>
</table>

三、任务分组

<table>
<tr><td>班级</td><td colspan="2"></td><td>教师</td><td colspan="2"></td></tr>
<tr><td>组长</td><td colspan="2"></td><td>组名</td><td colspan="2"></td></tr>
<tr><td rowspan="6">组员</td><td>姓名</td><td>分工</td><td>姓名</td><td colspan="2">分工</td></tr>
<tr><td></td><td></td><td></td><td colspan="2"></td></tr>
<tr><td></td><td></td><td></td><td colspan="2"></td></tr>
<tr><td></td><td></td><td></td><td colspan="2"></td></tr>
<tr><td></td><td></td><td></td><td colspan="2"></td></tr>
<tr><td></td><td></td><td></td><td colspan="2"></td></tr>
</table>

四、任务实施

工作活动 1

宴会预订回复函：

组名	

工作活动 2

小组讨论确定 BEO 单的内容和格式。

组名	
宴会通知单内容	
宴会通知单格式	

五、任务评价与总结

一级指标	二级指标	评价内容	分值	自评	互评	教评	得分
工作能力（50分）	信息检索能力	能使用数字化手段获取知识和有效信息；能将查到的信息有效运用到学习中	5分				
	感知课堂生活	熟悉宴会预订岗位，认同岗位工作价值，在学习中能获得满足感，认同课堂文化	5分				
	参与态度与沟通能力	积极主动与教师、同学对宴会预订流程和宴会通知单的使用进行交流，相互尊重、理解	5分				
	知识能力获得	掌握宴会预订的流程	10分				
		掌握宴会通知单主要内容和制作要求	15分				
	素养达成	是否能发现问题、提出问题、分析问题、解决问题、创新问题	5分				
		精益求精的工匠精神	5分				
任务得分（50分）	回复函及BEO单	回复函的内容准确、无遗漏	10分				
		回复函格式正确	5分				
		宴会通知单格式设计合理	10分				
		宴会通知单内容全面、准确、无遗漏	10分				
		宴会通知单记录各部门工作详细准确	15分				
总结	进步						
	欠缺						
	改进措施						

任务三 客史档案建立

学习要点

根据宴会预订的流程和要求，规范、熟练地完成客史档案建立工作。

案例导入

王先生到泰国出差，入住泰国的东方酒店，这是他第二次入住该酒店。第二天早晨出房门准备去用餐，这时楼层服务人员恭敬地问候："王先生，您是去用早餐吗？"王先生非常吃惊，在自己办理入住及入住期间并没有见过这名楼层服务人员，他是怎么做到准确地称呼出自己姓氏的。当王先生乘坐电梯去早餐厅用餐时，同样让他吃惊的事情发生了，餐厅服务人员见到王先生后，忙说："王先生里面请，您还是要老位置吗？"距离上一次在该餐厅吃饭已经过去一年之久，自己都快记不得在哪个位置用的早餐了。这时服务人员把王先生引领到了近第二个窗口的位置，并且继续问道："老菜单？一个三明治，一杯酸奶，一个单面煎鸡蛋？"听到这儿，王先生是既感动又激动，忙说："老菜单，那就按老菜单了……"

引导问题：

(1) 王先生的感动源于什么？

(2) 东方酒店的服务为什么可以让客人感到满意和惊喜？

一、知识学习

为了能够建立友好的长期合作关系，在宴会活动结束后，应继续加强与客人的沟通和联系。通过多种途径收集各类资料，并对其进行分析、归类整理和存档。

(一) 客户资料收集的方法

1. 发放征求意见卡

客人用餐结束时或者结账时，向客人递上一张客人意见征集卡。请客人留下姓名、地址等相关信息，并对此次用餐进行评价，包括菜品、服务等方面。

2. 现场观察

(1) 服务人员收集。通过观察客人消费过程中的言行举止，了解客人的基本信息。特别是对客服务时，服务人员应留心记住客人的姓名、爱好、禁忌等，或者运用委婉的语言与客人交流，随时征询客人对菜品和服务的意见和建议，在宴会结束后将信息记录在客史档案上。

(2) 管理人员收集。客人结账离店时，主管或餐厅经理可以上前询问客人此次的用餐感受，从而获取客人相应的信息。

3. 电话或邮件拜访

对于常客、重要客户及大客户，定期以电话或邮件的方式进行拜访，了解客人动向。

4. 线上收集客户评价

线上收集客户评价的方式有以下几种。

(1) 在酒店网站上设置反馈表单或留言板，让客户在网站上留下评价和反馈。该方式操作简单，成本较低，能够即时获取客户反馈。

(2) 通过社交媒体平台，如微信、微博、抖音等，建立客户反馈渠道，让客户在社交媒体上发表评价和留言。该方式可以提高品牌曝光度，同时与客户互动，增加客户黏性。

(3) 发送电子邮件邀请客户填写满意度调查问卷，收集客户反馈。电子邮件反馈方式适用于客户量小的情况。

(4) 在电商平台或产品评论区设置客户评价，让客户对产品或服务进行评价。该方式能够提高产品或服务的信誉度，增强消费者的购买信心。该方式的特点如下。

① 可以快捷获取客户反馈信息，方便管理和处理。

② 使得客户的反馈信息更加透明、公开，可以提高产品或服务的透明度、公正性。

③ 帮助企业更好地了解自己产品或服务的优点和缺点，帮助企业对产品或服务进行改进。

④ 帮助企业维护和提升品牌形象，提高客户对企业的信任度和忠诚度。

(二) 客史档案的建立方法

1. 宴会结束后，服务人员应及时将客人信息记录在客人信息卡(表 3-6)上。

2. 由专人对收集上来的客人信息进行筛选和汇总(注意回避客人的隐私)，并储存在计算机信息库中。

3. 定期对客人信息进行更新完善。

4. 客人每次用餐的菜单要收录到客史档案中，注明客人对菜品的评价，以便后续做出相应调整。

5. 由销售部定期对客人进行回访，协同餐饮部了解客人信息，对客史档案进行补充更新。

表 3-6 客人信息卡

姓名	单位	电话	就餐时间	人数	消费金额	喜好禁忌	菜单

二、任务工单

任务描述
根据以下客人信息，小组讨论完成 VIP 客史档案设计。 客人信息：某国 A 先生为某跨国集团公司驻中华区的总监，年龄为 45 岁。恰逢他的几位大学同学来中国旅游，A 先生特别邀请他们来餐厅品尝当地特色菜肴
操作要求
1. 客史档案组成要素全面 2. 客史档案格式设计合理
素养提升
随着数字化技术应用的深入推进，个人信息的收集、流动、利用日益频繁，服务人员在整理客史档案时也要时刻注意保护客人信息，保证涉及隐私的信息不出现在客史档案中，也要坚决杜绝过度采集、违法采集、超范围使用客人信息的情况

三、任务分组

<table>
<tr><td>班级</td><td colspan="2"></td><td>教师</td><td colspan="2"></td></tr>
<tr><td>组长</td><td colspan="2"></td><td>组名</td><td colspan="2"></td></tr>
<tr><td rowspan="6">组员</td><td>姓名</td><td>分工</td><td>姓名</td><td colspan="2">分工</td></tr>
<tr><td></td><td></td><td></td><td colspan="2"></td></tr>
<tr><td></td><td></td><td></td><td colspan="2"></td></tr>
<tr><td></td><td></td><td></td><td colspan="2"></td></tr>
<tr><td></td><td></td><td></td><td colspan="2"></td></tr>
<tr><td></td><td></td><td></td><td colspan="2"></td></tr>
</table>

四、任务实施

工作活动 1

组名	
客史档案要素	
VIP 客史档案	

工作活动 2

运用世界咖啡教学法引导小组进行组间交流。

组名：	讨论主题：
其他小组给予的反馈：	
技能强化与提升： 根据其他小组建议，对原有客史档案进行完善。	

五、任务评价与总结

一级指标	二级指标	评价内容	分值	自评	互评	教评	得分
工作能力（50 分）	信息检索能力	能使用数字化手段获取知识和有效信息；能将查到的信息有效运用到学习中	5 分				
	感知课堂生活	熟悉客史档案的组成内容，在学习中能获得满足感，认同课堂文化	5 分				
	参与态度与沟通能力	积极主动与教师、同学沟通客史档案的设计要素，相互尊重、理解；与教师、同学能够保持多向、丰富、适宜的信息交流	5 分				
	知识能力获得	掌握客史档案的内容	15 分				
		了解客户信息获取渠道	10 分				
	素养达成	发现问题、提出问题、分析问题、解决问题、创新问题	5 分				
		提高法治意识	5 分				
作品得分（50 分）	VIP 客史档案	信息收集全面	10 分				
		对所获信息进行整理	10 分				
		VIP 客史档案的格式合理	15 分				
		内容全面、准确、无遗漏	15 分				
总结	进步						
	欠缺						
	改进措施						

项目二　主题宴会场境设计

● 知识目标

1. 掌握主题宴会场境设计的原则。
2. 掌握主题宴会场境设计的内容。
3. 掌握主题宴会台型设计的原则。

● 能力目标

1. 能够根据宴会主题及具体情况，设计出适宜的宴会场境。
2. 能够根据宴会主题及具体信息，进行座次及台型的设计。

● 素养目标

1. 具备审美情趣，提高审美分析能力。
2. 具有整体布局意识及严谨扎实的工作作风。
3. 具备创新能力，树立守正创新的职业意识。

任务一　宴会氛围设计

学习要点

通过案例分析和学习，能够围绕主题完成宴会环境的设计并对场地进行布置，从而营造良好的宴会气氛，给客人留下深刻的印象。

案例导入

2014 年 11 月 10 日，APEC（Asia-Pacific Economic Cooperation，亚太经济合作组织）领导人非正式会议欢迎晚宴及文艺演出在北京水立方隆重举行，此次峰会的主题是：共建面向未来的亚太伙伴关系。欢迎晚宴的主题为“上善若水同舟共济”，为此主办方对水立方进行了整体布置，从欢迎晚宴的欢迎歌曲到嘉宾入场再到主宴会大厅，用创意科技点亮水立方。水元素也在水立方中被最大限度地利用起来，现场亭台楼阁、山环水绕、曲水流觞，完美地将现代室内设计与我国传统儒风雅俗相结合。

引导问题：

主题宴会氛围设计包括哪些内容？

视频：宴会氛围设计

一、知识学习

（一）主题宴会氛围设计的原则

1. 客人导向原则

在主题宴会中，氛围设计是非常重要的一环。良好的氛围设计不仅能提高客人的感官体验，还能让他们更好地融入主题中，让客人拥有一次难忘的用餐体验。客人的需求是多样和多变的，甚至是突发性的，因此氛围设计首先要满足主办者的要求，其次协助主办者考虑主宾的要求，最后是其他参与者的需求。

客人导向的核心理念是以客人的需求和体验为中心。因此，在氛围设计中，需要注重将宾客的期望和喜好纳入其中，为他们提供一个引人入胜、舒适无比、创意独特的体验。

2. 科学选择场景

所谓科学选择场景，主要是指大环境与小环境，也就是要考虑宴会厅所在场地的自然环境和餐厅装饰环境。

(1) 了解宴会场地的自然环境特点，如布局、气候、景观等，根据这些环境特点来确定主题宴会的风格、色调和搭配绿色植物、花卉等装饰元素，提升宴会的氛围。

(2) 利用环境特点来营造独特的氛围。例如，在室外的场地可以考虑使用绿色植物或树木做背景墙，借助自然光线烘托宴会氛围；在室内则可以考虑利用场地的高度优势，如直接在天花板上挂装饰灯或布置灯光来提升氛围。

3. 突出特色

宴会的特色不单单体现在活动策划、食品饮品和服务上，一个独特而富有个性的宴会氛围设计也会给客人留下难忘的印象。可以从季节、文化、历史、时尚等方面入手，用具有代表性的元素来突出特色。

（二）主题宴会氛围设计的内容

1. 突出主墙面

在主题宴会场景设计中，主墙面的装饰可以起到决定性的作用，因为它通常是整个场景的视觉焦点，吸引着客人的注意力。根据宴会风格及规格选择不同装饰风格，可以采用简约的线条和色彩创造出流畅、富有现代感的视觉效果，也可以使用大量的自然元素，如石头、木材等，创造出一种自然的氛围。主墙面的合理设计和装饰，可以在视觉上突出主题，增加气氛，让客人获得更好的宴会体验。

2. 注重周边环境的点缀和装饰

周边环境的装饰也是体现宴会主题的重要手段。因此，各种摆设、布置、点缀等都要围绕主题，选择合适的装饰元素，这样不仅能够营造独特的氛围，还能体现主题，吸引客人的目光。

3. 色彩的运用

在主题宴会中，色彩运用是非常重要的一个环节，能够直接影响整个宴会的氛围和主题的表达。

首先，确定主题色。主题色要根据宴会的主题和风格来确定。例如，如果主题是田园风格，则可以选择绿色；如果主题是富贵华丽，则可以选择金色或红色。

其次，根据主题色来选择其他的配色方案。可以采用类比色、对比色、互补色等不同的方式，来构建出具有鲜明个性的色彩组合。例如，在田园风格主题宴会中，可以采用绿色、黄色、棕色等相互搭配的颜色，营造出自然、清新的氛围；而在富贵华丽主题宴会中，则可以采用金色、红色等通过对比、互补的方式来表达主题的豪华和繁荣。

4. 灯光照明

灯光照明是室内的重点装饰，不同的光源会使色彩产生不同的变化。例如，在宴会采用日光灯和白炽灯光源的情况下，同样的颜色表现出来的效果是不同的。针对光源的不同，可以从创意上去解决，如利用增加光源的数量、调整光源的颜色等方式来达到理想的效果。

主题宴会设计中色彩和灯光的运用相得益彰。通过确定主题色、选择配色方案及对不同光源的处理，可以营造出令人印象深刻的宴会氛围，给客人带来美妙的视觉享受。

5. 背景音乐

在主题宴会设计中，宴会背景音乐的设计也是至关重要的一环。恰当的背景音乐可以为宴会增添氛围，让客人更好地融入主题中度过一段愉快难忘的时光。

首先，需要根据宴会主题来选择音乐。不同主题需要的音乐类型也不同。例如，如果是海洋主题的宴会，则可以选择轻快的海洋音乐或调皮的海豚音乐来让客人感受到海洋的气息；如果是复古主题的宴会，则可以选择 20 世纪 20 年代或 30 年代的爵士乐或摇摆乐来为客人营造过去的回忆。总之，要让音乐与主题相融合，从而增加宴会的趣味性和互动性。

其次，需要选择恰当的音量。音量过大会让客人感到不适，而音量过小则不能起到背景音乐的作用。一般来说，宴会背景音乐的音量应柔和，不影响客人之间的交谈。

最后，需要注意宴会背景音乐的播放时间。如果宴会的时间较长，不同的时间段可以播放不同类型的音乐，以保证客人的听觉体验。

二、任务工单

任务描述
以小组为单位，任选一个任务，完成宴会氛围设计文案并制作简图。 1. 一对新人决定于 10 月 1 日在某五星级酒店举行婚礼，他们与酒店沟通婚礼细节时透露特别喜欢中国的传统文化，想要办一场中式婚礼，想请酒店对婚礼现场进行布置，费用控制在 8 000 元左右

续表

<table>
<tr><td>2. 一对新人在某五星级酒店订了婚宴，双方父母是敦煌文化研究者，二人的初次相遇也是在敦煌莫高窟一带，因此他们的婚礼主题想选用敦煌元素，想请酒店进行布置，费用控制在 8 000 元左右</td></tr>
<tr><td>操作要求</td></tr>
<tr><td>1. 明确客人需求
2. 通过主墙面、吊顶以及周围装饰突出主题
3. 合理运用色彩、灯光及背景音乐
4. 场景图清晰合理</td></tr>
<tr><td>素养提升</td></tr>
<tr><td>文化是一个国家、一个民族的灵魂。文化兴则国运兴，文化强民族强。没有高度的文化自信，没有文化的繁荣兴盛，就没有中华民族伟大复兴。近年来，在宴会场景设计时，中国元素愈发受到客人的青睐。党的二十大报告中指出要传承中华优秀传统文化，推动中华文化创造性转化和创新性发展，增强文化自信。学习者在场景设计中要坚持古为今用、推陈出新，结合新的时代条件和实践要求，赋予中华优秀传统文化以新的内涵和表达方式，传承与创新结合，使其与现代社会相适应相融相通</td></tr>
</table>

三、任务分组

<table>
<tr><td>班级</td><td></td><td>教师</td><td></td></tr>
<tr><td>组长</td><td></td><td>组名</td><td></td></tr>
<tr><td>组员</td><td colspan="3">
<table>
<tr><td>姓名</td><td>分工</td><td>姓名</td><td>分工</td></tr>
<tr><td></td><td></td><td></td><td></td></tr>
<tr><td></td><td></td><td></td><td></td></tr>
<tr><td></td><td></td><td></td><td></td></tr>
<tr><td></td><td></td><td></td><td></td></tr>
<tr><td></td><td></td><td></td><td></td></tr>
</table>
</td></tr>
</table>

四、任务实施

工作活动 1

小组讨论确定如下氛围设计要素。

主题名称		
主题创意		
氛围设计	主题色调	
	主墙面	
	天花板	
	周围装饰	
	背景音乐	
作品图		

工作活动 2

运用世界咖啡教学法引导小组进行组间交流。

组名：	主题名称：
其他小组给予的反馈：	
方案完善： 组内讨论，对宴会台面设计方案进行完善修订。	

工作活动 3

方案完善：

组名：	主题名称：
教师建议（企业专家线上点评）：	

续表

方案完善并提交:

五、任务评价与总结

一级指标	二级指标	评价内容	分值	自评	互评	教评	得分
工作能力(50分)	信息检索能力	能使用数字化手段获取知识和有效信息;能将查到的信息有效运用到学习中	5分				
	感知课堂生活	熟悉宴会厅岗位,认同岗位工作价值,在学习中能获得满足感,认同课堂文化	5分				
	参与态度与沟通能力	积极主动与教师、同学、行业专家交流主题宴会氛围设计要素,相互尊重、理解;与教师、同学能够保持多向、丰富、适宜的信息交流	5分				
	知识能力获得	掌握主题宴会氛围设计的原则	10分				
		掌握主题宴会氛围设计的内容	10分				
	素养达成	能发现问题、提出问题、分析问题、解决问题、创新问题	5分				
		提高审美分析的能力	5分				
		具备创新能力和守正创新的职业意识	5分				
作品得分(50分)	氛围设计	符合宴会的性质、主题、形式、规模	10分				
		符合宴会主题和参与者的审美心理	10分				
		选用恰当的背景音乐	5分				
		宴会厅天花板、周围环境、出入口、走道及进出口布置适宜,色彩、光线运用合理	10分				
		宴会场景布置简图清晰合理	10分				
		文案条理清晰、语言顺畅、图文并茂、详略得当	5分				

续表

总结	进步	
	欠缺	
	改进措施	

任务二　宴会台型设计

学习要点

宴会台型设计在主题宴会设计中是一个不可忽视的重要环节。通过此任务的学习，能够根据主题以及宾客信息完成台型设计和座次安排。

案例导入

某五星级饭店宴会部最近承接了某公司的答谢宴，参加答谢宴的一共有 88 人。下面是这次宴会的台型设计图（图 3–1）。

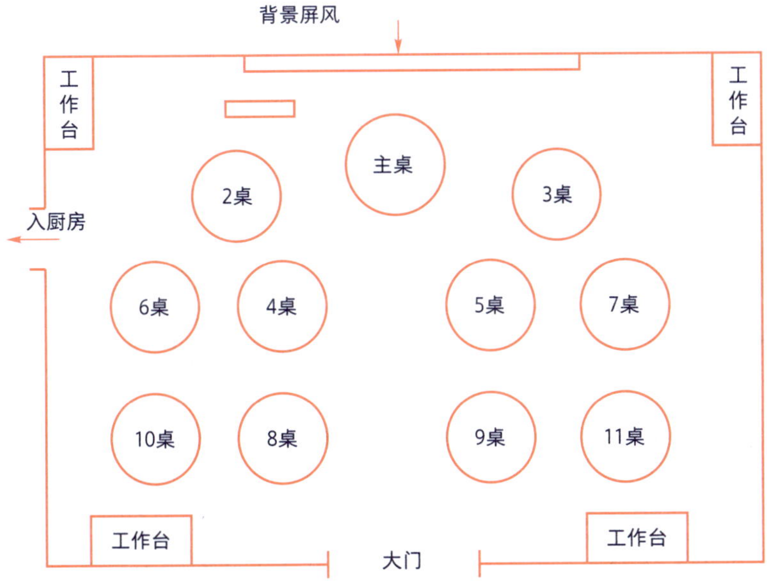

图 3–1　某公司答谢宴台型设计图

引导问题：

(1) 此宴会厅的整体布局是什么台型？

(2) 主桌摆放的位置及主桌尺寸与其他桌有何不同？

(3) 设计台型的原则有哪些？

视频：宴会场地设计及绘制台迹图

一、知识学习

(一) 宴会台型设计原则

1. 突出主桌

主桌位于上首中心，其规格也要高于其他桌，一般应在面向门口、背靠主体墙面的位置，能够纵观全场。其他餐桌座椅的摆放、朝向都要以主桌为准。

2. 餐桌摆放要整齐有序，以右为尊，高近低远

整个宴会厅餐台的摆放应整齐有序、间隔适当、布局合理。如果是多桌宴会，则副桌应摆放在主桌的右侧，重要的桌次距离主桌更近。餐桌间距以方便穿行和方便服务为宜，一般不小于 2 m，最窄不小于 1.5 m。

3. 通道、出菜口与工作台的位置

宴会厅的出菜口应与其他通道分开。宴会场地一般设有主、副通道，大型宴会还要留有 VIP 通道。

在摆放餐台时还应考虑工作台的配置和摆放，通常每 2~4 个餐桌配一个工作台，靠墙边摆放。

(二) 宴会台型设计流程

1. 确定主桌

宴会台型设计时，首先应确定主桌。

2. 编制台号

除主桌外，其他桌均应编号，方便客人入席，方便服务。通常以数字排号，也可用花名作为台号编排。如果是大型宴会，则应将宴会台迹图放于客人入口处，方便客人找自己的位置。

3. 确定主通道、出口等位置

宴会厅大门通往主桌方向、主桌通往舞台方向都应留有主通道。注意，客人的出入口要避开舞台。

(三) 中餐宴会台型设计

1. 桌次安排

中餐宴会一般选择直径为 180 cm 的餐台和配套的玻璃转盘，设 10 人餐位。常见的台型有品字形、菱形、立字形等。例如，小型宴会多采用品字形、菱形（图 3-2）；中型宴会多采用金字塔形、主字形（图 3-3）；大型宴会常见台型如图 3-4 所示。

2. 座次安排

以 10 人一桌的正式宴会为例，面向宴会厅正门，餐桌正面中心位置为主人位，副主人相对主人而坐。主人的右侧为主宾，左侧为二宾，副主人的右侧为三宾，左侧为四宾，其他座位为陪同与翻译位（图 3-5）；或者主人的右侧为主宾，左侧为三宾，副主人的右侧为二宾，左侧为四宾，其他座位为陪同与翻译位（图 3-6）。

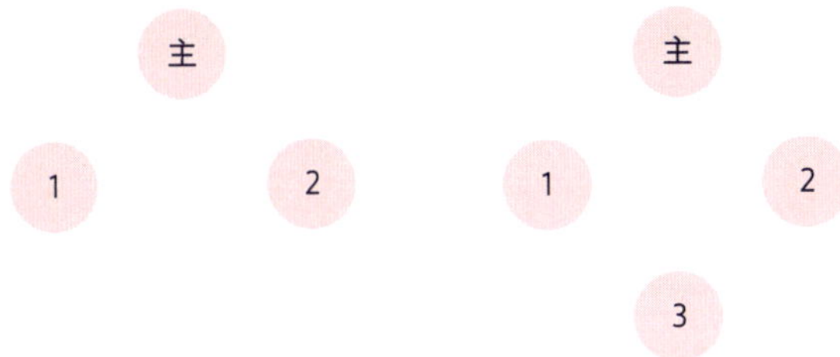

图 3-2　品字形、菱形台型

图 3-3　金字塔形、主字形台型

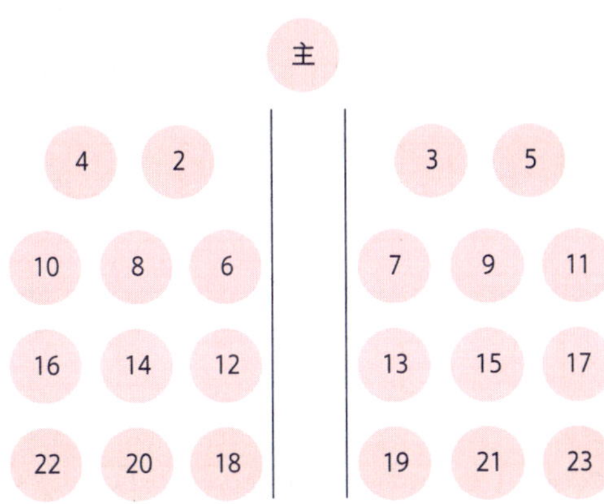

图 3-4　大型宴会常见台型

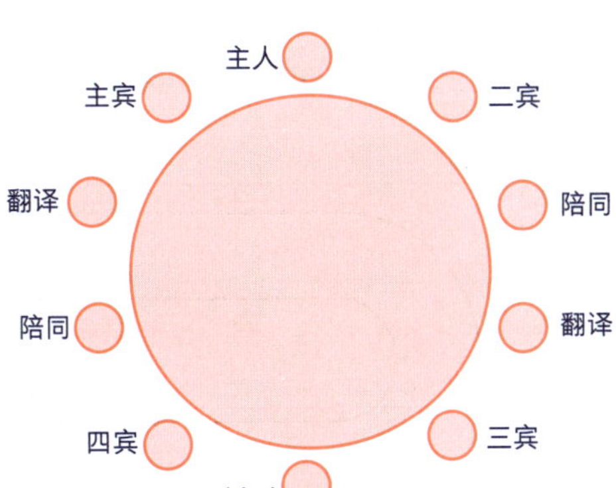

图 3-5　正式宴会座次安排示意图 1

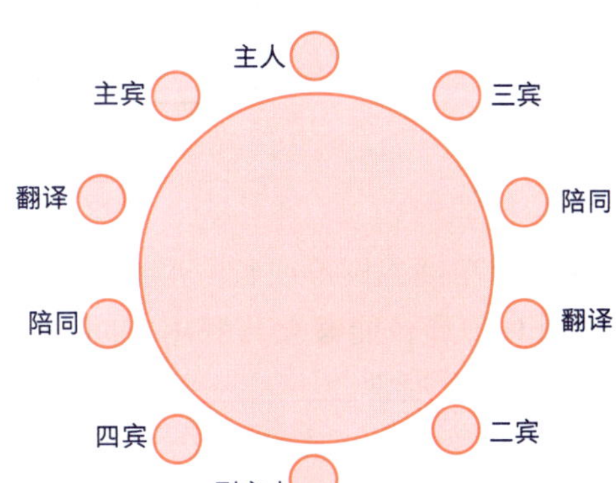

图 3-6　正式宴会座次安排示意图 2

多桌宴会的重点是确定每桌的主人位。首先确定主桌主人位，然后以主桌主人位为基准，各桌主人位顺向或对向主桌主人位而设（图 3–7）。

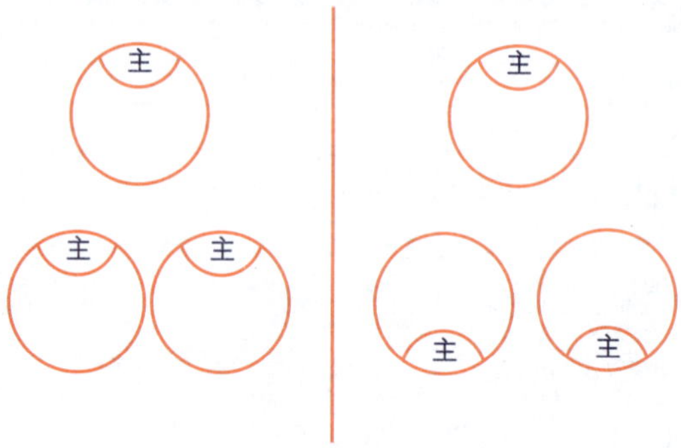

图 3–7　多桌宴会座次安排示意图

（四）西餐宴会台型设计

1. 桌次安排

西餐宴会一般使用长台，对于桌型的布置有多种方式，如一字形、T 字形、U 字形、环形等，而采用哪种布置方式主要取决于宴会的规模、场地的大小和布局等因素。

（1）一字形台型（图 3–8）。一字形的布置方式，通常适用于参加宴会人数较少或者宴会场地较小的情况。一字形台型比较常用，适用于多数场合和场地。

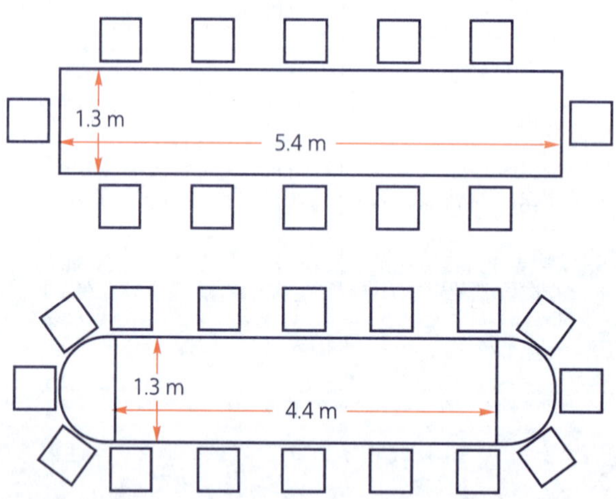

图 3–8　一字形台型

（2）U 字形台型（图 3–9）。如果宴会人数比较多，则使用单纯的圆形或长方形桌可能不够灵活，此时采用 U 字形台能够充分利用空间，安排更多的座位。U 字形台通常会给人一种正式、庄重的感觉，适用于一些较为正式的宴会，如公司年会、颁奖典礼等。需要注意的是，采用 U 字形台也有一些限制性因素。例如，U 字形台的设置需要占据比较大的场地，且需

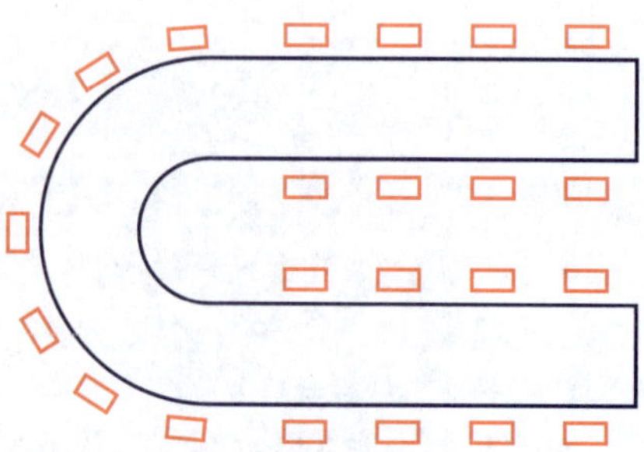

图 3–9　U 字形台型

要有足够的服务人员来服务。

(3) E 字形(图 3–10)和 T 字形台型(图 3–11)。E 字形台和 T 字形台更有利于增加交流机会,营造社交氛围。同时这种排列方式给人一种视觉上的美感,也便于宴会主持人在中央的位置发表讲话或表彰嘉宾。

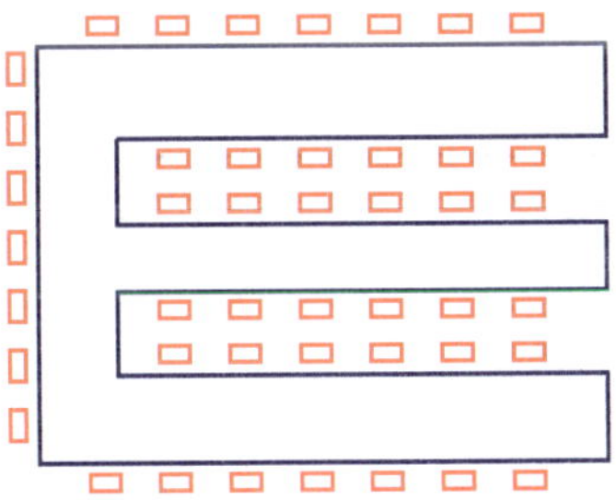

图 3–10　E 字形台型

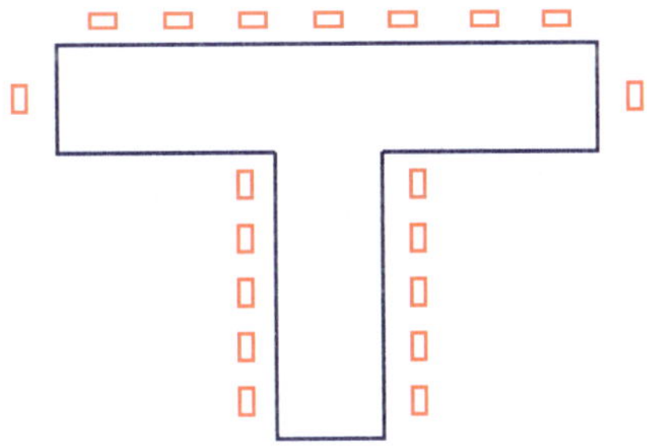

图 3–11　T 字形台型

(4) 鱼骨形台型(图 3–12)。鱼骨形西餐台又称为 V 形西餐台,也是一种常见的餐桌形式,它的特点是餐桌两侧向外呈 V 形,中间呈椭圆形或长方形,可以容纳更多的餐位。通常鱼骨形这种台型适用于需要大量餐位并且宴会厅空间充足的情况。

2. 座次安排(图 3–13)

(1) 以女主人为主。西餐宴会席位安排时要注意,以女主人为主,女主人坐在正对门的主位上,男主人则坐在背对门的位置,男女主人相对而坐。

(2) 女士优先,以右为尊。

(3) 男女客人需交叉安排座位,相熟与不熟的客人也应交叉排列。

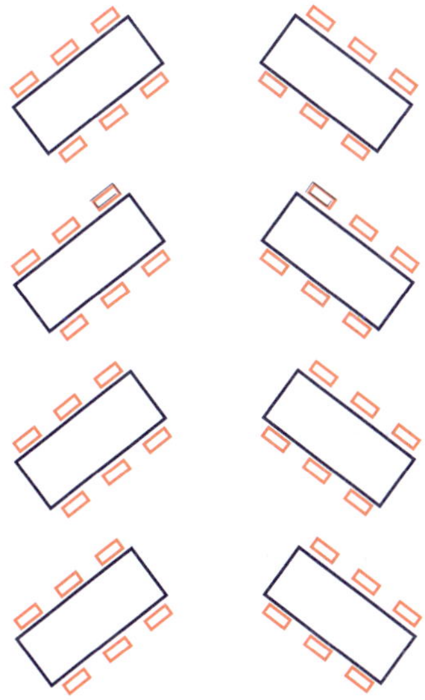

图 3–12　鱼骨形台型

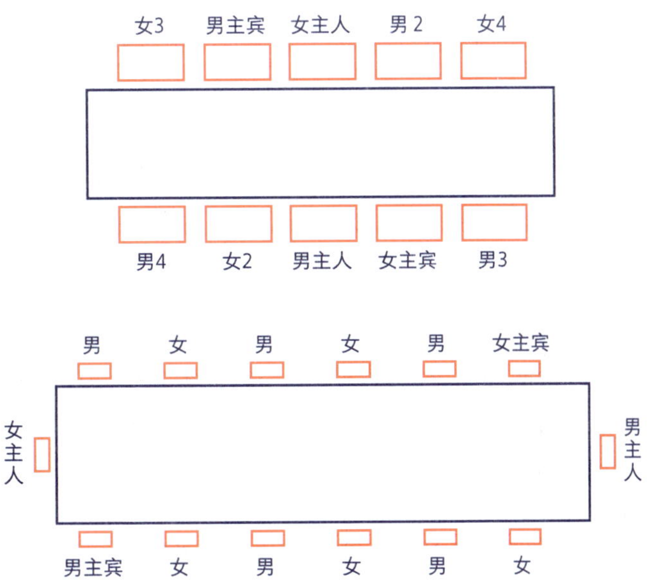

图 3–13　西餐宴会座位安排图

(4) 在大型宴会中，每桌都要安排主人，每桌的主人位与主桌的主人位方向相同。

(五) 冷餐酒会台型设计

冷餐酒会是西方国家比较流行的一种宴会形式，采用自助餐的服务方式，参与者可以自由地走动和交谈，自由地选择自己感兴趣的食品和饮品。冷餐酒会因其气氛热烈、交流方便、进餐自由，深受客人的喜爱。冷餐酒会通常分为坐式冷餐酒会（如图 3-14）和立式冷餐酒会（如图 3-15）。

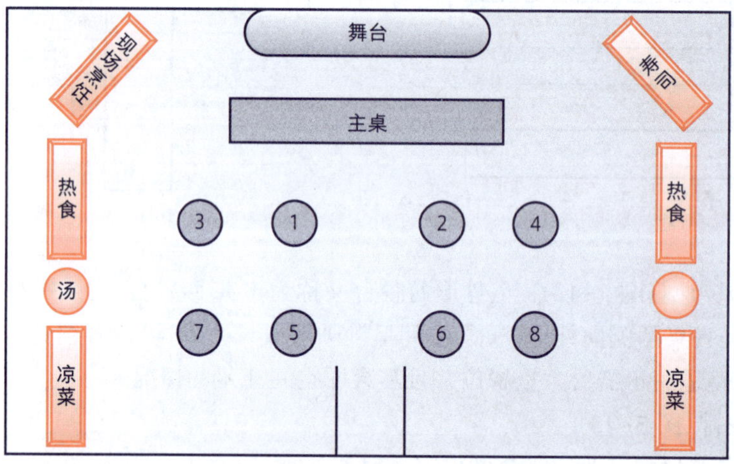

图 3-14　坐式冷餐酒会台型

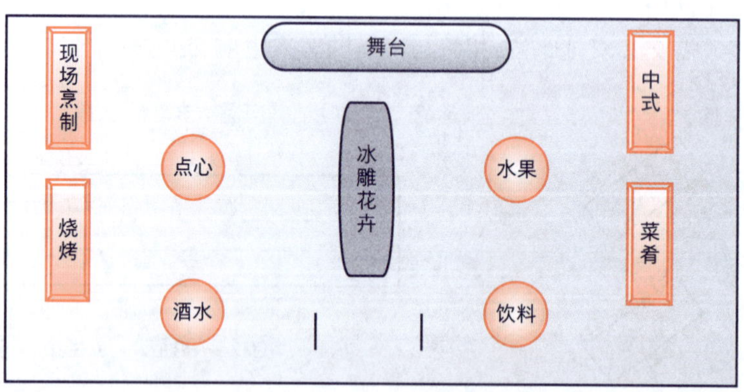

图 3-15　立式冷餐酒会台型

冷餐酒会餐台的设计近似于自助餐餐台，但其布置要比自助餐餐台华丽，气氛也更热烈。不同的冷餐酒会应有不同的主题，创造不同的环境氛围。

(1) 餐台大小和形状设计要充分考虑宴会人数和菜品数量。通常 80~120 人设一组餐台。菜品摆放常按照其特点设计几个分餐台，如中式菜肴、寿司、烧烤等。

(2) 冷餐酒会通常会安排现场制作的菜肴，台型设计要留有相应的位置。

(3) 常见的餐台摆放方式有四周式和中央式。

(4) 设置台型要考虑到客人的取餐路线，从进入冷餐酒会开始，什么位置可以取餐、用完的脏餐放在哪里都要计划好，保证客人取餐路线的流畅。

（六）鸡尾酒会的台型设计

鸡尾酒会以酒水为主，以各种小吃为辅。酒会通常不摆台、不设座，客人基本都是站着进食和交流，气氛活跃。鸡尾酒会举行时间比较灵活，一般与正式宴会时间错开或安排在正式宴会的前面。

酒会场境设计中舞台位置的确定非常重要，如果舞台位置的选择及舞台布置得当，则能让所有与会客人留下深刻的第一印象。

酒水台按参加人数、酒水种类及酒会时间临时搭建。酒水按长方形排列，按每人每小时 3.5 杯用量准备，每杯 220~280 ml。

餐台的大小通常要根据场地的面积和参会人数来决定。如果餐台比较小则不需要分区，只需要摆出错落感，如在餐台上面用银架垫高，使小食的摆放呈现出层次感。

此外，鸡尾酒会的现场还要摆放一些小圆桌，用于摆放餐巾纸、牙签等服务用品，也方便客人放置用过的餐盘和酒杯。

二、任务工单

任务描述
以小组为单位，完成以下主题宴会的席次安排或台型设计 案例 1：睿睿 18 岁生日，这是他迈入成年人行列的重要时刻，他准备举行一场小型的西餐宴会来庆祝生日，并邀请了 8 位好朋友参加，其中有 4 位女生、4 位男生。但是由于没有经验，他不知道如何安排座位，所以他提前与餐厅联系，希望餐厅负责席位安排 案例 2：某饭店宴会厅承接了某贸易公司商品订货签字仪式招待会，该公司要求菜品为中餐风味，出席人数为 106 人，其中主桌要求用长形桌，其余 9 桌用圆形桌，请为该宴会设计台型图 案例 3：某软件公司于 11 月 9 日 17：00 在上海某五星级酒店举行新品发布会，为了感谢合作伙伴和到场的新闻媒体，晚上 19：00 将在宴会厅举办一场 100 人左右的冷餐酒会（立式）。请出具一张冷餐酒会场地布局草图
操作要求
1. 画出案例 1 的席位安排图 2. 画出案例 2 的台型图；标出主桌的主人、主宾、副主人、副主宾的座次安排及其他餐桌的主人位置；标出大门、出菜口、工作台的位置 3. 标明案例 3 的入口、舞台、致辞台、餐台的位置、尺寸以及分区；并以某一客人为例标明取餐动线（从入口开始）
素养提升
宴会台型设计要求因地制宜、突出主桌、整齐有序、疏密适宜。在台型设计和座位安排时，要根据实际情况，制订切实可行的实施方案，确保工作的有效性和针对性。学习者要坚持实事求是的工作作风，认真负责地对待每一项工作，严谨细致地完成每一项任务

三、任务分组

<table>
<tr><td>班级</td><td colspan="2"></td><td colspan="2">教师</td><td></td></tr>
<tr><td>组长</td><td colspan="2"></td><td colspan="2">组名</td><td></td></tr>
<tr><td rowspan="6">组员</td><td>姓名</td><td>分工</td><td>姓名</td><td colspan="2">分工</td></tr>
<tr><td></td><td></td><td></td><td colspan="2"></td></tr>
<tr><td></td><td></td><td></td><td colspan="2"></td></tr>
<tr><td></td><td></td><td></td><td colspan="2"></td></tr>
<tr><td></td><td></td><td></td><td colspan="2"></td></tr>
<tr><td></td><td></td><td></td><td colspan="2"></td></tr>
</table>

四、任务实施

工作活动 1

组名		项目	案例 1 的席位安排
作品图			

工作活动 2

组名		项目	案例 2 的台型设计
作品图			

工作活动 3

组名		项目	案例 3 的场地布局图
作品图			

五、任务评价与总结

一级指标	二级指标	评价内容	分值	自评	互评	教评	得分
工作能力(45 分)	感知课堂生活	熟悉宴会岗位,认同岗位工作价值,在学习中能获得满足感,认同课堂文化	5 分				
	参与态度与沟通能力	积极主动与教师、同学交流桌次及座次的设计,相互尊重、理解;与教师、同学能够保持多向、丰富、适宜的信息交流	5 分				
	知识能力获得	掌握宴会台型设计的原则	5 分				
		了解宴会各类台型及其特点	5 分				
		掌握宴会台型设计内容	5 分				
		掌握宴会席位设计	5 分				
	素养达成	强化创新意识	5 分				
		提高审美能力	5 分				
		具有精益求精的工匠精神	5 分				
作品得分(55 分)	席位、桌次及台型设计	全面了解宴会信息	5 分				
		符合中心第一、先右后左、高近低远的台型设计原则	5 分				
		桌次安排准确	5 分				
		台型设计美观,便于席间服务	5 分				
		主通道、出菜口、主桌、工作台的位置合理	10 分				
		宴会台型图及席位安排示意图清晰合理,美观	5 分				

续表

一级指标	二级指标	评价内容	分值	自评	互评	教评	得分
作品得分（55分）	席位、桌次及台型设计	背景板位置、出入口、走道、用餐区、休息区布置合理	10分				
		餐台分区合理	5分				
		动线合理	5分				
总结	进步						
	欠缺						
	改进措施						

项目三　主题宴会菜单、酒单设计

- **知识目标**

1. 掌握主题宴会菜单设计的原则。
2. 了解酒水分类。
3. 掌握主题宴会菜品和酒水搭配的知识。
4. 掌握主题宴会菜单的内容编排方法。
5. 掌握主题宴会菜单外观设计的内容。

- **能力目标**

1. 能够根据主题及客人要求进行主题宴会菜品设计。
2. 能够根据主题宴会的菜品进行酒单设计。
3. 能够制作主题宴会菜单。

- **素养目标**

1. 具有良好的艺术修养。
2. 树立绿色发展理念。
3. 培养厉行节约的意识。

任务一　宴会菜点设计

学习要点

菜品是主题宴会的重要组成部分，主题宴会的菜式影响宴会设计的方方面面。通过该任务的学习，学习者可以了解宴会菜单的分类，掌握主题宴会菜品的设计。

案例导入

某日，王先生邀请两位外地朋友到某酒店就餐。几个人兴冲冲地打开菜单，发现很多稀奇古怪的菜名跃然纸上，“情人眼泪”“生死恋”等，让人如堕云雾。王先生想在朋友面前露脸，只得装出十分熟练的样子点了“情人眼泪”“黄金万两”。待服务人员端上来时，这些菜才露出了庐山真面目。芥末拌三丝就是所谓的“情人眼泪”。

引导问题：

(1) 菜单对于餐厅而言有哪些作用？

(2) 菜品设计应遵循哪些原则？

一、知识学习

视频：菜单的种类

(一) 宴会菜品的设计原则

1. 以客人需求为导向

(1) 了解客人的饮食习惯、喜好和禁忌。出席宴会的客人因为性别、职业、体质、生活习惯不同，对菜肴的选择也各有所好。不同国家、民族和宗教信仰的人饮食禁忌各有不同。

视频：宴会菜品的组成

(2) 把握客人的消费心理。客人在饭店举办宴会的目标期望各不相同。例如，在高档宴会上，客人的消费预期会更高，更讲究菜品的规格；在家庭聚会上，菜单可以更加亲民，以适应各年龄段的需求。因此，设计宴会菜品时，需要考虑客人的期望和意见，并能够根据客人的意愿来调整菜单。这不仅可以让客人在消费过程中感到备受尊重，而且会让整个宴会的氛围更加融洽和愉悦。

2. 讲究膳食平衡

对于菜品设计来说，膳食平衡是一个基本的原则。

首先，菜品要能够提供足够的能量。对于成年人来说，每天需要摄入 2 000~2 500 kcal 的能量。如果能量不足，身体就会出现虚弱、疲劳等情况；如果能量过多，就会导致肥胖等健康问题。因此，在菜品设计中，应该选用一些含有适量热量的食材，如谷物、肉类、蔬菜等。

其次，菜品中应该包含适量的蛋白质。蛋白质是身体的重要组成部分，能够维持身体的正常功能。在菜品设计中，应该保证每天摄入不少于 60 g 的蛋白质。蛋白质的来源可以是肉类、豆类、鱼类、奶制品等。

再次，菜品中还应该含有适量的脂肪。脂肪能够提供能量，维持身体内部器官的正常运转。但是，摄入过多的脂肪会导致肥胖等健康问题。因此，在菜品设计中，应该控制脂肪的摄入量，并优先选择一些富含不饱和脂肪酸的食物。

最后，菜品设计中还应该含有足够的维生素和矿物质。维生素和矿物质对于身体健康有着重要的作用，因此在菜品设计中，还应尽量选用新鲜、多样化的食材，以确保有足够的维生素和矿物质摄入量。

当然在菜品设计中除了保证膳食平衡，也需要考虑口感、美观等因素。菜品应该兼顾健康和美味，让食客在享受美食的同时，也能够摄入足够的营养物质。

3. 菜肴数量合理

只有数量合理才能有效避免浪费。作为酒店人有责任、有义务通过身体力行，自觉杜绝浪费行为。点菜时，要根据客人人数及菜品分量适时提醒客人；在菜品的设计上，也要注意数量的合理；用餐结束时，为客人提供打包服务，这样做不仅可以减少浪费，还能引导客人树立健康绿色的消费理念。

宴席菜肴数量是指组成宴席的菜肴总数与每道菜肴的分量。数量和人数的把握主要可以根据每人平均消费 500 g 左右的净料为原则。当然这也不是固定不变的，可以根据宴会档次适当调整。例如普通宴席，可以将每人平均消费净料调整为 600 g，同时适当缩减菜肴数量；高档次宴席，可以适当增加菜肴道数，但每份的菜量相对减少。整个设计体现的是适度，也就是宴席结束时菜点基本吃完。

4. 讲究烹调技法

我国的烹调技艺高超，种类繁多。菜单设计时不仅要根据地域特点选择烹饪技法，还要尽量避免工艺的雷同，同时还应考虑所选食材的特点，兼顾厨房的生产条件，选择最适合食材的烹调方法，因为不同的烹调方法对菜肴的味道、质地、形状及营养都会有直接影响。总之，一席宴会应做到口味搭配多样，避免菜式的单一和工艺的雷同，力争一菜一烹。

（二）宴会菜品的程式

不同的就餐形式，菜品的种类、数量及编排顺序都会有所不同。中式宴会分冷菜、汤菜、热菜、点心，水果五大类，西式宴会则分头盘、汤品、副菜、主菜、甜品和热饮。

1. 中餐菜单程式

凉菜—头菜—热炒菜（先烧制大菜，再炸、煎、炒，最后蒸制菜肴）—汤菜—甜品（随后点心）—水果。

在传统宴会中，汤多在最后上，但在现代宴会中，受西方饮食习惯的影响，宴会开始之初会先上一道头汤，用餐时再上一道汤。上菜遵循先菜后点、先咸后甜、先荤后素、先名贵后一般、先浓后淡的原则。

2. 西餐菜单程式

头盘—汤—副菜—主菜—甜点—咖啡 / 茶。

（三）主题宴会菜单内容的设计

1. 确定宴会主题

首先要确定宴会的主题，因为主题不同，反映在宴会菜单中菜品原料的选择，菜品的造型、命名，乃至色彩等方面也会有所区别。

2. 确定菜品品种、数量

菜品品种的特色、品质必须反映文化主题的饮食内涵和特征，这是主题菜单的根本，否则菜单就没有鲜明的主题特色。

先明确宴会选用菜品的道数、种类，荤菜、素菜、点心、水果各类别的占比。通常热菜数量与每桌宴会人数相当，再根据客人特点及菜品分量进行调整。同时还要注意菜品成本的分配，在一般宴会上，冷菜成本约占总成本的 10%，热炒菜成本占 45%，大菜和点心成本约占 45%；在中档主题宴会上，冷菜、热炒菜、大菜和点心占总成本的比重分别为 15%、35%、50%；在高档宴会上，冷菜、热菜、大菜和点心占总成本的比重分别为 20%、30%、50%。

根据宴会性质及每类菜品的数量，在每道菜品成本大致确定的情况下，即可明确菜品的选用范围。

3. 确定菜品名称

宴会菜品的命名力求名副其实,使菜名足以体现菜品的特色或反映菜品的全貌,不可牵强附会和滥用词藻,更不能庸俗化(如平地一声雷、天下第一菜),同时还要能够突出地方特色(如东坡肉),音韵和谐,文字简短,朴素大方(如霸王别姬)。常用菜肴的命名方法如下。

(1) 以烹调方法加主料命名。这是一种较为普遍的命名方法,用这种方法命名的菜肴可以使人们了解菜肴的全貌特征,既反映了菜肴的烹调方法,又反映了菜肴的主要原料,如爆炒腰花、香煎银鳕鱼、脆炸生蚝等。

(2) 以主料和辅料命名。这种方法突出了菜肴中主配料的关系,给人以实在和本味的感觉,如鸡米海参、银芽鸡丝、翡翠蹄筋等。

(3) 以调味方法和主料命名。这是一种以调味方法和主料为特色的命名方法,反映了菜肴的口味特点,如糖醋咕噜肉、醋椒鳜鱼、咖喱鸡丁等。

(4) 以烹调方法和原料特征命名。这是一种强调烹法和原料特点的命名方法,使人们对菜肴有更进一步的了解,如蜜汁樱桃肉、汤爆双脆、糟溜三白等。

(5) 以色彩形态和主料命名。这是一种强调主料特点的命名方法,提醒人们关注主料颜色和形态,如雪衣鱼条、红袍大虾、水晶虾等。

(6) 以人名(或地名)和主料命名。这是一种强调地方特色的命名方法,如德州扒鸡、东坡肉、麻婆豆腐、大良炒牛奶等。

(7) 以主料、辅料和烹调方法命名。这是一种强调菜肴的主配料,以及烹调方法的命名方法,反映出菜肴的大致面貌,如香菇扒油菜、葱姜炒膏蟹等。

(8) 以形象命名。这是一种强调菜肴形象特征的命名方法,以引起人们的好奇心,注重菜肴的艺术造型效果,如狮子头、龙舟载宝、松鼠鱼等。

(9) 以质地和主料命名。这是一种强调主料的质地特色的命名方法,可以引起人们的食欲,如香酥鸡、梁溪脆鳝、脆皮大虾等。

宴会菜品的命名应以宴会主题和文化为主线。通常采用隐喻式命名法,借助谐音、比喻、借代、附会等文学修辞手法,为菜点拟定一个与宴会主题相契合的名称。

拓展案例:"1999 年世界财富论坛年会"即世界 500 强会议在上海举行。承办酒店精心构思宴席菜单,菜点名称意境深远、妙趣横生,其中还蕴藏了一首藏头诗:

风传萧寺香(佛跳墙):形象地描述了福建名菜佛跳墙。

云腾双蟠龙(菠萝明虾):清炒虾仁与炸菠萝明虾,通常在菜单中用龙来喻虾。

际天紫气来(中式牛排):紫气东来寓意财富滚滚,紫气指深红色的牛排。

会府年年余(烙银鳕鱼):年年有余,通常在菜单中用有余来喻意鱼。

财运满园春(美点小笼):满园春色翠竹青青,描绘出竹笼中的花色点心。

富岁积珠翠(椰汁西米露):西米晶莹剔透,用翠珠来形容。

鞠躬庆联袂(冰渍鲜果):联袂,联欢,搭配各色水果。

4. 确定装盘规格

根据菜品特色确定菜品盛器及装盘规格。

5. 列出清单

规定每道菜品的用料，制定标准菜谱，核算成本，并按上菜顺序进行排列，形成一套完整的主题宴会菜单。

二、任务工单

任务描述
1. 正值毕业季，高三一班的同学们准备在某四星级酒店举行一场毕业聚会。参加人数为 60 人，每桌有 10 人，用餐标准为 980 元 / 桌。菜品要求 6 道凉菜、1 道主菜、8 道热菜、1 道汤、一点一水果 2. 某市政府为接待外国代表团来本市考察并举办欢迎晚宴，地点在某五星级酒店，时间是 11 月 3 日，参会人数为 60 人，每桌 10 人，用餐标准为 1 280 元 / 桌。菜品要求 8 道凉菜、1 道主菜、5 道热菜、1 道汤、一点一水果 3. 为了更好地帮助当地农民发展旅游，村委会与当地旅游院校携手合作，希望可以对当地民宿的餐饮质量有所提高，请设计一套体现当地特色的乡村美食宴会菜单
操作要求
1. 小组选定任务其中之一完成菜单内容的设计 2. 菜单内容要符合主题，贴合实际
素养提升
习近平总书记高度重视粮食安全问题，在全社会倡导“厉行节约、反对浪费”的风尚。餐饮企业要积极推广“光盘行动”，鼓励人们适量点餐、理性消费、剩菜打包，拒绝“舌尖上的浪费”，营造良好的餐饮文化氛围和社会风尚。在标准菜单制定时，服务人员也要注意坚持弘扬勤俭节约的中华民族优秀传统美德，引导消费者养成良好的用餐习惯，促进全社会形成节约资源、保护环境的良好氛围

三、任务分组

<table>
<tr><td>班级</td><td colspan="2"></td><td>教师</td><td colspan="2"></td></tr>
<tr><td>组长</td><td colspan="2"></td><td>组名</td><td colspan="2"></td></tr>
<tr><td rowspan="6">组员</td><td>姓名</td><td>分工</td><td>姓名</td><td colspan="2">分工</td></tr>
<tr><td></td><td></td><td></td><td colspan="2"></td></tr>
<tr><td></td><td></td><td></td><td colspan="2"></td></tr>
<tr><td></td><td></td><td></td><td colspan="2"></td></tr>
<tr><td></td><td></td><td></td><td colspan="2"></td></tr>
<tr><td></td><td></td><td></td><td colspan="2"></td></tr>
</table>

四、任务实施

工作活动 1

组名：

主题名称		
主题背景		
主题创意		
主题菜单内容	冷菜	
	主菜	
	热菜	
	汤	
	点心水果	

工作活动 2

运用世界咖啡教学法引导小组进行组间交流。

组名：	主题名称：
其他小组给予的反馈：	
方案完善： 组内讨论，对主题宴会菜单的内容进行完善修订。	

工作活动 3

方案完善：

组名：	主题名称：
教师建议（企业专家建议线上点评）：	
方案完善并提交：	

五、任务评价与总结

<table>
<tr><th>一级指标</th><th>二级指标</th><th>评价内容</th><th>分值</th><th>自评</th><th>互评</th><th>教评</th><th>得分</th></tr>
<tr><td rowspan="10">工作能力（50分）</td><td>信息检索能力</td><td>能利用网络、教学平台查找有用的相关信息等；能将查到的信息有效运用到学习中</td><td>5分</td><td></td><td></td><td></td><td></td></tr>
<tr><td>感知课堂生活</td><td>熟悉宴会岗位，认同岗位工作价值，在学习中能获得满足感，认同课堂文化</td><td>5分</td><td></td><td></td><td></td><td></td></tr>
<tr><td>参与态度与沟通能力</td><td>积极主动与教师、行业专家、同学交流菜单设计的原则，相互尊重、理解；与教师、同学能够保持多向、丰富、适宜的信息交流</td><td>5分</td><td></td><td></td><td></td><td></td></tr>
<tr><td rowspan="3">知识能力获得</td><td>掌握宴会菜品设计的原则</td><td>5分</td><td></td><td></td><td></td><td></td></tr>
<tr><td>掌握宴会菜品的内容</td><td>5分</td><td></td><td></td><td></td><td></td></tr>
<tr><td>掌握宴会菜品程式</td><td>10分</td><td></td><td></td><td></td><td></td></tr>
<tr><td rowspan="3">素养达成</td><td>发现问题、提出问题、分析问题、解决问题、创新问题</td><td>5分</td><td></td><td></td><td></td><td></td></tr>
<tr><td>坚持厉行节约的传统美德</td><td>5分</td><td></td><td></td><td></td><td></td></tr>
<tr><td>具备精益求精的工匠精神</td><td>5分</td><td></td><td></td><td></td><td></td></tr>
<tr style="display:none"></tr>
<tr><td rowspan="6">作品得分（50分）</td><td rowspan="6">菜单内容设计</td><td>准确解析并体现菜品设计的原则</td><td>10分</td><td></td><td></td><td></td><td></td></tr>
<tr><td>全面考虑任务的各因素，菜品设计合理</td><td>10分</td><td></td><td></td><td></td><td></td></tr>
<tr><td>烹饪方式多样</td><td>10分</td><td></td><td></td><td></td><td></td></tr>
<tr><td>菜肴程式准确</td><td>5分</td><td></td><td></td><td></td><td></td></tr>
<tr><td>各类菜肴占比合适</td><td>10分</td><td></td><td></td><td></td><td></td></tr>
<tr><td>菜品说明清晰</td><td>5分</td><td></td><td></td><td></td><td></td></tr>
<tr><td rowspan="3">总结</td><td>进步</td><td colspan="6"></td></tr>
<tr><td>欠缺</td><td colspan="6"></td></tr>
<tr><td>改进措施</td><td colspan="6"></td></tr>
</table>

任务二 宴会酒水设计

学习要点

通过该任务的学习，学习者可以认识酒水，掌握主题宴会酒水设计，从而做好酒菜之间、酒水之间，以及酒水与盛器之间的搭配。

案例导入

王先生邀请合作伙伴李先生来自己企业参观考察，顺便观光旅游。中午在当地一家五星级酒店用餐，两个人点了京酱肉丝、油焖大虾和爆炒腰花，主食是大葱羊肉水饺。饭菜点好后，王先生请服务员帮忙推荐酒水。服务员小李询问："请问二位喝啤酒还是白酒？"王先生反问道："小伙子，你觉得我们点的这些饭菜适合喝点什么？"服务员小李答道："我也不知道您喜欢喝什么，这是我们的酒水单，您看着点吧。"王先生听后直摇头，随便点了两瓶啤酒了事。

引导问题：

(1) 服务员小李的服务存在哪些问题？

(2) 你觉得王先生点的饭菜适合喝哪款酒水？为什么？

一、知识学习

(一) 酒的色、香、味

1. 色

因为在酿造和贮存的过程中，酒中会存在一些有颜色的物质，所以酒呈现多种色彩。常见的酒体颜色主要有以下几种。

(1) 红色：包括红葡萄酒、桃红色起泡酒（如香槟、气泡红酒）等。

(2) 白色 / 无色：包括白酒、伏特加、金酒、龙舌兰酒、清酒等。

(3) 黄色 / 琥珀色：包括啤酒、威士忌、白兰地、朗姆酒等。

(4) 绿色 / 墨绿色：包括薄荷酒、黄油利口酒等。

总之，不同种类的酒所呈现的酒体颜色有所不同，但通常主要集中在上述几种颜色中。值得注意的是，某些酒可能会有微小的色差或者变化，这些可能与酿造和贮存条件有关。

2. 香

绝大多数的酒类都具有独特的香味，如威士忌、白兰地、伏特加、龙舌兰酒等。这些酒类中含有一些芳香化合物，包括酯、酮、醇、醛等，这些物质会在酿造、贮存和陈化的过程中逐渐释放出来，形成独特的香气。

3. 味

不同种类的酒具有不同的口感。酒的味道常用酸、甜、苦、辣、咸、涩来评价。

(1) 酸味。酒的酸味来自酒类中的有机酸、无机酸和其他酸味物质，给人以爽快、开胃和刺激的感觉，经常以“干”字冠名。

(2) 甜味。酒水中的甜味通常来自糖分。一些酒类如黄酒、甜型香槟等具有较强的甜味。甜味可以给人以滋润、纯美、丰满和绵柔的感觉。

(3) 苦味。葡萄酒、啤酒等中都含有苦味物质，这些物质主要来自酒中的酚类物质，如单宁酸、咖啡因等。苦味不仅可以生津、开胃，还具有较强的味觉破坏力，可导致其他味觉的麻痹。

(4) 辣味。龙舌兰酒、茴香酒等酒类中往往含有辣味物质，如辣木质素、辣椒素等，给人以强烈的刺激，特别是高度酒，辛辣的感觉会更加强烈。

(5) 咸味。少部分调酒如龙舌兰鸡尾酒中会加入盐，这样可以平衡饮料的口感。咸给人以浓厚的感觉，能提高味觉的灵敏度。

(6) 涩味。这种口感不太好，给人以收敛、麻舌的感觉，对人的情绪有比较大的干扰。

总之，不同种类的酒的味道和口感都各具特色，这些特点来自酒类中所含的不同化学物质。

(二) 酒水与菜品的搭配

在宴会选择酒水时除注重味道、色泽的搭配，还应注意酒水的选择是否符合宴会的规格、是否体现了宴会的主题、是否与地域特色和季节气候相适应。

1. 中餐宴会酒水与菜品搭配

对任何一个国家的人来说，“美食配美酒”都是植根于心中的情结。中国白酒是中国食客们最熟悉的酒，也是中餐搭配的首选。不同类型的白酒，搭配的菜品也不一样。

(1) 清香型白酒，也称汾香型白酒，以高粱为原料清蒸清烧、地缸发酵，清香纯正、醇甜柔和，应搭配一些味道清淡、口感清爽的菜肴，如凉拌素锦、清炒芦笋、清炒虾仁等。这样可以避免清雅的酒香被菜肴浓重的味道喧宾夺主。

(2) 浓香型白酒，也称泸香型、窖香型、五粮液香型白酒，属大曲酒类。其特点可用6个字来概括：香、醇、浓、绵、甜、净。浓香型白酒口感醇厚，香气浓郁，适合搭配烧烤、炒菜、火锅等鲜辣刺激菜品及一些味道重、油水足的菜肴，如油焖大虾、狮子头、烤羊排、麻辣香锅等。

(3) 酱香型白酒，也称茅香型白酒，酱香突出、酒体醇厚，风味独特、口感浓郁，适合搭配红烧肉、酱烧鸡、烤鸭、烤乳鸽等重口味的菜品。

(4) 芝香型白酒以焦香、糊香气味为主，口味比较醇厚爽口，有浓郁的木香和芝麻香味，适合搭配熏制或烘烤类菜品，如蜜汁叉烧、烤全羊等。

(5) 米香型白酒，也称蜜香型白酒，以大米为原料，小曲作糖化发酵剂，经半固态发酵酿成。其主要特征是蜜香清雅、入口柔绵，具有清爽后甜的口感，适合搭配甜品和糖果等，如酒酿圆子、糖葫芦等。

(6) 凤香型白酒香与味、头与尾和调一致，属于复合香型的大曲白酒，酒液入口甜润、醇厚丰满，有水果香，尾净味长。最有名的当属陕西西凤酒，其酒质清而不淡，适合搭配酸辣排骨、酸辣土豆丝等菜肴。

需要注意的是，白酒的香型和质量会受到年份、酿造工艺等因素的影响，实际的搭配还需要根据具体的情况进行选择。

2. 西餐宴会酒水与菜品搭配

西餐中的酒水可以分为餐前酒、佐餐酒、餐后酒 3 种。总的来说，口味清淡的菜式与香味淡雅、色泽较浅的酒品相配，深色的肉禽类菜肴与香味浓郁的酒品相配，餐前选用有助开胃的各式酒品，餐后选用各式甜酒以助消化。

(1) 餐前酒。它是在正式用餐前饮用或在吃开胃菜时与之搭配的。一般情况下，在用西餐之前，客人喜爱饮用一杯具有开胃功能的酒品，如法国和意大利生产的味美思酒。也有用鸡尾酒作为餐前酒的，如玛格丽特等。

(2) 佐餐酒。西餐里的佐餐酒均为葡萄酒，而且大多数是干型葡萄酒或半干型葡萄酒。在正餐或宴会上选择佐餐酒、应遵循“白酒配白肉、红酒配红肉”的原则。所谓的白肉，即鱼肉、海鲜、鸡肉类，食用这类菜品时，须以白葡萄酒搭配；所谓的红肉，即牛肉、羊肉、猪肉类，食用这类菜品时，则应配以红葡萄酒。具体酒品的选择要根据菜品确定，如开胃头盘中，鱼子酱要搭配俄罗斯或波兰生产的伏特加酒；虾味鸡尾杯则搭配白葡萄酒，口味选用干型或半干型；汤品中，牛尾汤配雪利酒、蔬菜汤配干型白葡萄酒等；与沙拉搭配的一般是口味清淡的白葡萄酒；奶酪适合配以香味浓烈的白葡萄酒，有些品种的奶酪可配以波特酒；甜品一般配以甜葡萄酒或葡萄汽酒，如德国莱茵白葡萄酒、法国的香槟酒等。

(3) 餐后酒。餐后酒是指在用餐之后，用来助消化的酒水。最常见的餐后酒是利口酒，而香槟酒可以与任何种类的菜式相配。

二、任务工单

任务描述
各小组为之前各自完成的主题宴会菜单搭配相应的酒水饮料
操作要求
1. 说明所选用酒水及饮料的特点 2. 说明搭配原因
素养提升
主题宴会中酒水饮料和菜品的搭配得当，能充分体现和加强菜肴的色、香、味，提升客人的用餐体验感和满意度。中国酒文化底蕴深厚，中国制酒历史源远流长，品种繁多，名酒荟萃，享誉中外。随着中国的高水平对外开放，越来越多的外国酒也受到了客人的喜爱。中国作为世界葡萄酒起源地之一，其优秀的葡萄酒产区、酒庄和品牌也不断在国际舞台绽放魅力，白兰地、威士忌等酒类也涌现出许多优质的国产品牌。在主题宴会的酒水设计环节，服务人员要不断加强酒水知识的学习，在餐酒搭配时积极探索创新。同时也要提醒客人在饮酒时注意适量饮用，不要过量

三、任务分组

<table>
<tr><td>班级</td><td></td><td>教师</td><td colspan="2"></td></tr>
<tr><td>组长</td><td></td><td>组名</td><td colspan="2"></td></tr>
<tr><td rowspan="6">组员</td><td>姓名</td><td>分工</td><td>姓名</td><td>分工</td></tr>
<tr><td></td><td></td><td></td><td></td></tr>
<tr><td></td><td></td><td></td><td></td></tr>
<tr><td></td><td></td><td></td><td></td></tr>
<tr><td></td><td></td><td></td><td></td></tr>
<tr><td></td><td></td><td></td><td></td></tr>
</table>

四、任务实施

工 作 活 动

组名：

<table>
<tr><td>主题名称</td><td colspan="4"></td></tr>
<tr><td>酒水名称</td><td>颜色</td><td>香型</td><td>味道</td><td>搭配理由</td></tr>
<tr><td></td><td></td><td></td><td></td><td></td></tr>
<tr><td></td><td></td><td></td><td></td><td></td></tr>
<tr><td></td><td></td><td></td><td></td><td></td></tr>
<tr><td></td><td></td><td></td><td></td><td></td></tr>
</table>

五、任务评价与总结

<table>
<tr><td>一级指标</td><td>二级指标</td><td>评价内容</td><td>分值</td><td>自评</td><td>互评</td><td>教评</td><td>得分</td></tr>
<tr><td rowspan="3">工作能力（50 分）</td><td>信息检索能力</td><td>能使用数字化手段获取知识和有效信息；能将查到的信息有效运用到学习中</td><td>5 分</td><td></td><td></td><td></td><td></td></tr>
<tr><td>感知课堂生活</td><td>熟悉宴会岗位，认同岗位工作价值，在学习中能获得满足感，认同课堂文化</td><td>5 分</td><td></td><td></td><td></td><td></td></tr>
<tr><td>参与态度与沟通能力</td><td>积极主动与教师、同学交流餐酒搭配的相关内容，相互尊重、理解；与教师、同学能够保持多向、丰富、适宜的信息交流</td><td>5 分</td><td></td><td></td><td></td><td></td></tr>
</table>

续表

一级指标	二级指标	评价内容	分值	自评	互评	教评	得分
工作能力（50分）	知识能力获得	掌握酒水的分类	5分				
		掌握各类酒水的特点	5分				
		掌握菜品与酒水的搭配知识	15分				
	素养达成	发现问题、提出问题、分析问题、解决问题、创新问题	5分				
		具备精益求精的工匠精神	5分				
作品得分（50分）	酒水设计	准确解析各类酒水的特点	5分				
		准确解析酒水香型	10分				
		准确解析酒水颜色	5分				
		准确解析酒水味道	10分				
		准确解析酒水度数	5分				
		菜品与酒水搭配合理	15分				
总结	进步						
	欠缺						
	改进措施						

任务三　主题宴会菜单制作

学习要点

通过对案例的分析，掌握主题宴会菜单外观设计的内容，并能根据主题制作宴会菜单。

案例导入

主题宴会菜单案例如图 3-16 所示。

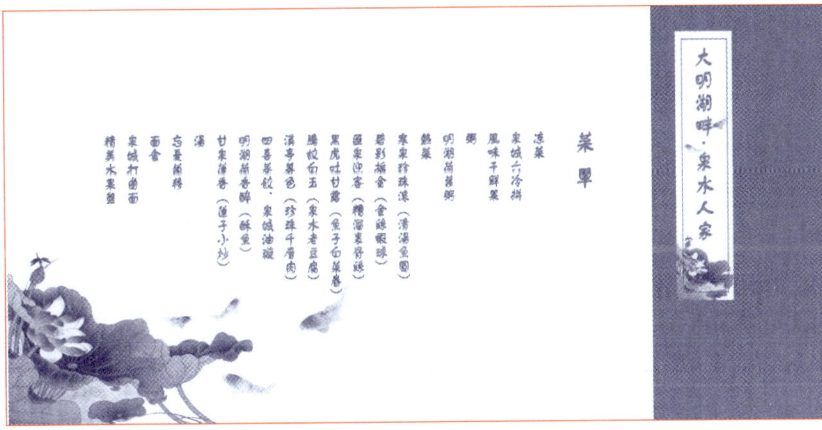

图 3-16　主题宴会菜单案例

引导问题：

(1) 主题宴会菜单包括哪些内容？

(2) 应从哪几方面进行主题宴会菜单外观设计？

视频：主题宴会菜单的设计与制作

一、知识学习

菜单的外观对于餐厅而言十分重要。一份制作精美、富有特色的菜单能够清晰地传达餐厅的理念和氛围，是餐厅品牌形象的外在展示，可以与餐厅的室内设计和品牌形象相得益彰。

一份高品质的菜单还可以增加客人的好奇心和兴趣，引发客人的探究和期望，从而提高客人的消费体验。

总之，菜单的外观可以直接影响餐厅的销售和品牌形象，它既要与餐厅的整体理念相一致，也要符合客人的需求，体现宴会主题的鲜明特色。就餐的客人更希望通过菜单感受餐厅的文化和特色。

（一）主题宴会菜单内容编排

1. 宴会名称

根据宴会性质和类型来命名，名称一般会写在宴会菜单上方中间的位置。

2. 菜品名称

主题宴会菜单中的菜名既要列出寓意名，又要列出写实名，寓意名要文雅、引人深思，写在菜单左半部分，写实名对应写在右边。同时要按上菜顺序进行排列。如果是现代风格，则主题宴会菜单的菜名多选择横版排列，如果是体现古朴韵味的主题宴会菜单，则其菜名往往使用竖版。

3. 告示性信息

告示性信息包括餐厅的名称、地址、电话，列在菜单的封底，要简洁清晰。

（二）主题宴会菜单形式设计

1. 材料

好的制作材料不仅能够很好地反映菜单的外观质量，还能给客人留下较好的第一印象，在选择菜单用材时，既要考虑到餐厅的类型、规格，符合宴会的主题需要，还要顾及制作成本。

2. 规格

菜单的规格应该适合餐桌大小和布局，避免因过大或过小而影响客人的就餐。同时，菜单的规格也应该根据主题的类型和风格进行选择。

3. 字体

菜单中文字所占篇幅应为菜单面积的 50%，菜单四周的空白宽度应相等。菜单的字体应该易于阅读和理解，同时也要符合主题宴会的风格和文化。例如，家宴类的主题可以使用更加温馨的字体，而商务宴则应选择更加优雅的字体。同时，字体的大小和颜色也非常重要，必须能够清晰地传达菜品，切记不要使用过于花哨或难以认知的字体，同时印刷要端正，可以使客人在室内光线下看清楚。

4. 布局

菜单的布局应该易于阅读和理解，要让客人在首次浏览菜单时能够快速找到需要的信息。通常可以将菜单分成不同的类别。例如，中餐宴会菜单可分为精美凉菜、热菜、汤、点心、水果，而西餐宴会菜单则可分为开胃菜、汤、副菜、主菜、甜点等。

5. 插图与色彩运用

菜单颜色与主题相协调，可以帮助客人更好地理解主题和感受气氛。例如情人节主题，可以选择红色或粉色等浪漫色调；海洋主题，则可以选择蓝色。为了增强菜单的艺术性和吸引力，主题宴会菜单往往会在封面及内页使用一些插图，使用图案时一定要注意其色彩和图案必须与宴会厅整体环境及宴会台面的设计相协调。选择颜色不宜过于花哨，最好选择让人一目了然的简单颜色搭配。同时要考虑与文字的对比度，以确保菜单清晰易读。

二、任务工单

任务描述
各小组将本项目任务一中完成的菜单进行外观制作
操作要求
1. 根据宴会主题选择合适的菜单式样和尺寸 2. 运用合理的色彩 3. 选择合适的字体和字号 4. 根据主题、菜品和菜单式样选择合适的插图
素养提升
宴会菜单不仅是餐饮服务的重要一环，也是文化与情感的传递媒介，好的菜单更是一件文化艺术品。在菜单的制作中学习者不仅要对细节精雕细琢，还要与时俱进、勇于创新。例如，在设计中通过融入民族特色菜品和传统文化元素，弘扬民族文化，传承中华美食的精髓。以地方特色为主题的菜单，可以突出当地食材和烹饪技艺的特点，让客人更加了解和热爱自己的家乡

三、任务分组

<table>
<tr><td>班级</td><td></td><td>教师</td><td colspan="2"></td></tr>
<tr><td>组长</td><td></td><td>组名</td><td colspan="2"></td></tr>
<tr><td rowspan="6">组员</td><td>姓名</td><td>分工</td><td>姓名</td><td>分工</td></tr>
<tr><td></td><td></td><td></td><td></td></tr>
<tr><td></td><td></td><td></td><td></td></tr>
<tr><td></td><td></td><td></td><td></td></tr>
<tr><td></td><td></td><td></td><td></td></tr>
<tr><td></td><td></td><td></td><td></td></tr>
</table>

四、任务实施

工作活动 1

组名：

主题名称		选择原因
材料		
尺寸		
字体、字号		
色彩		
图案		

工作活动 2

运用世界咖啡教学法引导小组进行组间交流。

<table>
<tr><td>组名：</td><td>主题名称：</td></tr>
<tr><td colspan="2">其他小组给予的反馈：</td></tr>
<tr><td colspan="2">组内讨论，对菜单外观的设计进行完善修订：</td></tr>
</table>

五、任务评价与总结

一级指标	二级指标	评价内容	分值	自评	互评	教评	得分
工作能力(50分)	信息检索能力	能使用数字化手段获取知识和有效信息;能将查到的信息有效运用到学习中	5分				
	感知课堂生活	熟悉宴会岗位,认同岗位工作价值,在学习中能获得满足感,认同课堂文化	5分				
	参与态度与沟通能力	积极主动与教师、同学交流菜单制作的内容编排和形式设计,相互尊重、理解;与教师、同学能够保持多向、丰富、适宜的信息交流	5分				
	知识能力获得	掌握主题宴会菜单的内容编排	10分				
		掌握主题宴会菜单的形式设计	10分				
	素养达成	发现问题、提出问题、分析问题、解决问题、创新问题	5分				
		提高审美分析的能力	5分				
		培养创新意识	5分				
作品得分(50分)	主题宴会菜单外观设计	菜单的式样和尺寸大小符合宴会主题	10分				
		菜单材质与主题风格相符	10分				
		菜单的文字占空白面积的50%,字体端正、菜名清晰	10分				
		色彩搭配美观协调	10分				
		插图反映主题	10分				
总结	进步						
	欠缺						
	改进措施						

项目四　主题宴会台面设计

- **知识目标**

1. 了解主题宴会台面设计的要求。
2. 掌握主题宴会台面设计的要素。
3. 掌握主题宴会台面设计的内容。

- **能力目标**

能够根据给定主题，设计正餐主题宴会台面。

- **素养目标**

1. 树立文化包容理念。
2. 具备审美情趣。
3. 具有创新意识。

任务　正餐主题宴会台面设计

学习要点

通过案例分析和学习，掌握台面设计理论。在任务学习中，注重深挖文化元素，结合实际工作任务，准确选取主题代表性要素，打磨细节，完善作品。

案例导入

一位客人想在某五星级酒店宴请他的高中同学。店方了解到这位客人年龄在70岁上下，他的同学们这次也是从祖国的四面八方赶来的，客人当中以男性居多，以文化商人为主。基于这些基本信息，店方对此次宴会台面进行了设计，如图3-17所示。

引导问题：

(1) 认真查看案例图片，写出该图片中台面所用物品。

(2) 台面设计包括哪些内容？

(3) 你从此案例中得到了哪些启示？

图 3-17 某宴会台面设计

一、知识学习

(一) 宴会台面种类

按照用餐形式，宴会可分为中餐宴会、西餐宴会、中西合璧宴会，其相应的宴会台面种类如下。

(1) 中餐主题宴会——以圆桌台面为主，选用中式餐具进行摆台，台面造型多体现中国特色。

(2) 西餐主题宴会——根据人数多少确定餐台形状，选用西式餐具进行摆台，台面使用的花卉和图案根据进餐对象国别的不同而有所区别。

(3) 中西合璧主题宴会——可用中式宴会的圆台和西式宴会的各种台面，餐具由中餐的筷子和西餐餐具组成，进餐方式以分餐为主、台面装饰造型中西合璧。

(二) 主题宴会台面设计原则

1. 根据宴会主题和规模档次进行设计

宴会台面设计应突出宴会的主题。宴会规模档次的高低决定了餐位的大小，装饰物及餐具的造价、质地和件数等。

2. 台面物品摆放协调美观

餐具及装饰物的选择与布置，要根据宴会菜点和酒水特点来确定，要注意餐具颜色、质地等的统一，在满足实用性的基础上应结合文化传统、美学原则进行创新设计，将各种餐具加以艺术陈列和布置，起到烘托宴会气氛、增强客人食欲的作用。

3. 台面设计注重礼仪

“礼”是中华传统文化的核心要素，是中华民族特有的人文传统。参加宴会的客人来自四面八方，有不同的风俗和习惯，因此台面设计时既要考虑美观大方的审美要求，更要尊重客人的风俗习惯和爱好，如鲜花种类的确定、摆件造型及颜色的选择等。

(三) 主题宴会台面设计要素

1. 境——宴会举办的环境

宴会台面的设计要考虑环境因素，结合前期的氛围设计进行设计。境是主题宴会台面设计中不可忽视的一个重要因素。

2. 事——明确此次宴会的举办目的

不同目的的宴会台面设计、菜品组成及服务内容的呈现都是不同的，因此事也是台面设计中非常重要的一个因素。

3. 物——台面设计时用到的各种物品设备

台面设计需要围绕物因素来进行。一般主题宴会的物品可分为公共物品、餐位用品及装饰物品，包括桌、椅、餐具及装饰物等。

（四）宴会台面主题的类型

1. 文化主题

(1) 地方文化主题——以某个地方的文化、历史、风土人情等地域特色为主题，通过台面布置来展示和传承这个地方独有的文化特色。例如，通过打造江南园林、运用传统手工艺等进行台面设计展现以江南古镇为主题的宴会台面。

(2) 历史文化主题——在主题宴会中，历史文化主题也是一种常见的主题类型。通过对历史文化的展示和演绎，可以让客人更好地了解和体验某个历史时期或者某个历史事件的文化特色。例如，可以通过京剧脸谱、剪纸等进行台面设计展现传统戏曲文化和民间艺术。

2. 节庆主题

节庆活动是指庆祝或纪念节日、纪念日或其他特定事件的活动，这些节庆活动代表了不同的传统和文化习俗。常见的节庆活动有春节、端午节、中秋节、国庆节、万圣节、圣诞节等。另外，寿宴、百日宴、纪念日的主题宴会也已成为一种流行趋势。

3. 季节主题

季节主题是指一种以四季为背景的主题，根据不同季节的气候、景色和植物特点，可以选择不同的季节主题。例如，在鲜花盛开、蝴蝶飞舞、嫩绿新芽的春季，可以运用鲜艳的色彩、花卉装饰和自然元素等来营造；可以运用落叶、蔬果、稻谷等设计金色的秋天；可以运用银色、蓝色等打造温馨、浪漫、祥和的冬日。

4. 民俗主题

民俗主题一般选取某一民族的独特文化或者民族风情为创作点，以具有民族特色的文化风采、手工艺品及生活方式为载体来进行宴会台面设计。

（五）主题宴会台面设计的内容

1. 主题创意说明书

首先，确定一个主题；其次，完成创意概述，从整体上概述主题创意的核心概念、特点、风格和目的，并阐述主题与受众之间的关系和价值；最后，描述凸显主题的各元素，以便让客人能够更好地理解设计理念。总之，主题创意要突出主题的特色和个性，展示主题的独特性和亮点，使用简洁明了的语言表达设计理念和创意，避免使用过于专业的行话或烦琐的词汇，以便客人能够理解和接受。

视频：宴会中心装饰物设计

2. 中心装饰物

设计主题宴会台面的中心装饰物可以考虑以下几个方面。

(1) 主题风格：需要根据主题风格确定台面装饰物的整体风格。例如，海洋主题可以选择珊瑚、贝壳等作为中心装饰物。

(2) 台面空间：需要了解台面的大小及客人就座的位置，从而确定所选装饰物的大小和形状。

(3) 配色方案：装饰物的颜色需要与整体色调相呼应，如果宴会的主题色为绿色，则可以选择一些绿色或者黄绿色的植物；如果主题色为蓝色，则可以选择蓝色或者灰色的物品。

(4) 层次感：不同高度的装饰物可以增加台面的层次感。可以选择一个高度较高的中心装饰物（高度不超过 30 cm），并在其周围摆放一些高低不同、形状和颜色不同的装饰物，使整个台面看起来更加丰富、饱满。

视频：宴会布草及餐具的设计

3. 布草

(1) 装饰布、台布——每个宴会都有它特定的主题，因此装饰布和台布的颜色、款式也要根据宴会主题来确定，从而体现服务的内涵。

(2) 餐巾——选择餐巾时，应注意它的花色和质地，要与装饰布及台布、宴会主题、餐具相协调。花型突出主人位，同时还要符合宴会的性质、主题，更要适合客人的身份、宗教信仰和风俗习惯。

4. 餐具

根据宴会的性质、档次和主题来选择餐具的质地、颜色、形状等。

5. 筷套、牙签套

筷套、牙签套的使用不仅可以保证清洁卫生，还可以通过颜色、图案的设计来突出主题。筷套、牙签套的颜色、花纹应与台面整体设计相统一。

二、任务工单

任务描述
各小组选择不同的任务，完成宴会台面设计 1. 地方文化主题。通过对历史的了解，挖掘和整理具有地方特色的主题，结合民间风俗设计出符合该主题的台面 2. 传统节庆主题。传统节庆是在固定或不固定的日期内，以特定主题活动方式，约定俗成、世代相传的一种活动。结合不同节庆的特点设计出符合该主题的台面 3. 节令主题。二十四节气是历法中表示自然节律变化的特定节令，蕴含着悠久的文化内涵和历史积淀，是中华民族悠久历史文化的重要组成部分。通过寻找探索节气特点、饮食文化和自然界的变化，进行相关主题的台面设计 4. 红色主题。以弘扬红色精神、继承红色基因、重温红色记忆为主题进行台面设计 5. 绿色家园主题。尊崇自然，敬畏生命，保护蓝天碧水，以建设美丽家园为主题进行台面设计
操作要求
1. 根据主题要求深入挖掘文化内涵 2. 根据主题确定 1~2 个主色调 3. 主题设计规格与餐桌比例恰当，不影响就餐客人餐中交流 4. 选择与主题相适宜的布草 5. 讨论确定中心主题装饰物

续表

素养提升
2023年是“一带一路”倡议提出的第十年。2023年10月，在北京举行的第三届“一带一路”国际合作高峰论坛吸引了来自140多个国家和30多个国际组织的代表参加，论坛的欢迎晚宴在北京金色大厅举行，宴会台面设计成为一大亮点，它不仅是一场视觉盛宴，更是中国深厚文化和“一带一路”倡议精神的体现。宴会桌长达40多m，桌面布置的方案总体呈现为“抚古观今·拥抱未来”，巧妙地将“一带一路”上的古今元素错落有致地在桌上铺排。桌面正中置放的“一带一路”标志将长桌划分为两部分。桌面南侧以西安钟楼为起始点，通过精心描绘的古代丝绸之路盛景，如驼队载运瓷器、茶叶等历史元素，生动再现了中华文化的博大精深与辉煌历史。桌面北侧以北京天坛为起点的设计象征着现代中国的繁荣与发展，沿途精心陈列了高铁复兴号、中欧列车及新能源车等模型，旨在呈现21世纪中国在交通、信息及资源等领域与各国实现深度互联互通的宏大图景。桌面最北端，一条长约5 m的仿真水面之上，数艘万吨巨轮象征着海上丝绸之路的繁荣与昌盛。此外，中国自主研发的商用大飞机亦赫然在列，展现了我国在海陆空全方位运输领域的强大实力与完备体系。觥筹交错之间，从古至今，这条路上的运输工具和货物已经有了天翻地覆的变化，驼铃声声变成更加便捷、先进、高科技含量的运输方式和货品及服务输出。整个桌面布局几乎成为中国古今经济文化发展的缩影，从古代的丝绸之路到现代的高速铁路与航空运输，再到新能源技术的应用，无一不体现了中国在各领域的发展与贡献。值得一提的是，就连餐桌上的盘子也采用了主题定制款设计，使得整个展示空间更加统一、协调，令人一目了然。在长桌之上，还陈列着彰显“一带一路”共建国家的文化特色物品。其中包括中国传统的瓷器、精致的茶具、富有艺术韵味的剪纸、象征着团圆喜庆的灯笼及寓意美好的月饼；中亚地区的毡帽、耐用实用的羊皮袋、风味独特的干果及香气四溢的烤肉；西亚地区精美的地毯、古朴的水壶、芬芳的香料及香甜的面包；此外，还有欧洲典雅的玻璃器皿、晶莹剔透的酒杯、风味独特的奶酪及醇厚的葡萄酒。这些物品不仅深刻反映了沿线各国的饮食习惯和生活方式，更展现了丝绸之路上商品交流的繁荣景象与文化交融的深厚底蕴。桌尾的展板介绍了中国与共建国家在基础设施建设、能源资源开发、产业投资合作、人文交流等方面的进展和成果，通过图片、文字和模型生动地展示了“一带一路”倡议给各国带来的实惠和便利。整体而言，宴会台面设计通过精心的布局和富有象征意义的摆件，展现了中国的历史传承、现代成就及对未来发展的展望，同时也传达了中国对国际合作的重视和对“一带一路”倡议的坚定支持。这场国宴不仅是一场展示中国历史、文化和现代发展成就的盛宴，也是一场促进世界和平、发展与合作的盛宴。它向世界展示了中国饮食文化的魅力和影响力，同时也传达了中国对和谐社会理念的坚守和对共同繁荣的追求，体现了中国愿意与世界各国分享发展机遇、共同应对挑战、共创美好未来的开放和包容的姿态。宴会台面设计兼具艺术美感、文化内涵与实用性能。为确保台面设计达到最佳效果，对服务人员的审美素养和艺术鉴赏能力提出了更高要求，服务人员需要不断自我提升，以更好地呈现台面设计的独特魅力。在宴会台面的主题创意设计中，要发挥创新思维，不断培养创新意识和创新能力，探索个性化的宴会台面设计，为客人提供更满意的宴会体验

三、任务分组

<table>
<tr><td>班级</td><td colspan="2"></td><td>教师</td><td colspan="2"></td></tr>
<tr><td>组长</td><td colspan="2"></td><td>组名</td><td colspan="2"></td></tr>
<tr><td rowspan="6">组员</td><td>姓名</td><td>分工</td><td>姓名</td><td colspan="2">分工</td></tr>
<tr><td></td><td></td><td></td><td colspan="2"></td></tr>
<tr><td></td><td></td><td></td><td colspan="2"></td></tr>
<tr><td></td><td></td><td></td><td colspan="2"></td></tr>
<tr><td></td><td></td><td></td><td colspan="2"></td></tr>
<tr><td></td><td></td><td></td><td colspan="2"></td></tr>
</table>

四、任务实施

工作活动 1

小组讨论确定如下台面设计要素。

组名：

<table>
<tr><td>主题名称</td><td colspan="2"></td></tr>
<tr><td>主题背景</td><td colspan="2"></td></tr>
<tr><td>主题创意</td><td colspan="2"></td></tr>
<tr><td rowspan="5">台面用品设计</td><td>布草类</td><td></td></tr>
<tr><td>瓷器类</td><td></td></tr>
<tr><td>玻璃器皿</td><td></td></tr>
<tr><td>中心装饰物</td><td></td></tr>
<tr><td>筷套等印刷品</td><td></td></tr>
<tr><td>作品图</td><td colspan="2"></td></tr>
</table>

工作活动 2

运用世界咖啡教学法引导小组进行组间交流。

组名：	主题名称：
其他小组给予的反馈：	
方案完善： 组内讨论，对宴会台面设计方案进行完善修订。	

工作活动 3

方案完善：

组名：	主题名称：
教师建议（企业专家建议线上点评）：	
方案完善确定：	

五、任务评价与总结

一级指标	二级指标	评价内容	分值	自评	互评	教评	得分
工作能力（40分）	信息检索能力	能使用数字化手段获取知识和有效信息；能将查到的信息有效运用到学习中	5分				
	感知课堂生活	熟悉宴会岗位，认同岗位工作价值，在学习中能获得满足感，认同课堂文化	5分				
	参与态度与沟通能力	积极主动与教师、行业专家、同学交流台面设计要素，相互尊重、理解；与教师、同学能够保持多向、丰富、适宜的信息交流	5分				
	知识能力获得	掌握主题宴会台面设计原则	5分				
		掌握主题宴会台面设计要素	5分				

续表

一级指标	二级指标	评价内容	分值	自评	互评	教评	得分
工作能力（40分）	素养达成	强化创新意识	5分				
		提高审美分析能力	5分				
		具备精益求精的工匠精神	5分				
作品得分（60分）	台面设计	台面设计的创意恰当，整体美观，符合主题，具有时代感	10分				
		中心装饰物设计精美，能展现主题	20分				
		中心装饰物规格与餐桌比例恰当，外形美观，具有较强的观赏性	10分				
		餐具规格统一，其选择与布置符合宴会的性质和档次。整体美观，能展现主题	5分				
		台布及餐巾的选用符合宴会规格、主题及特点	10分				
		文案条例清晰、语言顺畅、图文并茂、详略得当	5分				
总结	进步						
	欠缺						
	改进措施						

项目五 主题宴会服务设计

● **知识目标**

1. 了解主题宴会服务设计的内容。
2. 掌握峰值设计的要素。

● **能力目标**

1. 能够根据主题及客人要求，结合峰终定律进行主题宴会服务设计。
2. 能够根据主题及客人需求完成接待方案的设计。

● **素养目标**

1. 具备处理突发事件的应变能力。
2. 具备大型活动综合协调能力。

任务 餐饮大型活动接待方案设计

学习要点

通过学习，学习者可以根据不同的宴会主题、宴会规格、宴请对象、菜式等，借助峰终定律完成对宴会活动程序和服务程序的设计。

案例导入

李先生的儿女找到某酒店餐饮部经理，期望为他们的父亲办一场特别的 80 岁寿辰宴会，以此来感谢老人的养育之恩和辛苦付出。经过沟通，餐饮部经理得知李先生平时喜欢饮茶还做得一手好菜。即使已经 80 岁，但每次儿女回家掌勺的依然是李先生。于是在整场寿宴中，不仅有蛋糕和祝福，还特别在入场时为李先生安排了净手及奉茶环节，接近尾声的时候由儿子着厨师服推进一辆客前烹制车，现场为李先生制作长寿面。当这碗面被厨师亲自送到李先生面前时，李先生才发现原来这位厨师竟然是自己的儿子，他感动得热泪盈眶。

引导问题：

此次寿宴在服务流程设计上有哪些亮点？

一、知识学习

（一）主题宴会服务设计的内容

宴会服务程序可分为宴会前的准备、迎宾服务、就餐服务和宴会收尾4个环节。同时还要根据不同的宴会性质、规格及主题，对服务人员的服务姿态、服务语言等方面进行设计，力求使整场宴会的服务方式得体、别致。不同性质、规格的宴会服务标准也有所不同，通常宴会规格越高，服务要求就越高。

视频：餐饮个性化服务设计

主题宴会服务设计的重点在于服务环节的设计。设计时应紧紧把握基础性服务、规范化服务、标准化服务、个性化服务的层次要求。

基础性服务即安全、卫生、便捷的基本要求；规范化服务即符合岗位技能要求；标准化服务即符合行业标准服务流程；个性化服务即具有针对性的特色服务，也就是宴会设计中的峰值体验，如为过生日的客人送上祝福、设计特色菜品的开菜仪式、为等位客人提供美甲服务、为用餐的客人提供眼镜拭纸等。

优质服务，实质上是比别人多走一步，也即服务管理中精益求精的工匠精神和不断创新的高质量服务意识。它是一种态度，是对工作的执着、对产品的负责，是不断追求完美和极致，为客人创造无可挑剔的体验。

服务设计是一个整体设计，它并不是仅仅对服务中某个环节进行设计，它包括了服务前、服务中和服务后的设计。

1. 主题宴会服务的准备工作

（1）人员安排及分工。宴会经理根据此次宴会的规模计算需要的人员数量，按照餐桌排列向每个当值人员分配具体的工作区域和工作内容，明确责任并相互配合。于宴会前一天进行全面培训，包括客人身份、风俗习惯、上菜顺序、服务方式、席位表、宴会流程等。

（2）物品准备。根据宴会规模、宴会菜单和酒单，准备好宴会所用餐酒用具、餐台布置所用物品（台号牌、摆件、菜单、装饰物等）。

（3）场地布置。根据宴会场境设计要求及主题和宴会规格，对宴会厅场地进行布置，包括主墙面、灯光、整体色彩、音响设备、温度、餐桌椅摆放、摆台等。

（4）宴会开始前的检查。由宴会部经理、主管组成的领导小组进行宴会相关工作及安全的检查，包括物品是否齐全、场地出入口通道是否顺畅、台型是否合理、桌号牌和席位卡是否正确、所有设施设备是否完好并运行正常、有无安全隐患等。

视频：分餐制国家标准解读

2. 主题宴会的就餐服务

主题宴会服务流程包括客人入席—餐前服务—斟倒酒水—菜品服务—餐中巡台服务—结账服务—送客服务—结束工作。

宴会即将开始时，迎宾员引领客人入席，服务员应第一时间展铺口布、拆筷套并及时进行酒水斟倒。上菜时严格按照上菜顺序和上菜时间间隔进行，避免错上、漏上。餐中服务时应及时更换骨碟，小毛巾等。当客人有特殊要求时，若服务人员照看不到，则宴会管理人员要及时补位，保证服务的顺畅。

3. 活动表演及席间乐的设计

活动表演是根据主办方的要求进行设计，可以是文艺演出，也可以是音乐演奏，还可以是互动节目。席间乐是烘托宴会主题氛围的重要手段之一。在音乐的选择上要做到与宴会主题相符，同时还要注意与宴会的进程相一致。例如，在国宴入场时会奏《迎宾进行曲》，讲话前奏两国的国歌，席间奏两国的知名曲目，结束时奏《欢送进行曲》。

（二）峰值设计在主题宴会服务设计中的运用

案例：

你和家人一起去某主题乐园游玩，在接下来的一天中，游览平台每隔一段时间会给你发一条信息，让你为刚才的体验打分，评分范围为 0~10 分（从“糟糕”到“尽兴”）。你的一天很有可能是这样度过的：

9 :00，带着兴奋的心情走出酒店房间。（6 分）

11 :00，乘坐“疯狂过山车”之后，你和家人都兴奋到“爆表”。（10 分）

13 :00，顶着午后的烈日排队，家庭成员各自疲惫不堪。（3 分）

15 :00，离开之前买了几个可爱的卡通玩偶，开心极了。（8 分）

一周后，让游客为这次“一日游”打分，竟然获得了 9 分的实验结果！

思考：为什么会有如此之高的分数？

峰终定律是一种心理学现象。它指出人们会更多地受到事件的高峰和结束时刻的影响，而不是事件整个过程中的平均值。简而言之，人们更倾向于记住事件的峰值和结束时刻，而不是整个事件的经历。例如，一个餐厅可以提供美味的食物和周到的服务，以创造出好的用餐体验。但是如果最后结账时出现了问题，则会影响客人对整个用餐经历的评价。因此，餐厅除了应该注重整个服务过程的细节，更应重视峰值和结束时刻的体验，以提高客户的满意度。

峰终定律之所以能够影响人们的行为和情感体验，是因为它涉及人类大脑的认知机制。人类大脑往往更加关注情感化的事件和信息，而忽视无趣的信息。因此，当我们经历一个事件时，我们的大脑往往会在关键时刻产生高强度的认知和情感体验，从而形成强烈的情感记忆。这些记忆会影响我们的情感体验和行为，甚至长期影响我们的生活和决策。因此，在宴会服务设计中，可以借鉴峰终定律，提高客人在整个用餐过程中的满意度。

需要强调的是，在进行流程和服务设计时要结合触点来进行。所谓触点，是指企业在服务的各环节中与客户的接触点，包括门店招牌、环境装饰、桌椅布局、视频、照片、背景音乐、服务人员的服务等。关键时刻也是触点之一，它不会偶然发生，而一定是被精心设计出来的，因此要想清楚让客人感受到什么，然后结合触点，从触点设计出发进行流程及服务的设计。

二、任务工单

任务描述
以下为三个餐饮活动预订内容 1. 某协会计划于20××年6月3日18:00在酒店举办“白山滑雪运动协会年会”，拟预订中餐晚宴8桌，每桌10人，宴会活动预计持续2.5 h，预算大约每桌1 800元。本次宴会需设主席台并配备音、视频设备，赴宴客人包括轮椅客人5位、儿童客人3位、全素食客人1位。宴会中计划播放“滑雪运动10年珍贵镜头” 2. 杨先生计划于20××年的重阳节当日中午12:00在酒店举办宴会，拟预订午宴9桌，每桌10人，宴会活动预计持续3 h，每桌预算餐标3 000元左右(酒水自备)。本次宴会主要宴请其父母和亲朋好友。当天14:00须酒店提供棋牌室2间，10人用大KTV包间1间，休息用房1间 3. 某单位计划于20××年6月18日17:30在酒店举办“半岛海上运动产品推介会”，预订中餐晚宴8桌，每桌10人，宴会活动预计持续3 h，餐费含酒水预算大约每桌2 800元。本次赴宴客人中有欧美客人2位。宴会期间，需要边台2张，以便陈列产品样品
操作要求
1. 小组选定其中一个主题，完成大型活动接待方案的设计和撰写，1 000~1 500字 2. 能依据主题，准确阐述接待任务 3. 全面准确设定服务要素(时间、地点、参加人员等) 4. 根据宴会性质，以及客人特点和需求进行服务内容各环节设计，包括但不限于台型设计、菜单及酒水单设计、台面设计等 5. 结合峰终定律进行服务流程设计
素养提升
党的二十大报告指出，要大力弘扬工匠精神，努力培养造就更多大国工匠、高技能人才。大型餐饮活动的服务组织，是展示酒店整体服务能力的重要途径。学习者在进行接待方案设计时要注重细节、精益求精、不断创新，提升产品质量和服务水平。服务行业“以人为本”，宴会服务设计不仅是技术工作，也是一种对客人及社会的服务态度。根据接待任务各项要求，要能传达出正确的价值观和文化内涵，在服务中体现诚信、敬业、和谐等社会主义核心价值观。在宴会服务团队的建设和协作过程中，要发挥集体主义精神，强化团结协作、互帮互助的重要性；在设计宴会服务方案时，要了解中国的饮食文化、礼仪习惯和宴会习俗，同时尊重各种文化差异与多样性；在宴会设计中，要融入环保理念，如鼓励使用可循环材料，减少食物浪费，选择本地和时令食材等，低碳环保，杜绝浪费

三、任务分组

<table>
<tr><td>班级</td><td colspan="2"></td><td>教师</td><td colspan="2"></td></tr>
<tr><td>组长</td><td colspan="2"></td><td>组名</td><td colspan="2"></td></tr>
<tr><td rowspan="6">组员</td><td>姓名</td><td>分工</td><td>姓名</td><td colspan="2">分工</td></tr>
<tr><td></td><td></td><td></td><td colspan="2"></td></tr>
<tr><td></td><td></td><td></td><td colspan="2"></td></tr>
<tr><td></td><td></td><td></td><td colspan="2"></td></tr>
<tr><td></td><td></td><td></td><td colspan="2"></td></tr>
<tr><td></td><td></td><td></td><td colspan="2"></td></tr>
</table>

四、任务实施

工作活动 1

组名：

<table>
<tr><td>方案名称</td><td></td></tr>
<tr><td>方案背景</td><td></td></tr>
<tr><td>台型设计</td><td></td></tr>
<tr><td>台面设计</td><td></td></tr>
<tr><td>菜单设计</td><td></td></tr>
<tr><td rowspan="3">服务设计</td><td>峰值设计：</td></tr>
<tr><td>峰终设计：</td></tr>
<tr><td>流程设计：</td></tr>
<tr><td>预案设计</td><td></td></tr>
</table>

工作活动 2

运用世界咖啡教学法引导小组进行组间交流。

组名:	主题名称:
其他小组给予的反馈(可参考本任务评价与总结中接待方案设计内容评分标准):	
方案完善: 组内讨论,对接待方案的内容进行完善修订。	

工作活动 3

方案完善:

组名:	主题名称:
教师建议(企业专家建议线上点评):	
方案完善:	

五、任务评价与总结

一级指标	二级指标	评价内容	分值	自评	互评	教评	得分
工作能力(50分)	信息检索能力	能使用数字化手段获取知识和有效信息;能将查到的信息有效运用到学习中	5分				
	感知课堂生活	熟悉宴会岗位,认同岗位工作价值,在学习中能获得满足感,认同课堂文化	5分				
	参与态度与沟通能力	积极主动与教师、同学交流宴会服务设计的内容,相互尊重、理解;与教师、同学能够保持多向、丰富、适宜的信息交流	5分				

续表

一级指标	二级指标	评价内容	分值	自评	互评	教评	得分
工作能力（50 分）	知识能力获得	掌握宴会流程及服务设计的内容	5 分				
		掌握峰终定律的内容	5 分				
		能够根据背景及客人需求，设计接待方案	10 分				
	素养达成	发现问题、提出问题、分析问题、解决问题、创新问题	5 分				
		提高审美分析的能力	5 分				
		具备精益求精的工匠精神	5 分				
任务得分（50 分）	接待方案设计内容	客人特点阐述全面、准确	5 分				
		台型设计合理	5 分				
		台面设计能展现主题	5 分				
		根据宴会规格及需要进行流程及服务的设计，分工明确；设计合理能体现爽点或解决痛点	15 分				
		菜肴程式准确、搭配合理，体现主题	10 分				
		预案符合酒店实际经营情况	5 分				
		整体文案表述清晰、逻辑性强，图文并茂，全面合理	5 分				
总结	进步						
	欠缺						
	改进措施						

模 块 小 结

本模块聚焦主题宴会设计，教学内容涵盖从宴会预订管理到氛围营造、台面布置、菜单规划、服务峰值设计的全过程。学习者通过学习，应全面掌握主题宴会设计的各环节，理解以客人需求为导向的设计原则，能够深入挖掘主题文化元素，特别是与当地文化深度融合，设计并实施主题宴会组织活动。同时，学习者应在团队共创过程中激发创新意识，增强团队合作精神。

本模块学习任务多取自企业实际运营案例,学习者在任务实施中应特别注意宴会设计符合餐厅实际经营需求。同时,课堂组织时提倡企业专家参与学习指导和评价,通过校企深度融合来提高学习者分析问题、解决问题的能力。

赛证直通

扫二维码,完成在线练习。

在线自测 3

模块四　物资管理

◆ 模块导读

本模块主要包括餐饮物资的配备、餐饮物资的使用及保养，旨在帮助学习者了解餐饮物资的种类及其代表性器具，使其能根据餐厅经营范围的不同恰当合理地配备各类物资并正确使用保养，培养学习者良好的操作规范意识和归类整理能力，提高餐厅成本控制及管理能力。

◆ 思维导图

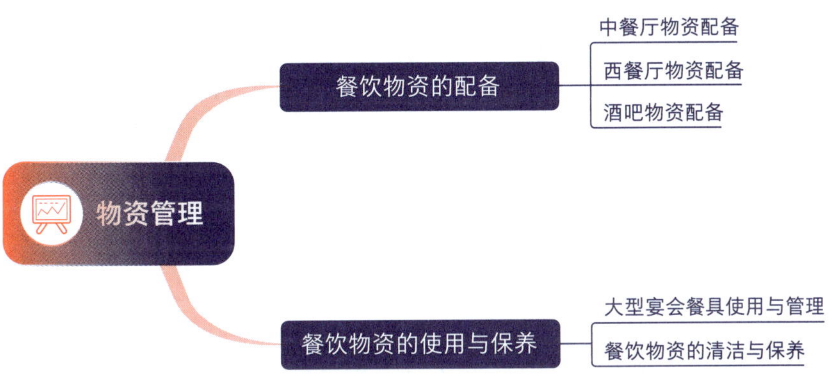

项目一　餐饮物资的配备

● 知识目标

1. 掌握餐厅物资的类别并认识代表性餐饮器具。
2. 了解常见餐饮器具的材质、用途。

● 能力目标

1. 能够识别中餐厅、西餐厅和酒吧的各类餐饮物资，并对餐饮物资进行正确归类。
2. 能够根据给定主题，为中餐厅、西餐厅、酒吧配备餐饮物资，撰写餐饮物资清单。

● 素养目标

1. 培养归类的逻辑思维。
2. 具备物资配备标准化工作意识。

任务一　中餐厅物资配备

学习要点

通过案例分析和学习，了解中餐厅物资的种类。能够根据宴会主题的不同，为宴会厅配备符合服务要求的餐饮器具，撰写物资配备清单，明确物资材质、数量及用途。

案例导入

表 4-1 和表 4-2 为某酒店中餐宴会厅餐具配备情况。

引导问题：

(1) 中餐厅物资配备清单需要体现哪些内容？

(2) 宴会就餐人数、服务方式、宴会规格与所需配备餐具数量之间有什么关系？

表 4-1 6~8 人（最多容纳 10 人）中餐宴会厅餐具配备清单

物品名称	数量
骨碟	30
茶杯	20
茶杯碟	20
筷子	20
筷架	10
刀叉	2
瓷勺	20
毛巾碟	14
汤碗	20
餐夹	10
汤勺	1
漏勺	1

表 4-2 16 人中餐宴会厅餐具配备清单

物品名称	数量
骨碟	50
茶杯	32
茶杯碟	32
筷子	32
筷架	16
刀叉	2
瓷勺	20
毛巾碟	14
汤碗	32
餐夹	20
汤勺	1
漏勺	1

一、知识学习

在餐厅经营服务过程中，常用的餐饮器具主要包括家具、针织品、电器设备、餐具、服务用品和厨房用品等。这些设备、餐具用品是保证餐厅正常营业的必要物质条件，也是餐饮企业形象的重要体现。在中餐厅物资配备中，主要包括各类家具、辅助餐饮服务的电气设备、餐饮用具等。

（一）家具类物资

餐厅家具主要指餐桌、餐椅、工作台等，在选择餐厅家具时，必须根据餐饮经营的特点、整体风格、服务客人的类型等进行配备。

1. 餐桌

餐桌的选择视餐厅具体情况而定，通常材质可分为木质、钢化玻璃、大理石、金属及混合型材质等。由于木质餐桌具有质地较硬、耐用性高、容易去污等优点，成为餐桌选用的主要材质。

2. 餐椅

餐椅按照材质，可分为实木椅、藤椅、塑料椅、铝合金椅等。在实际经营中，可根据餐厅主题、室内装潢及经营方式的需要恰当选择，以让客人感觉舒适为第一原则。通常做工考究的木椅多用于中餐厅，藤椅则在南方的中餐厅及茶室中广为应用。在一些高档餐厅中，也可配置带有扶手及弹簧垫的餐椅或沙发。

3. 工作台

工作台是餐厅在用餐期间为客人服务的基本设施，工作台内配有服务用的各种备具用品，如烟灰缸、加位用的餐具、点菜单、托盘和台布等。每个餐厅所采用的工作台的大小和类型各不相同，但是其显著特征是一致的，上放小件物品，下有拉门橱柜，工作台面上可放置托盘。选择工作台时，尽可能选择小型、灵便的款式，太大会占去更多的接待客人的场地。有些工作台的四角下方装有脚轮，以便在餐厅移动。台面应该使用隔热材料，易于清洗。工作台材料颜色应该和其他家具色彩相协调。

4. 移动服务车

移动服务车主要用于客前分菜服务，轻便灵巧，可以在餐厅内灵活移动，也可以用于上菜、收盘和其他功能，可根据需要来选择。

5. 送餐车

送餐车是餐厅服务员运送热菜所用的工具。车上可通电加热来进行菜品保温。在使用前注意要提前将车内预热。

6. 迎宾台、签到台、指示牌等

迎宾台通常设在餐厅门口的一侧，高度一般为 1~1.2 m，台面光滑水平或略倾斜，摆放餐厅工作日记、客情资料、电话、插花等，迎宾台下部还可设有摆放用品的抽屉。

签到台一般设在餐厅的入口处，用矩形桌，铺设台布，围上桌裙，上面摆放插花、签到簿等用品和有关活动的图文宣传资料，主办单位专门派人在此接待出席活动的客人。

指示牌是饭店承办的某些大型活动的告示和指南，通常用于大中型的宴请活动、大型会议等。

（二）餐用具

1. 陶瓷器皿

陶瓷器皿是经过高温加工过后的产物，具有不易生锈、不易腐蚀、不吸水、耐酸碱、耐高温的特性，在餐厅中使用广泛。目前，市场上陶瓷种类众多，大致可分为三类：一般陶瓷、强化瓷和骨瓷（表 4–3）。

表 4-3　不同种类瓷器的特点

项目	一般陶瓷	强化瓷	骨瓷
色彩	白中带灰	纯白	奶白而通透
釉彩	素淡	索淡	鲜艳
厚度	最厚	中等	最薄
纯度	容易破裂	坚固耐用	不易碎裂
价格	最低	中等	最贵

根据现代餐饮文化消费的需要，瓷器产品又分为纯白、手绘等。色彩鲜艳的瓷器可以提高客人用餐时的视觉享受，增添用餐乐趣。

中餐厅常见的陶瓷器皿有：盘、碟、勺、筷架等。

2. 玻璃器皿

餐厅常用的玻璃器皿，以各种形状、不同用途的酒杯居多，此外，还有各种摆台和服务过程中的玻璃器皿。玻璃器皿的优点是价格便宜，缺点是容易被刮花和破损。

3. 金属器皿

餐厅中的金属器皿多为不锈钢材质和镀银材质。在中餐厅所使用的勺等以不锈钢材质为主。

4. 布草类

布草类物资主要包括台布、装饰布、餐巾、服务巾等，是餐厅在经营过程中物资占比较大的一项开支。在选用布草时，需要考虑布料的材质、易清洗度和成本等因素。

台布是指覆盖于台面，以防污或增加美观度的布草。装饰布是指斜着铺盖在正常台布上的附加布巾，其大小与台布相适应。对于由正方形桌面拼接成的长方形桌，必须加铺首尾相连的数块装饰布。圆桌装饰布规格与台布规格相当，覆盖整个台面，铺设角度与台布相错或四边平均下垂贴于桌裙前即可。

餐巾，又称口布，是餐厅中供客人用餐时使用的清洁用具。按照材质可分为纯棉、棉麻织品、化纤织品、纸质 4 种。大部分餐厅多使用纯棉材质的餐巾，自助餐厅则较多使用纸质餐巾。餐巾的大小多为边长 50~65 cm 见方。餐巾的颜色可根据餐厅和台布布置装饰的主色调选用，力求和谐统一。

（三）电器设备

随着现代化科学技术的发展，越来越多的电器设备走进了餐厅。电器设备不仅体现了餐厅档次，而且大大降低了劳动力成本，并使得餐饮服务和操作的诸多环节更加规范化、程序化、标准化。

（1）电冰箱。储存各类酒水饮料和水果等，如白葡萄酒、香槟酒、红酒等。

（2）电开水器。通过电源将水加热烧开，使用非常方便。电开水器中的水不但温度稳定，而且洁净卫生。

（3）电热盘器。一般为长桶状，桶部底下有弹簧，通电后可自动加热。自助餐厅多采用此设备。

(4) 送餐机器人。是一种用于餐厅、帮助服务员将餐饮产品送到指定位置的自动化设备,可分为有轨和无轨两种类型。它通常由机器人车身、电池、控制器等组成,在使用前需要预先设置好送餐路线。

二、任务工单

任务描述
请以小组为单位,选取一个宴会主题,为宴会厅进行合理的物资配备 1. 高档商务宴会服务用具配备。本次宴会是为中外文化交流所设的一桌高档宴席,就餐人数为 8 人,采用长条桌,中西合璧的摆台方式。请根据宴席要求,挖掘中国传统文化元素,为餐厅包间配备物资 2. 中秋团圆宴的服务用具配备。中秋节是中华民族一份珍贵的文化遗产,吃团圆饭已成为节日的必备环节。本次宴会为一家祖孙三代 15 人的中秋团圆宴,最小的客人年龄为 2 岁,请根据宴席主题及就餐客人特点,为餐厅包间配备物资 3. 毕业宴的服务用具配备。毕业宴会是与同学和老师的一次正式告别,对于师生是一份宝贵的回忆。此次宴会是为一个班级(30 名同学、5 名教师)所设的毕业宴,期间设有唱歌、舞蹈等文艺节目,请为此宴会厅进行物资配备
操作要求
1. 按照物资类别,充分考虑服务方式,对宴会厅物资进行合理配备 2. 按照宴会人数的具体要求,明确各类物资的名称、规格、材质及数量,撰写餐饮物资配备清单 3. 将小组制作的物资配备清单进行汇报展示
素养提升
2016 年二十国集团(G20)领导人峰会在中国浙江杭州召开,中方为欢迎各国领导人精心准备的国宴和国宴餐具也引起了人们的关注。此套国宴餐具全部采用含 45% 天然骨粉的高级骨质瓷所制,灵感来源于西子湖畔的水与自然景观,色调上以绿色为主色调,传递绿色发展的理念,图案为西湖十景,具有非常浓厚的中国传统的文化底蕴。客人在就餐的同时,可以深刻感受到来自中国文化的浸润

三、任务分组

<table>
<tr><td>班级</td><td></td><td>教师</td><td></td></tr>
<tr><td>组长</td><td></td><td>组名</td><td></td></tr>
<tr><td>组员</td><td colspan="3">
<table>
<tr><td>姓名</td><td>分工</td><td>姓名</td><td>分工</td></tr>
<tr><td></td><td></td><td></td><td></td></tr>
<tr><td></td><td></td><td></td><td></td></tr>
<tr><td></td><td></td><td></td><td></td></tr>
<tr><td></td><td></td><td></td><td></td></tr>
<tr><td></td><td></td><td></td><td></td></tr>
</table>
</td></tr>
</table>

四、任务实施

工作活动 1

中餐厅物资配备清单

组名：____________

物资类别	序号	物资名称	规格	数量	材质	备注
家具类						
餐用具						
电器设备						

工作活动 2

物资配备清单完善：

组名：	讨论主题：
其他小组给予的反馈：	
根据其他小组建议，完善物资配备清单。	

五、任务评价与总结

一级指标	二级指标	评价内容	分值	自评	互评	教评	得分
工作能力（50 分）	信息检索能力	能使用数字化手段获取中餐厅物资的相关信息；能将查到的信息有效运用到学习中	5 分				
	感知课堂生活	熟悉工作职责，认同工作价值，在学习中能获得满足感，认同课堂文化	5 分				

续表

一级指标	二级指标	评价内容	分值	自评	互评	教评	得分
工作能力（50分）	参与态度与沟通能力	与教师、同学能够保持多向、丰富、适宜的信息交流	5分				
	知识能力获得	掌握餐饮物资的类别	5分				
		能够对代表性餐用具进行正确归类	10分				
		了解常见餐饮器具的材质、用途	5分				
	素养达成	发现问题、提出问题、分析问题、解决问题、创新问题	5分				
		具备成本控制意识	5分				
		具备精益求精的工匠精神	5分				
任务得分（50分）	中餐宴会厅餐饮物资配备清单制作	清单内容完整	10分				
		物资配备种类齐全	10分				
		物资配备数量合理	10分				
		物资规格、样式描述清晰、准确，图文搭配，能体现宴会主题和场景要求	20分				
总结	进步						
	欠缺						
	改进措施						

任务二　西餐厅物资配备

学习要点

了解西餐厅物资的种类，以及在材质、样式上的特点，能够结合餐厅风格、经营面积等信息，为一间即将开业的西餐零点餐厅配备开业物资。

案例导入

某酒店咖啡厅全景图如图 4-1 所示，西餐咖啡厅桌面摆台如图 4-2 所示，西餐扒房全景图如图 4-3 所示，西餐扒房桌面摆台如图 4-4 所示。

图 4-1　某酒店咖啡厅全景图

图 4-2　西餐咖啡厅桌面摆台

图 4-3　西餐扒房全景图

图 4-4　西餐扒房桌面摆台

引导问题：

(1) 认真观察咖啡厅与西餐扒房的全景图，分析两者在家具配备上的区别。

(2) 咖啡厅与西餐扒房在摆台用具上有什么区别？

一、知识学习

(一) 家具类物资

西餐厅家具摆设通常包括欧式经典风格或者现代时尚风格两种类型。欧式经典风格多采用仿古木质家具，并且在细节上注重雕刻与装饰；而现代时尚风格则多使用流线型的金属家具，强调简约与实用。

(1) 餐桌。西餐厅在餐桌的配置中多选用长方形和正方形。此类餐桌可以根据使用场景的不同组合成多种不同形式和规格的餐桌，满足较多需求，用途较为广泛。

(2) 餐椅。高档西餐厅一般会选用带扶手和弹簧垫的餐椅，以舒适为主要原则。

(二) 餐用具

与中餐厅不同，西餐厅中金属餐饮器具使用较多，刀、叉、勺多为不锈钢材质，高档西餐厅还会用到银器。银器分为纯银和镀银两种，一般以镀银餐具为主。西餐厅常用餐具如图 4-5 所示。

(1) 正餐刀、叉。刀口较齐平，与正餐叉搭配，主要在食用主菜时使用。

(2) 鱼刀、鱼叉。吃鱼类菜肴的专用刀叉，比正餐刀叉略小，叉齿薄而尖。

(3) 扒刀。刀口锋利，刀刃有齿，主要在食用各类扒类食品时使用，如牛排、羊排等。

(4) 甜品刀、叉。吃甜品时使用，也作儿童用刀叉。

(5) 黄油刀。用于吃面包时涂抹黄油、果酱等。

图 4-5 西餐厅常用餐具

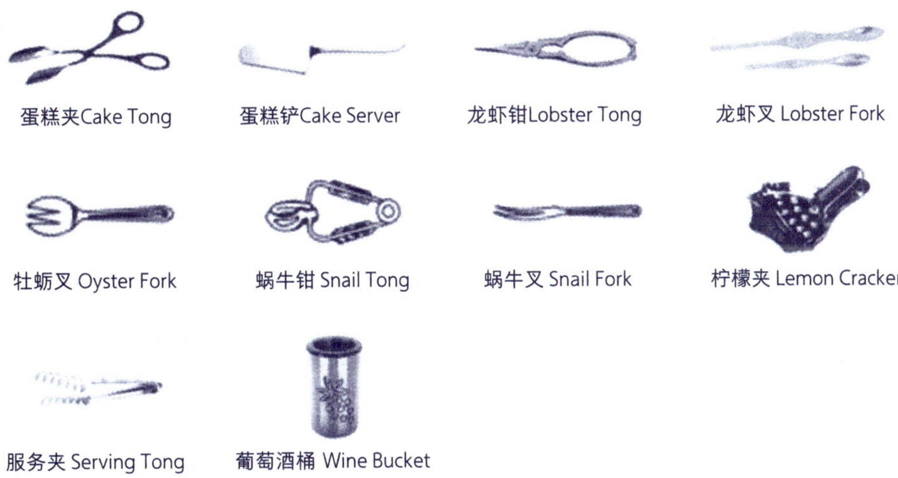

图 4-5　西餐厅常用餐具(续)

(6) 服务叉、勺。在服务时派菜使用。

(7) 咖啡勺。在喝咖啡或红茶时用于搅拌。

除以上常用餐具外,西餐中还有一些具有特别功能的服务用具,举例如下。

(1) 酒篮。用于存放和展示葡萄酒。

(2) 冰酒桶。用于白葡萄酒服务。

(3) 柠檬夹。用于夹柠檬块。

(4) 保温壶。用于存放热水、热咖啡、热茶等。

(5) 油醋架。用于摆放油醋瓶等。

(三) 餐厅布局规划

餐厅布局对于餐厅物资的配备至关重要,往往决定着餐厅家具类物资配备的数量及规格要求。

1. 餐厅空间的构成

(1) 就餐空间。是餐厅空间的主要构成部分,也是空间占比最大的部分,可分为大厅和包房。

(2) 公共空间。是餐厅里可供客人活动或观赏的空间。

(3) 服务空间。是餐厅为客人提供服务而必备的空间。

2. 餐位面积的确定

餐厅座位的设计、布局对物资配备的种类、数量影响较大。可以以餐厅面积为基准,按照不同类型餐厅的餐位面积(表 4-4),相对合理地确定桌椅的数量。

表 4-4　不同类型餐厅所需的餐位面积

类型	每餐位所需面积 /m^2
咖啡厅	1.4~1.6
自助餐厅	1.2~1.7

续表

类型	每餐位所需面积 /m^2
豪华餐厅	1.5~1.9
普通餐厅	0.9~1.4
快餐厅	1.1~1.4
宴会厅	1.1~1.3（舞池、乐队位置除外）
酒吧	1.2~1.4

二、任务工单

任务描述
一间餐厅面积为 160 m^2 的现代简约风格咖啡厅正在筹建，请各小组根据经营方式和面积，共同确定餐位数。按照分组，分别为餐厅配备不同类别的物资，撰写物资配备清单。 1. 家具类物资的配备 2. 餐具类物资的配备 3. 布草类物资的配备 4. 易耗品物资的配备
操作要求
1. 教师指导，师生共同确定餐位数量 2. 根据餐位数量，分小组进行物资的配备。明确各类物资的名称、规格、材质及数量，撰写餐饮物资配备清单 3. 明确西餐厅风格特点，在餐饮物资配备清单的备注栏中详细描述物资的样式 4. 将小组制作的物资配备清单进行汇报展示
素养提升
通过对西餐厅物资的认识与配备，学习者要了解西方饮食器具及相关文化，真实体会到中西方多元化的餐饮文化精髓与差异，在为我国深厚的饮食文化感到自豪的同时，正视西方饮食文化对我国餐饮文化的推动作用，树立尊重、团结、协作的世界观。西餐饮食多采用分餐制，客人之间平行而坐。分餐制就餐可以有效降低疾病传染的可能性，同时便于控制食物的量，既能做到营养均衡又不会造成浪费，符合中华民族勤俭节约的光荣传统，引领着一种简约适度、文明健康的生活新风尚

三、任务分组

<table>
<tr><td>班级</td><td colspan="2"></td><td>教师</td><td></td></tr>
<tr><td>组长</td><td colspan="2"></td><td>组名</td><td></td></tr>
<tr><td rowspan="6">组员</td><td>姓名</td><td>分工</td><td>姓名</td><td>分工</td></tr>
<tr><td></td><td></td><td></td><td></td></tr>
<tr><td></td><td></td><td></td><td></td></tr>
<tr><td></td><td></td><td></td><td></td></tr>
<tr><td></td><td></td><td></td><td></td></tr>
<tr><td></td><td></td><td></td><td></td></tr>
</table>

四、任务实施

工作活动 1

根据餐厅面积，在教师的指导下，共同确定餐台种类、数量及餐位数量。

<table>
<tr><td>餐台种类</td><td></td><td></td><td></td><td></td></tr>
<tr><td>餐台数量</td><td></td><td></td><td></td><td></td></tr>
<tr><td>餐位数量</td><td></td><td></td><td></td><td></td></tr>
<tr><td>餐位合计</td><td colspan="4"></td></tr>
</table>

工作活动 2

西餐厅物资配备清单

组名：____________

<table>
<tr><th>物资类别</th><th>序号</th><th>物资名称</th><th>规格</th><th>数量</th><th>材质</th><th>备注</th></tr>
<tr><td rowspan="6"></td><td></td><td></td><td></td><td></td><td></td><td></td></tr>
<tr><td></td><td></td><td></td><td></td><td></td><td></td></tr>
<tr><td></td><td></td><td></td><td></td><td></td><td></td></tr>
<tr><td></td><td></td><td></td><td></td><td></td><td></td></tr>
<tr><td></td><td></td><td></td><td></td><td></td><td></td></tr>
<tr><td></td><td></td><td></td><td></td><td></td><td></td></tr>
</table>

五、任务评价与总结

<table>
<tr><th>一级指标</th><th>二级指标</th><th>评价内容</th><th>分值</th><th>自评</th><th>互评</th><th>教评</th><th>得分</th></tr>
<tr><td rowspan="10">工作能力（50分）</td><td>信息检索能力</td><td>能使用数字化手段获取西餐厅物资的相关信息；能将查到的信息有效运用到学习中</td><td>5分</td><td></td><td></td><td></td><td></td></tr>
<tr><td>感知课堂生活</td><td>熟悉工作职责，认同工作价值，在学习中能获得满足感，认同课堂文化</td><td>5分</td><td></td><td></td><td></td><td></td></tr>
<tr><td>参与态度与沟通能力</td><td>积极主动与教师、同学交流，相互尊重、理解；与教师、同学能够保持多向、丰富、适宜的信息交流</td><td>5分</td><td></td><td></td><td></td><td></td></tr>
<tr><td rowspan="4">知识能力获得</td><td>认识不同餐饮物资类别代表性餐用具</td><td>5分</td><td></td><td></td><td></td><td></td></tr>
<tr><td>能够根据餐厅面积，简单规划布局，确定餐位数</td><td>5分</td><td></td><td></td><td></td><td></td></tr>
<tr><td>能根据餐台和餐位数的不同，合理配备物资</td><td>5分</td><td></td><td></td><td></td><td></td></tr>
<tr><td>了解常见餐饮器具的材质、用途</td><td>5分</td><td></td><td></td><td></td><td></td></tr>
<tr><td rowspan="3">素养达成</td><td>发现问题、提出问题、分析问题、解决问题、创新问题</td><td>5分</td><td></td><td></td><td></td><td></td></tr>
<tr><td>具备成本控制意识</td><td>5分</td><td></td><td></td><td></td><td></td></tr>
<tr><td>具备精益求精的工匠精神</td><td>5分</td><td></td><td></td><td></td><td></td></tr>
<tr><td rowspan="4">任务得分（50分）</td><td rowspan="4">西餐厅物资配备清单</td><td>清单内容完整</td><td>10分</td><td></td><td></td><td></td><td></td></tr>
<tr><td>物资配备种类齐全</td><td>15分</td><td></td><td></td><td></td><td></td></tr>
<tr><td>物资配备数量合理</td><td>10分</td><td></td><td></td><td></td><td></td></tr>
<tr><td>物资规格、样式描述清晰、准确，能体现西餐厅风格和场景要求</td><td>15分</td><td></td><td></td><td></td><td></td></tr>
<tr><td rowspan="3">总结</td><td>进步</td><td colspan="6"></td></tr>
<tr><td>欠缺</td><td colspan="6"></td></tr>
<tr><td>改进措施</td><td colspan="6"></td></tr>
</table>

任务三　酒吧物资配备

学习要点

通过本任务的学习，了解酒吧的功能布局，能够根据酒吧的风格及所经营的饮品恰当地配备物资。

案例导入

扫描二维码，观看酒水调制视频。

引导问题：

视频中酒水的调制使用了哪些器具？

视频：鸡尾酒调制（红粉佳人）

一、知识学习

（一）酒吧的功能布局

酒吧布局要依据现有的建筑结构，体现酒吧独特的主题需求。通常酒吧内可分为以下几个功能区。

(1) 吧台区。此区域是酒吧的核心部分，主要是向客人提供酒水和其他服务的工作区域。

(2) 音控区。是酒吧灯光音响的控制中心，可以为客人提供音乐服务，还可以根据场景不同调节灯光，营造酒吧氛围，满足客人视听需要。

(3) 休闲娱乐区。为客人提供如飞镖、台球、卡拉 OK 等娱乐活动的区域。

(4) 服务座位区。服务座位区主要功能为供客人聊天、交流。酒吧不同，座位区布置也各不相同，有卡座式、圆桌围坐式等。部分酒吧还会配以包间，主要是为一些不愿被打扰的团体或友人聚会所提供的大小不一的场所。此区域的物资多以家具类物资为主。

（二）吧台区常用物资

酒吧的吧台区域以饮品制作为主要功能。在饮品制作过程中，需要大量初加工及保鲜冷藏设备。同时根据制作饮品的种类不同，选用的载杯也有所不同。

1. 吧台设备

(1) 冰箱。冰箱主要用于冷藏酒水饮料、保存调酒用品，柜内温度要求保持在 4~8℃。冰箱内部分层、分隔，以便存放不同种类的酒品和调酒用品。

(2) 葡萄酒储存柜。葡萄酒储存柜是一种模仿葡萄酒自然储藏条件设计出来的酒柜储藏设备，与酒窖的恒温特性一样，它拥有葡萄酒保存的理想环境，可用来保存葡萄酒，具有恒温、恒湿等特点。

(3) 制冰机。制冰机是酒吧中制作冰块的机器,可自行选用不同的型号。冰块形状可以分为正方形、球形、椭圆形和长方形等多种。正方形的冰块用起来效果较好,不容易融化。

(4) 碎冰机。酒吧中因调酒需要许多碎冰,碎冰机也是一种制冰机,但是制作出来的冰均为碎粒状。

(5) 冰杯机。冰杯机是用来冷冻、冰镇酒杯的设备。

(6) 苏打机。苏打机是用来分配含气饮料的装置。这个装置包括 1 个喷嘴和多个按钮,如苏打水、汤力水、可乐、七喜、薄荷水等,它可以保证饮品供应的一致性。

(7) 洗杯机。洗杯机中有自动喷射装置和高温蒸气管。一般将酒杯放入杯筛中再放进洗杯机里,调好程序按下电钮即可清洗。有些较先进的洗杯机还有自动输入清洁剂和催干剂装置。

(8) 电动搅拌机。电动搅拌机是一种广泛应用于制作冰沙饮料的小型电器。

2. 必备调酒工具

(1) 酒吧匙。是一种不锈钢制品,一边是匙,另一边是三尖装饰叉,匙柄呈螺旋状,有大小两种型号,主要用于搅拌饮品和装饰。

(2) 量酒器。又称为盎司杯,是一种用来计量酒水容器的金属杯,通常有大、中、小 3 种型号,且每一种量酒器两端容量都不同,大号量酒器容量为 30~60 ml;中号量酒器容量为 30~45 ml;小号量酒器容量为 15~30 ml。

(3) 滤冰器。是圆形带把状器具,上面有一段可取下的弹簧圈,当鸡尾酒调好后,把它架在调酒壶或调酒杯口上,可以防止冰块滑落。

(4) 三件式摇酒壶。又称为雪克壶,多为不锈钢制品,主要由壶身、过滤网、壶盖三部分组成,分为 250 ml、350 ml、550 ml、750 ml 的。

波士顿摇酒壶。又称为美式或花式调酒壶,主要由两部分组成:金属壶身[也叫“听”(Tin)]和上盖玻璃杯。

(5) 搅拌杯。又称为混合杯,是由玻璃或水晶制成的容器。在搅拌杯中加入冰块时,用酒吧匙搅拌可使酒体混合、降温、稀释,搅拌杯也可用作波士顿摇酒壶的玻璃杯部分。搅拌杯经常用来做干马天尼(Dry Martini)或曼哈顿(Manhattan)一类的鸡尾酒。

(6) 捣棒。用于在调制鸡尾酒时碾压或捣碎食材,如薄荷、水果或糖块等,以增添香气和风味。捣棒的材质分为木质、不锈钢和塑料 3 种。

(7) 水果刀。主要是用来切装饰配料的,因此一般推荐长 4 ft(1 ft=30.48 cm)左右的直刃水果刀。这个长度的刀刃既可以切较小的青柠,也可以处理较大的橙子。

(8) 香料磨粉器。主要用于调制鸡尾酒时将一些香料(如肉桂粉、豆蔻等)磨成粉,以洒在鸡尾酒上。

(9) 鸡尾酒沾边盒。酒吧沾边盒采用优质食品级塑料精制而成,多层构造,具有多种功能(托盘层、带海绵的果汁层、盐层、糖层),满足专业酒吧调酒需求,主要用于鸡尾酒装饰。

(10) 酒嘴。专门为花式调酒而设计，安装在酒瓶口上，用来控制倒出的酒量，使表演更加连贯、顺畅。酒嘴有不锈钢和塑料两种，出酒口向外插入瓶口即可使用。

(11) 榨汁器。鸡尾酒制作中榨水果、蔬菜汁的工具。

3. 酒吧常用载杯

(1) 古典杯(Old Fashioned & Rock Glass)。又称为老式酒杯或岩石杯，原为英国人饮用威士忌的酒杯，也常用于装载鸡尾酒，现多用此杯盛烈性酒加冰。古典杯呈直筒状或喇叭状，杯口与杯身等粗或稍大，无脚，容量为 6~8 盎司。

(2) 海波杯(HighBall Glass)。又称为高球杯，为大型、平底的直身杯，多用于盛装长饮类鸡尾酒或软饮料，一般容量为 8~12 盎司。

(3) 柯林杯(Collins Glass)。又称为长饮杯，其形状与海波杯相似，只是相比海波杯细而长，其容量为 12 盎司。长饮杯常用于调制“汤姆柯林”一类的长饮，其他长饮混合酒也可以用这种杯子，饮用时通常要插入吸管。

(4) 飓风杯(Hurricane Glass)。粗犷型长饮酒杯的代名词，一般是矮脚杯，杯身上大下小，收腰、底厚，容量为 12~14 盎司，主要盛装长饮类饮料。

(5) 白兰地杯(Brandy Snifter)。形似郁金香，杯口小而呈收敛状，容量规格为 224~336 毫升。

(6) 白葡萄酒杯(White Wine Glass)。一般容量为 168 ml，用于喝白葡萄酒。

(7) 红葡萄酒杯(Red Wine Glass)。一般容量为 224 ml，用于饮用红葡萄酒和用其制作的鸡尾酒。

(8) 浅碟型香槟杯(Champagne Saucer)。外形为高脚、宽口、杯身低浅的杯子，可用于盛装鸡尾酒或软饮料，还可以叠成香槟塔。

(9) 郁金香型香槟杯(Champagne Tulip)。外形是高脚、长杯身，呈郁金香花造型的杯子，可用于盛放香槟酒，细饮慢啜，并能充分欣赏酒在杯中气泡的乐趣。

(10) 鸡尾酒杯(Cocktail Glass)。是高脚杯的一种，杯具外形呈三角形，杯底有尖形和圆形，脚为修长或圆粗，光洁而透明，杯具的容量为 3~6 盎司，其中 4.5 盎司的鸡尾酒杯用得最多。专门用来盛放各种短饮。

(11) 烈酒杯(Shot Glass)。又称为一口杯、子弹杯，指一口就能喝光的小容量杯子。烈酒杯用于各种烈性酒(白兰地除外)“净饮”和舒特系列鸡尾酒出品，一般为无色透明的酒杯。

(12) 雪利酒杯(Sherry Glass)。是饮用雪莉酒、波特酒等甜酒的杯子，细长而精致，高脚，杯体呈花骨朵状，容量为 2~3 盎司。

(13) 玛格利特杯(Margarita Glass)。是高脚、宽酒杯，其造型特别，杯身呈梯形状，并逐渐缩小至杯底，用于盛装玛格利特鸡尾酒或其他长饮类鸡尾酒，容量为 7~9 盎司。

(14) 利口酒杯(Liqueur Glass)。为小型高脚杯，杯身呈管状，用来盛装五光十色的利口酒、彩虹酒等，也可以用于盛装伏特加酒、朗姆酒、特基拉酒的净饮，其容量为 30 ml。

(15) 皮尔森杯(Pilsner Glass)。有平底和矮脚两种主要类型，杯口略呈喇叭状，容量规格约为 228 ml。在酒吧中，女士们常用这种杯喝啤酒。

(16) 生啤杯(Beer Mug)。容量规格为 336~504 ml，在酒吧中一般用于喝生啤酒。

(17) 波特酒杯(Port Glass)。酒杯形状小且细长,有助于品酒者更关注果香、橡木香和各种香料的香气,容量约为 2 盎司。

(18) 爱尔兰咖啡杯(Irish Coffee Glass)。大多用于盛放以咖啡、威士忌为原料制成的鸡尾酒,采用抗热材料做成,带有杯脚和矮矮的杯柄,容量为 6 盎司,在杯身 7 分满处有一条金线,意思为咖啡倒入至此,上部即可漂浮奶油。

(19) 波可杯(Poco Grande)。是冰沙系列鸡尾酒的专用杯,也可用于长饮类鸡尾酒。波可杯拥有凹槽碗状杯体,容量一般为 13.25 盎司,宽的环状杯缘适合添加新鲜水果的装饰物。

(20) 宾治盆(Punch Powl)。是调制宾治酒时使用的大型容器,有玻璃材质的、银质的、不锈钢材质的,便于多种果汁、酒类的混合及宾治酒的分杯。

4. 饮料服务工具

(1) 服务托盘。是圆形的软木面托盘,一般有 10 in(1 in=2.54 cm)和 14 英寸两个型号。

(2) 账单托盘。是呈递账单,找零和交送信用卡的工具。

(3) 鸡尾酒纸巾。是垫在饮料杯下面供客人用的纸巾。

(4) 吸管。用于高杯饮料的对客服务。

(5) 搅棒。供客人搅匀鸡尾酒使用,能够充分混合饮料。

(6) 装饰签。用于串上樱桃等点缀酒品。

二、任务工单

任务描述

酒吧有不同的种类,所经营的饮品也具有一定差异。请按照分组,选取一类酒吧,按照其经营的酒单,进行调酒用具及载杯的配备

1. 主酒吧物资的配备。主酒吧也叫英美正式酒吧,有足够的吧凳、酒水、载杯及调酒器具。客人直接面对调酒师坐在吧台前,当面欣赏调酒师的操作。此类酒吧经营品类齐全,客流量大,周转较快。以下是某主酒吧酒单中的 10 款饮品,请根据饮品配备物资

啤酒	鸡尾酒
科罗娜	红粉佳人
清酒	新加坡司令
獭祭	教父
烈酒	长岛冰茶
威士忌	蓝色夏威夷
白兰地	黄酒
	古越龙山

续表

<table>
<tr><td>2. 行政酒廊物资的配备。酒廊通常带有咖啡厅的形式特征，格调及装修布局也近似，主要经营各式啤酒和鸡尾酒，同时为客人提供下午茶服务。以下是某酒店行政酒廊酒水单中的 10 款饮品，请根据饮品配备物资

<table>
<tr><th>白葡萄酒</th><th>鸡尾酒</th></tr>
<tr><td>库姆河酒庄霞多丽</td><td>玛格丽特</td></tr>
<tr><th>红葡萄酒</th><td>干马天尼</td></tr>
<tr><td>张裕赤霞珠</td><td>莫吉托苏打</td></tr>
<tr><th>起泡葡萄酒</th><td>尼格罗尼</td></tr>
<tr><td>卓尔系列起泡酒</td><th>咖啡</th></tr>
<tr><th>烈酒</th><td>卡布奇诺</td></tr>
<tr><td>金酒</td><td></td></tr>
<tr><td>伏特加</td><td></td></tr>
</table>
</td></tr>
<tr><td>操作要求</td></tr>
<tr><td>1. 了解酒单中各饮品的服务方法
2. 根据酒单，列举出所使用的载杯及调制过程中使用的器具
3. 撰写物资配备清单
4. 按照物资配备清单制作 PPT 进行汇报展示</td></tr>
<tr><td>素养提升</td></tr>
<tr><td>酒水调制不仅是一门技能，需要具备科学精神和艺术感知力。在酒水调制过程中会使用各式各样的调酒器具，如量酒器、搅拌匙等。这些器具的应用可以有效把控酒水的配比、分量、温度及口味，体现着一种精益求精的工作态度和工作方法</td></tr>
</table>

三、任务分组

<table>
<tr><td>班级</td><td></td><td>教师</td><td></td></tr>
<tr><td>组长</td><td></td><td>组名</td><td></td></tr>
<tr><td>组员</td><td colspan="3">
<table>
<tr><th>姓名</th><th>分工</th><th>姓名</th><th>分工</th></tr>
<tr><td></td><td></td><td></td><td></td></tr>
<tr><td></td><td></td><td></td><td></td></tr>
<tr><td></td><td></td><td></td><td></td></tr>
<tr><td></td><td></td><td></td><td></td></tr>
<tr><td></td><td></td><td></td><td></td></tr>
</table>
</td></tr>
</table>

四、任务实施

工作活动 1

按照酒吧酒单中所列举的 10 款饮品，填写餐酒用具物资配备清单。

组名：__________　　　　酒吧类型：__________

饮品名称	物资种类	所需配备的物资
	调酒用具	
	载杯	
	饮料服务工具	
	调酒用具	
	载杯	
	饮料服务工具	
	……	
……	……	
	……	

工作活动 2

组名：	PPT 名称：
PPT 模板选择	
主要内容	
文字、图片及音频视频等链接	
PPT 讲解展示要点	

五、任务评价与总结

一级指标	二级指标	评价内容	分值	自评	互评	教评	得分
工作能力（50 分）	信息检索能力	能使用数字化手段获取酒吧物资的相关信息等；能将查到的信息有效运用到学习中	5 分				
	感知课堂生活	熟悉工作职责，认同工作价值，在学习中能获得满足感，认同课堂文化	5 分				
	参与态度与沟通能力	积极主动与教师、同学交流，相互尊重、理解；与教师、同学能够保持多向、丰富、适宜的信息交流	5 分				

续表

一级指标	二级指标	评价内容	分值	自评	互评	教评	得分
工作能力（50分）	知识能力获得	掌握酒吧功能区的主要作用及基本物资	5分				
		了解不同类型酒吧的特点，能够匹配可经营的饮品	5分				
		了解饮品制作所使用的器具	10分				
	素养达成	发现问题、提出问题、分析问题、解决问题、创新问题	5分				
		具备成本控制意识	5分				
		具备精益求精的工匠精神	5分				
任务得分（50分）	酒吧物资配备清单及PPT制作展示	了解酒单中各饮品的服务方法	5分				
		配备调酒用具合理	15分				
		载杯的配备符合需求	15分				
		PPT制作结构合理，思路清晰，整体界面美观、布局合理、文字清晰、字体恰当	5分				
		PPT使用了图片、音视频、文本等多种形式	5分				
		语言流畅、表述清晰、逻辑性强	5分				
总结	进步						
	欠缺						
	改进措施						

项目二　餐饮物资的使用与保养

● 知识目标

1. 掌握餐饮物资在餐厅运营中的流转过程。
2. 了解餐饮物资在使用过程中产生损耗的原因和防控方法。
3. 掌握不同类型餐饮物资的清洗、消毒及保养程序。

● 能力目标

1. 能够分析在宴会各环节中餐饮物资损耗的风险点，并提出防控措施。
2. 能够设计、填写物资管理、损耗等相关表格。
3. 能对不同类型的餐饮物资进行清洗、消毒及保养。

● 素养目标

1. 具有卫生意识，具备饮食卫生安全管理素养。
2. 具有标准化工作意识，养成遵守规范的良好职业习惯。
3. 具有成本控制意识，树立绿色发展理念。

任务一　大型宴会餐具使用与管理

学习要点

通过学习，了解餐具在使用过程中的流转过程，以及在使用中可能产生损耗的危险点。通过分析、纠正，规范餐具的使用方法和服务操作标准，减少物资损耗，降低经营成本。

案例导入

餐具使用及保管过程如图 4–6 所示。

引导问题：

仔细观察餐具使用及保管过程中的图片，分析物品使用及保管过程中存在的问题。

图 4-6　餐具使用及保管过程

一、知识学习

（一）餐具损耗原因及处理办法

餐具损耗主要包括破损、流失、损坏等情况。做好餐具损耗控制，需要在物资流转全过程中规范操作、精准把控。

1. 餐具破损

餐具破损的原因主要包括两个：一是人为破损，二是使用时间长或质量差而造成的自然破损。通常，玻璃器皿和瓷器破损率最高；楼面使用的小餐具破损率较低，厨房使用的大餐具破损率较高；由服务员保管的餐具破损率较小，由洗涤部管理的餐具破损率较高。

餐具人为破损的原因包括以下几个方面。

(1) 餐具装叠过高、过多或不整齐，运送过程中造成餐具滑落。

(2) 餐具收送时未进行分类，大餐具压小餐具，造成挤压破损。

(3) 洗碗间餐具台上餐具清理不及时，太多太乱，服务员不方便下栏，使餐具继续堆积以致压破或倾倒。

(4) 将玻璃杯装入不合适的杯筐，使杯子因受挤压而破损。

(5) 擦拭时用力不当，造成破损。

2. 餐具流失

一般来说，餐具流失的原因包括以下几个方面。

(1) 生意忙时，员工不小心将餐具同垃圾一起倒入垃圾桶。

(2) 因其他部门拿用而遗失，或因其他部门借用后无人跟进收回而遗失。

(3) 少数客人用餐后将餐具拿走。

(4) 盘点时不认真，造成漏盘假象丢失。

3. 客人损坏餐具的处理程序

客人在就餐中损坏餐具，金额较大或故意损坏时，应该进行赔偿，处理程序如下。

(1) 服务人员迅速清理现场，及时为客人换上新的餐具，然后委婉地告诉客人需要赔偿。

(2) 客人没有异议时，服务人员需及时上报损坏餐具的数量、品名、赔偿价格等信息，并附到客人消费账单后面。

(3) 营业结束后，服务人员要及时上报领班，进行登记并申领新餐具。

4. 员工损坏餐具的处理方式

(1) 若员工在工作中不慎损坏餐具，则应立即上报领班进行记录并申领新餐具，可以不立即赔偿，先做好记录，月底根据餐具破损率进行一次性赔偿。

(2) 员工如是故意（因工作态度不好）损坏餐具物品，则领班有权当场开赔偿单，赔偿金额应比进价高。

(3) 所有赔偿须上报餐厅和财务部，并做好记录，附员工赔偿的收据。

（二）餐具损耗控制

1. 破损管理

(1) 所有餐厅、厨房根据破损管理规定进行破损管理，如产生破损，则将破损餐具放进破损箱中并规范填写《遗失、破损、变质报告表》（表 4–5），包括名称、数量、单价、金额，部门负责人签字确认。各营业点按规定时间将破损记录和破损餐具交到管事部，经管事部和成本控制部门确认后方可丢弃。

表 4-5 遗失、破损、变质报告表

遗失、破损、变质报告表				
申报部门		部门经理		
部门副总监		部门总监	日期	
品名	报损数量	单价	报损金额	备注
遗失、破损、变质原因				
财务审核		财务副总监		财务总监
副总经理		总经理		

(2) 送餐部对每次送餐时送至客人房间的配备物品做详细记录，如房间号、时间、物品名称、数量及收回时间。对于不能收回的、破损的或者丢失的物品，须及时填写《遗失、破损、变质报告表》，并交给管事部。

(3) 举办大型宴会需要借用餐具时，应事先填写《餐具领用申请单》，由宴会负责人和管事部经理双方签字确认后，按照管事部流程操作登记出货；借用部门在使用完毕后按实际借用数量及时归还，如有差异，则由管事部仓管填写报告，经使用部门签字确认。

2. 盘点

盘点是指仓储管理人员对库存物资进行点数清查，将实际库存数与物资管理账目相核对，以及时发现库存物资数量上的差异，及时采取相应措施。按照盘点的频率不同，可分为日常盘点、定期盘点和临时盘点。

(1) 管事部每月末会对所有餐厅、厨房进行实物盘点，各营业点对出现差异的项目要进行跟踪管理并做出合理解释。所有产生的盘点差异须经部门负责人签字确认后交给管事部存档。

(2) 管事部每半年会对餐厅流转的餐具进行实物盘点，各营业点对出现差异的项目要进行跟踪管理并作出合理解释。所有产生的盘点差异经部门负责人签字确认后交给管事部存档。

3. 行为操作管理

(1) 对新员工进行餐具损耗控制的相关培训，帮助员工熟悉工作过程、规范操作。

(2) 各营业点之间的餐具调拨和管事部物品领、借用都要填写相应的单据，经部门负责人签字确认，所有单据必须亲自交给管事部，管事部将负责记录。

二、任务工单

任务描述
大型宴会是酒店常见的经营业务，在宴会的准备到结束过程中，餐具在餐饮部内部始终处于流转状态，所经历的营业点多，接手的员工多，容易引发餐具损耗的风险点也多，因此对员工进行行为操作方面的培训尤为重要。为帮助新员工熟悉大型宴会中餐具管理与使用的方法与操作标准，管事部拟编制损耗控制方案。请按照宴会餐具流转过程，分析可能产生餐具损耗的风险点，提出防控措施，制定相关管理表格，形成《大型宴会餐具损耗控制方案》
操作要点
1. 了解在大型宴会中物资领用—使用—收撤—清洗—回收的全过程 2. 按照大型宴会餐具流转过程，将学习者分为传菜组、服务组、清洁组、库管组 4 个小组 3. 库管组根据工作范畴，编写餐具领用交接、餐具进出库明细、餐具物资盘点等相关管理表格 4. 其他小组梳理本组工作过程中可能产生餐具损耗的风险点，并有针对性地提出控制损耗的解决方案 5. 各小组分别汇总大型宴会餐具流转过程中餐具损耗的控制方法及餐具流转相关制度、表格，形成《大型宴会餐具损耗控制方案》，该方案还应有餐具传递流程图、各组工作的操作规范及餐具回收后的盘点要点等
素养提升
精细化管理不仅是一种理念，还是一种文化。在餐具使用过程中，按照餐具流转环节，制定相应的使用管理规章制度和餐具损耗控制方案，可以有效提升员工操作规范，优化宴会服务流程，减少物资损耗，降低经营费用

三、任务分组

班级		教师			
组长		组名			
组员	姓名	分工	姓名	分工	

四、任务实施

工作活动 1

组名：________

餐具领用交接表格	
餐具进出库表格	
餐具物资盘点表格	

工作活动 2

餐具损耗风险分析表

组名：

餐具流转的上一环节：　　　　　　　　餐具流转的下一环节：

本环节的主要工作内容	餐具可能产生损耗的风险点	防控措施	标准工作流程

工作活动 3

运用世界咖啡教学法引导小组进行组间交流。

组名：	讨论主题：
其他小组给予的反馈：	
根据其他小组建议，对原有餐具损耗风险分析表进行完善。	

工作活动 4

组名：__________

大型宴会餐具损耗控制方案	

五、任务评价与总结

一级指标	二级指标	评价内容	分值	自评	互评	教评	得分
工作能力（50 分）	信息检索能力	能使用数字化手段获取餐具管理的相关信息等；能将查到的信息有效运用到学习中	5 分				
	感知课堂生活	熟悉工作职责，认同工作价值，在学习中能获得满足感，认同课堂文化	5 分				
	参与态度与沟通能力	积极主动与教师、同学交流，相互尊重、理解；与教师、同学能够保持多向、丰富、适宜的信息交流	5 分				
	知识能力获得	餐饮物资损耗产生的原因	10 分				
		餐饮物资损耗的控制方法	10 分				
	素养达成	发现问题、提出问题、分析问题、解决问题、创新问题	5 分				
		具有标准化的工作意识	5 分				
		具备精益求精的工匠精神	5 分				
任务得分（30 分）	餐具管理表格设计（库管组）	餐具领用交接表格设计内容完整、合理	10 分				
		餐具进出库明细表格设计内容完整、合理	10 分				
		餐具物资盘点表格内容完整、合理	10 分				
任务得分（30 分）	餐具损耗风险分析表（传菜组、服务组和清洁组）	岗位工作任务准确、清晰	5 分				
		风险点提取准确，原因分析到位	10 分				
		对风险点提出的防控措施准确、可操作性强	10 分				
		能够根据物资损耗产生的原因，提出标准化的操作规范	5 分				

续表

一级指标	二级指标	评价内容	分值	自评	互评	教评	得分
任务得分（20 分）	大型宴会餐具损耗控制方案	内容完整、准确	8 分				
		条理清晰	6 分				
		语言流畅、简洁明了，适合培训使用	6 分				
总结	进步						
	欠缺						
	改进措施						

任务二　餐饮物资的清洁与保养

学习要点

通过学习，了解不同类型餐饮物资的清洁方法及流程，能够根据餐饮物资特点选取恰当的清洗剂、消毒方式及保养方法，妥善完成物资清洁与保养。

案例导入

扫描二维码，观看某酒店餐具清洗视频，并回答问题。

视频：餐具清洗

引导问题：

(1) 餐具清洁流程包括哪些步骤？

(2) 清洁后的餐具应达到什么标准？

一、知识学习

（一）餐具的卫生标准

餐具卫生对于食品安全至关重要。在大型宴会过后，收撤下来的餐具需要进行清洗和消毒。总体来说，餐具需要做到无油腻、无污渍、无水迹、无细菌。

1. 餐具的清洗流程

规范的餐具清洗流程是确保餐具卫生清洁的前提。在清洗时可以遵循收—刮—冲—洗—放的流程来进行清洗。

(1) 收。宴会结束后对餐具进行收撤，此过程中需要按照餐具的材质、规格进行分类摆放，防止造成破损。对于贵重餐具需要核查数量，确保餐具完整。

(2) 刮。用刮铲、刷子或其他工具刮除盘、碗中的剩菜。

(3) 冲。先将分类后的餐具装进塑料筐内进行清洗,再用高压水枪进行清洗,冲掉污物。

(4) 洗。清洗的主要目的是洗去餐具中的油污,可分为手工清洗和机器清洗。

(5) 放。清洗后的餐具要放到筛筐内,做到小碟、小碗在前,大碟、大碗在后,分类存放。

2. 餐具的消毒方法

在用洗碗机洗涤餐具的同时,进行高温消毒。如采用手工清洗,则在餐具清洗之后进行消毒操作。常见的消毒方法包括物理消毒法和化学消毒法。

(1) 物理消毒法。利用热力来灭杀病原微生物,常用的有煮沸消毒法、蒸汽消毒法和红外线消毒法。煮沸消毒时需将餐具置于网篮中,在水中煮沸 15 min 以上。蒸汽消毒时,温度一般控制在 100℃,并保持 20 min 以上。红外线消毒时,温度须控制在 120℃以上,并保持 15 min 以上。

(2) 化学消毒法包括含氯消毒剂消毒法、酒精消毒法、漂白粉消毒法和 84 消毒法。

① 含氯消毒剂消毒法。含氯消毒剂因其强大的氧化能力而广泛应用于餐具消毒。使用时,须按照产品说明配制消毒液(消毒液中的有效氯浓度宜在 250 mg/L 以上)。消毒时,将餐具浸泡在溶液中 5~15 min,之后用流动清水冲洗干净。此方法适用于大部分耐腐蚀的餐具材质,如不锈钢、陶瓷、玻璃等。不建议用于铝制、铜制或有镀层的餐具,因为含氯消毒剂可能对其造成腐蚀或损坏表面处理层。

② 酒精消毒法。其消毒效果不如含氯消毒剂消毒法,常用于塑料及金属刀叉小面积擦拭消毒,而非用于大量餐具消毒。若使用酒精消毒餐具,则一般推荐浓度为 70%~75% 的,通过擦拭方式进行。

③ 漂白粉消毒法。通常餐具消毒使用 0.5% 的漂白粉溶液浸泡 30 min。漂白粉消毒法适用于耐氯材质的餐具,如陶瓷、玻璃、不锈钢等;不适用于易被漂白粉腐蚀的有色金餐具,以及木制、竹制或漆器等可能被漂白粉损害的餐具。

④ 84 消毒法。84 消毒液作为一种含氯消毒剂,其消毒方法与含氯消毒剂消毒法类似。操作时,将餐具浸泡在稀释后的 84 消毒液中,消毒后同样需要充分冲洗。84 消毒液具有强氧化性,能有效杀灭绝大多数病原微生物,但必须正确稀释,不可与其他清洁剂混用,尤其是不能与酒精混合,以免产生危险反应。

(二) 餐饮物资的保养

1. 餐具保养和管理

餐具是餐厅营销和服务不可缺少的器皿,它反映了餐厅的特色、风格,同时对美化餐厅和方便服务具有一定的作用。科学地保养、管理餐具可以有效延长餐具的使用寿命,减少损耗,降低餐厅成本。

(1) 瓷器保养和管理。瓷器是餐厅服务和营销常用的器皿。通常,瓷器餐具有完整的釉光层,菜盘的边缘有一道服务线,以方便服务。瓷器每次使用完毕都要洗净消毒,用专用抹布擦干水渍后分类;在堆叠管理时,尽量堆放在架子下,高度以便于放入和取出为宜,用台布覆盖,避免落入灰尘;在搬运时,要装稳托平,防止碰撞。

(2) 玻璃器皿保养和管理。玻璃器皿主要指玻璃杯,玻璃器皿要求经常清点,妥善保管。各种水杯、酒杯用过后都要用干净布巾擦干水渍，保持杯子透明光亮；擦干后的杯子要扣在盘子内，依次排列，安全放置。较大的水杯和高脚杯要有专用木格子或塑料格子存放，小的杯子放在特制小格子内。存放杯子时，切忌重压或碰撞，以防止破裂。有损伤和裂口的酒水杯应立即拣出，保证客人用餐安全。

(3) 银器保养与管理。银器属于贵重的餐具，一般都由餐饮后勤管理部门专人负责保管，对银器分种类登记造册，餐厅使用的银器需要每天清点。

银餐具在使用过程中，会因为高温、硬物摩擦、清洁不当、接触酸性或其他化学用品而留下斑迹，因此使用完后需妥善保养，可将银器浸泡在碳酸钠溶液中，先加温至发热为止，使其恢复光泽，再进行抛光。

2. 家具保养和管理

餐厅家具主要指餐桌、餐椅、酒柜、服务柜、茶几、沙发和转盘等。木质家具是餐厅最常用的家具。木质家具受潮后容易膨胀，因此切忌把湿毛巾、湿抹布等放在家具上，如果发现有潮湿的布件在家具上应马上拿掉，见到餐桌和餐椅有水渍要及时擦干。同时，木质家具受到阳光暴晒容易收缩，因此要避免家具因遭受阳光暴晒而变形、发生裂缝和色泽减退等。在有暖气设备的餐厅中，家具的摆设不能靠近暖气片，以防止被烘干而破裂。

为保持木质家具色泽光亮，除了经常用干燥柔软的抹布擦拭家具，还须为家具定期上蜡打光。打蜡时先在家具表面上除尘，然后涂一层薄薄的白蜡，用洁白的绒布反复擦拭，直至光亮。

3. 布草的保养与管理

餐厅布草使用后要及时清洗，妥善保管，切忌以台布包裹在地板上拖。换下来的潮湿布件应及时送走，来不及送的应晾干过夜。桌布、桌裙等应轮换使用，以减轻布草的破损和避免久放发脆。

4. 地毯的保养与管理

地毯的使用与保养要求很高。每天要用吸尘器清除废物纸屑，吸掉灰尘，保持清洁。如果发现地毯上有痰迹、墨迹，则应及时用少许肥皂水揩擦干净，晾干。有油迹的地方可用汽油揩擦。收藏地毯时，必须首先去掉灰尘、洗刷干净，放樟脑丸，卷成筒形，用纸包好，储藏于干燥通风的地方，以防止虫蛀发霉；另外，要定期用洗地毯机彻底清洁地毯。

二、任务工单

任务描述
请学习者按照分组，选取下列中的一类餐饮物资，填写物资清洁保养规范 1. 易变形的不锈钢餐具。不锈钢餐具在餐厅中非常常见，常因其易清洁和卫生性能好而受到青睐。但有些不锈钢餐具，如长柄勺、细长的餐叉或刀，因其结构比较脆弱，故容易在弯曲或压力下变形；又如餐叉，因其餐齿较细密，故在清洁时往往不容易清洁干净。请根据此类物资的特点，填写清洁保养规范 2. 金银器餐具。金银器餐具因其贵重和独特的光泽而备受推崇，在清洁和保养时往往具有独特的清洁保养规范，以保持其美观和使用寿命。请根据金银器具的特点，填写清洁保养规范 3. 木质家具。餐厅中的木质家具不仅为用餐环境增添了自然温暖的氛围，还因其耐用和优雅的外形广受欢迎。请根据木质家具的特点，填写清洁保养规范

续表

4. 玻璃器具。玻璃器具在餐厅中广泛使用，其不仅美观、通透，还便于清洁消毒。在清洁保养的过程中，如果操作不当，则容易造成物品的损耗及划伤。请根据玻璃器具的特点，填写清洁保养规范
操作要点
1. 查阅资料，了解餐具清洁药水的种类、适用范围及使用方法 2. 查阅资料，了解餐饮物资的清洁流程 3. 根据每类物资的特点，填写物资保养规范
素养提升
党的二十大报告中提出，倡导绿色消费，推动形成绿色低碳的生产方式和生活方式。绿色生活方式是一种简约适度、节俭低碳的生活方式，需要持续提升人们的节约意识、环保意识，引导全社会积极参与生态环境保护，自觉践行绿色生活理念。恰当合理地对餐饮物资进行清洁保养，可以大大延长餐饮物资的使用寿命，节省餐厅经营成本，推动形成绿色生活方式

三、任务分组

班级		教师		
组长		组名		
组员	姓名	分工	姓名	分工

四、任务实施

工作活动 1

物资清洁保养规范

组名：____________

物资类别				
环节	方法	标准	周期	责任岗位
清洁				
消毒				
保养				

工作活动 2

运用世界咖啡教学法引导小组进行组间交流。

组名：	讨论主题：
其他小组给予的反馈：	
根据其他小组建议，对原有物资清洁保养规范进行完善。	

五、任务评价与总结

一级指标	二级指标	评价内容	分值	自评	互评	教评	得分
工作能力（50 分）	信息检索能力	能使用数字化手段获取餐饮物资清洁保养相关信息；能将查到的信息有效运用到学习中	5 分				
	感知课堂生活	了解各类物资的特点及清洁保养的标准；在学习中能获得满足感，认同课堂文化	5 分				
	参与态度与沟通能力	积极主动与教师、同学交流，相互尊重、理解；与教师、同学能够保持多向、丰富、适宜的信息交流	5 分				
	知识能力获得	掌握不同餐饮物资的清洗流程	5 分				
		掌握不同餐饮物资的保养方法	5 分				
		能够根据餐饮物资种类不同，恰当地选取清洁剂和消毒方法	10 分				
	素养达成	发现问题、提出问题、分析问题、解决问题、创新问题	5 分				
		具有标准化的工作意识	5 分				
		具有卫生安全意识	5 分				
任务得分（50 分）	物资清洁保养规范	物资清洁保养方法准确、规范、完整	20 分				
		能根据物资的不同特点，恰当合理地选择清洁、消毒用品	20 分				
		保养周期和责任部分填写准确	10 分				

续表

总结	进步	
	欠缺	
	改进措施	

模块小结

本模块教学内容主要针对餐饮管理中的物资管理部分，培养学习者在餐饮物资配备及物资使用保管方面的专业知识与实践技能。学习任务设计基于餐饮业一线的真实生产任务。通过任务实施，学习者应熟悉餐饮物资的种类及其代表性器具，了解各类物资的功能和用途，掌握不同类型餐厅物资配备的原则和方法。学习者还应具备分析和防控物资损耗风险的能力，能够设计、填写物资管理的相关表格，掌握不同类型的餐饮物资清洗、消毒和保养的方法。

在餐饮物资管理中，细节决定成败，规范的操作和精细化的管理不仅能够提升餐厅的服务水平，还能有效控制成本，提高资源利用率。学习者应重视培养良好的职业习惯，树立绿色发展理念，以适应现代餐饮服务行业对高效、环保管理的需求。

赛证直通

扫二维码，完成在线练习。

在线自测 4

模块五　成　本　控　制

◆ 模块导读

本模块主要包括餐饮原料管理、餐饮成本控制、餐饮成本核算等内容，旨在帮助学习者掌握餐饮原料的管理方法，培养学习者进行餐饮成本控制和核算的能力。

◆ 思维导图

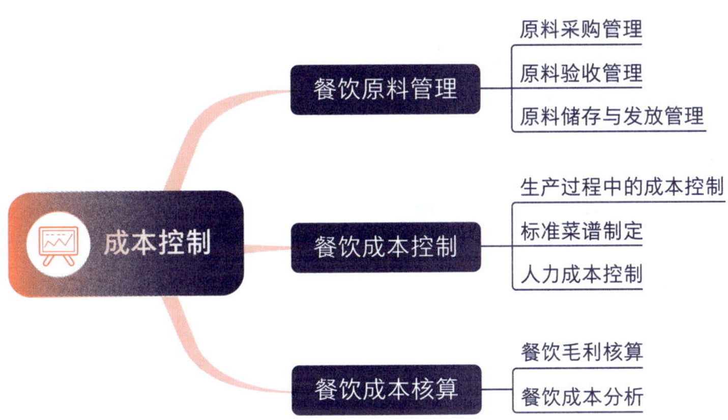

项目一　餐饮原料管理

● 知识目标

1. 掌握餐饮原料的采购知识。
2. 掌握餐饮原料的验收知识。
3. 掌握餐饮原料存储知识与发放程序。

● 能力目标

1. 能够根据给定菜单，确定原料采购的规格和采购方式。
2. 能够制订餐饮原料验收方案。
3. 能够进行餐饮原料的库存和存储管理，设计发放流程。

● 素养目标

1. 具有成本意识，树立正确的成本观念。
2. 具有自律意识，具备严于律己的职业精神。
3. 具有节约意识，养成厉行节约、反对浪费的职业习惯。

任务一　原料采购管理

学习要点

通过本次任务的实施，学习者可以掌握原料采购的程序，明确不同类型的餐饮活动所需的原料名称、规格和数量，掌握不同原料的采购方式，并制定零点餐厅原料的采购制度。

案例导入

上海S酒店要举行重要客户圣诞答谢晚宴。圣诞节前夕，厨师长在检查厨房备货情况时发现，厨房的龙虾和生蚝两种原料不足，于是，打电话给自己熟悉的水产老板紧急为厨房配送30斤龙虾和50斤生蚝。厨师在收到货后发现比之前确定的龙虾和生蚝规格要小一些，但是时间紧急，来不及重新订货，只好将就使用。菜品上桌后，客人发现本桌的龙虾和生蚝大小不一，心中不禁对酒店的接待能力和信誉产生了疑虑，开始盘算明年要不要继续与S酒店的商务合作。

引导问题：

(1) 厨师长在采购圣诞晚宴原料时犯了什么错误？

(2) 采购不当可能为酒店带来哪些负面影响？

一、知识学习

(一) 原料采购程序

因管理方法不同，不同的酒店原料采购程序也各不相同。大致程序如下。

餐饮部（使用部门）向采购部门提出采购申请；采购部门向供应商发送订购单；供应商根据要求进行报价；采购部门根据供应商所提供的信息，确认货品规格和价格，进而进行采购。当库存原料低于所要求的量时，采购部门要适当补货。

(二) 原料采购质量控制

生产质量稳定的菜品是厨房工作和餐厅经营的重要内容，这就需要采购规格和质量始终如一的原料。因此，确定原料的质量和规格是对采购的基本要求。原料的质量通常包括成熟度、新鲜度、质地和颜色等，规格则是指原料的大小、等级、重量、份额和包装等。

1. 确定原料采购规格

对于厨房用量较大、对餐厅成本影响较大的原料，通常使用采购规格标准书来确定原料的规格，这些原料通常包括禽肉类、水产类及一些特殊的乳制品和蔬菜水果等。所谓采购规格标准书是指根据菜单或厨房菜品制作的要求，对所需原料的质量和规格等做出详细的书面要求。

2. 采购规格标准书的编制

采购规格标准书（表5-1）一般由餐厅经理、采购经理、厨师长、采购员及验收员等相关人员共同研究确定，经上级机构批准后公布与实施。

表5-1 采购规格标准书

原材料名称	×××
原材料用途	如橙子，用于榨汁或制作水果拼盘
原材料的一般概述	列明原料的一般质量要求，如橙子要求酸甜适中、呈椭圆或圆形、中等大小、橙色、无可见外伤等
详细说明	列明有助于识别的因素，如产地、规格、比例、品种、容器、商标、等级、净料率、包装、稠密度、类型、份额大小
原材料检验程序	填写餐饮原料的检验流程
特别要求	交货要求、售后服务要求等

编制采购规格标准书时，除菜单因素外，还须考虑客人需求、企业的档次和类型、现有设备水平、行业标准及供需情况等。标准采购规格的内容应便于操作；文字表述应准确、简

练;品质和规格指标的选择要抓住重点,分清主次,如市场环境发生变化,则采购规格应进行调整和修订,抑或重新制定。

(三) 原料采购数量控制

原料数量是直接影响食品成本和资金周转的因素,因此,原料数量的合理控制对餐厅经营至关重要。因为市场供应的变化,原料采购工作日益便捷,所以大多数酒店和餐厅不再大量积存原料,而是根据生产需要适时进行采购,以减少浪费和库存。

(四) 原料采购价格控制

原料价格直接影响餐厅的经营成本,而原料价格又受季节、气候、市场供应、消费习惯等多种因素影响,因此,原料价格会在不同时间段有所波动。餐饮原料在采购时应采取多种手段控制价格,如直接规定采购价格、集中批量订货、控制贵重或者大宗原料的购货权、减少中间环节等。

(五) 采购方式

1. 供应商采购

供应商采购是指与供应商签订合约进行采购的方式,有定期采购合约和定量供应合约两类。

2. 原产地直采

原产地直采是指随经营需要,到原料的原产地进行采购的采购方式。这种采购方式一般适用于档次比较高的餐厅采购一些高档的原料或者大宗货物。

3. 集中采购

集中采购是为获取供货商更大的折扣、提高规模效益而采取的采购方式。

由于具体情况不同,还有很多种不同的采购方式,如联合采购、定向采购等。企业应根据自己的档次、规模和实力,酌情决定和实施。

二、任务工单

任务描述
以小组为单位,完成原料采购调查表的填写,并进行课堂展示
操作要求
1. 正确描述原料的质量 2. 确定原料规格及产地 3. 掌握原料的多种采购方式(如供应商采购,原产地直采) 4. 列出不同采购方式的原料单价及最佳采购时间
素养提升
高技能人才的培养需要有精益求精的工匠精神。作为酒店和餐饮从业人员,对原料采购规格、数量和采购方式的精心把控是成为餐饮管理领域高技能人才和工匠的先决条件。在原料采购管理中,诚信是最基本的道德要求,从业人员要坚守诚信原则,严格遵守采购法规和道德规范,不参与欺诈、贿赂等不正当行为。在采购过程中保持清正廉洁,抵制各种诱惑和腐败行为,维护企业利益和形象。同时也要关注企业社会责任,在采购过程中注重环境保护、资源节约和社会公益事业,支持民族产业和国内供应商,推动国内市场的发展

三、任务分组

<table>
<tr><td>班级</td><td></td><td>教师</td><td></td></tr>
<tr><td>组长</td><td></td><td>组名</td><td></td></tr>
<tr><td rowspan="6">组员</td><td>姓名</td><td>分工</td><td>姓名</td><td>分工</td></tr>
<tr><td></td><td></td><td></td><td></td></tr>
<tr><td></td><td></td><td></td><td></td></tr>
<tr><td></td><td></td><td></td><td></td></tr>
<tr><td></td><td></td><td></td><td></td></tr>
<tr><td></td><td></td><td></td><td></td></tr>
</table>

四、任务实施

工作活动

原料采购调查表

<table>
<tr><th>品名</th><th>图片</th><th>质量描述</th><th>规格</th><th>产地</th><th>采购方式</th><th>采购时间</th><th>单位</th><th>单价</th></tr>
<tr><td rowspan="2">大黄鱼</td><td rowspan="2"></td><td rowspan="2"></td><td rowspan="2"></td><td rowspan="2"></td><td></td><td></td><td></td><td></td></tr>
<tr><td></td><td></td><td></td><td></td></tr>
<tr><td rowspan="2">带皮五花肉</td><td rowspan="2"></td><td rowspan="2"></td><td rowspan="2"></td><td rowspan="2"></td><td></td><td></td><td></td><td></td></tr>
<tr><td></td><td></td><td></td><td></td></tr>
<tr><td rowspan="2">茼蒿</td><td rowspan="2"></td><td rowspan="2"></td><td rowspan="2"></td><td rowspan="2"></td><td></td><td></td><td></td><td></td></tr>
<tr><td></td><td></td><td></td><td></td></tr>
<tr><td rowspan="2">羊角蜜</td><td rowspan="2"></td><td rowspan="2"></td><td rowspan="2"></td><td rowspan="2"></td><td></td><td></td><td></td><td></td></tr>
<tr><td></td><td></td><td></td><td></td></tr>
</table>

五、任务评价与总结

一级指标	二级指标	评价内容	分值	自评	互评	教评	得分
工作能力（50分）	信息检索能力	能使用数字化手段获取知识和有效信息；能将查到的信息有效运用到学习中	5分				
	感知课堂生活	熟悉原料采购工作，认同工作价值，在学习中能获得满足感，认同课堂文化	5分				
	参与态度与沟通能力	积极主动与教师、同学交流，相互尊重、理解；与教师、同学能够保持多向、丰富、适宜的信息交流	5分				
	知识能力获得	掌握原料的规格、数量及采购的程序	10分				
		能够根据采购质量重要环节，合理安排采购	10分				
	素养达成	发现问题、提出问题、分析问题、解决问题、创新问题	5分				
		具有诚实守信的职业道德	5分				
		具有精益求精的工匠精神	5分				
任务得分（50分）	原料采购调查表	原料质量描述正确	10分				
		所描述规格重点突出，能反映原料质量	10分				
		采购方式符合原料特点	10分				
		采购方式的确定考虑到了市场、季节等因素	10分				
		原料产地正确	10分				
总结	进步						
	欠缺						
	改进措施						

任务二　原料验收管理

学习要点

通过制订餐饮原料验收方案，明确验收人员的素质要求，验收的流程及方法。

案例导入

W 餐厅在对供应商送来的原料进行验收时，采购经理通知厨师长派一名厨师来参与验收，但是由于当时正值厨房最为繁忙的时段，厨师长回复采购经理目前无法派出厨师参与验收，让采购经理自行验收。采购经理表示同意后开始验收。由于忘记携带称量工具，采购经理只目测了一下基围虾的重量，冻鲅鱼有 3 箱，采购经理打开其中一箱查看后，便在验收单上签了字。因厨房较为繁忙，采购经理请送货员直接把货物送到厨房。

引导问题：

(1) W 餐厅的原料验收流程存在哪些问题？

(2) 采购经理的验收方式可能给餐厅带来哪些损失？

一、知识学习

(一) 验收人员的素质要求

餐饮原料验收人员首先应有一定的食品知识和食品相关工作经验。其次，验收人员应热爱验收工作，对企业有较高的忠诚度，拥有良好的职业道德和职业责任感，同时验收人员应认真负责、秉公办事、忠于职守，不徇私舞弊，以公司利益为重。

(二) 验收工作的流程

验收工作主要包括检验和收货两大部分内容。检验是指审核原料是否满足采购规格和数量；收货是指将检验合格的原料进行登记后入库或者发放到相关生产部门的过程。验收工作的具体流程如下。

1. 核对订货单和发货单等票据

将订货单和发货单等票据进行核对，并将核对合格的票据根据要求发放给供货商及酒店财务和仓库等相关部门。

2. 检查原料质量

验收工作人员按照原料采购规格标准书逐项核对，如规格没有达标，则原料不予受理；验收人员需要负责检查送验货品是否符合订购单上所要求的品种、规格和质量，如没有办理相关订货手续，则原料一律不予受理；此外，对肉、畜、禽等类型的原料，还需要查验卫生检疫证，未经检疫或检疫不合格的原料拒绝接收；在接收冰冻原料时，如果是已经解冻或已经变软的原料，类似这种不合格的原料一律拒收；冰冻原料接收时，一律要求原料处于冻结状态。在验收过程中，如遇到各类存在质量问题的原料，则应报请上级领导，会有专业的技术权威人员进行细致的检查，以保证原料符合规格标准书的质量标准。

3. 检查原料数量

在数量验收时应对照交送时的发票，检查原料的数量是否与实际发票上的数量及采购订单上的数量相符，若发票因故未随货到达，则可开具酒店印制的原料收据清单，注明原料信息，在正式发票送到之前以此据保存记账。需注意以下几点。

(1) 对少量的以件数或个数为单位的货品，须逐一清点，记录实际收到的数量等。

(2) 对以重量为计量单位的原料，须逐一过磅，记录总重量。

(3) 对水产原料进行验收时，需要沥水或去冰后称量，如遇到注水掺假的原料，则一律拒收。

(4) 对不符合要求的原料均予以退回。

4. 接收原料

验收人员完成上述程序后，按照要求接收原料，同时在送货发票上签字。发票上应写清楚单价、金额、验收人员、收货日期等相关信息。

5. 原料入库

验收之后的原料应及时入库存放，原料应经专人(非供应商送货人员)搬运后送入仓库。

鲜活类原料应及时通知相关使用部门领回；冰冻类原料应及时送入冷冻库存放。

原料入库时，应在包装上标注进货日期、价格等信息，以便盘存和发放。

6. 完成验收报表

验收完成后，验收人员应认真填写验收报表，连同相关凭据和发票一并交给财务部门进行登记。验收报表是计算食品成本和下次进货数量的重要依据。

二、任务工单

任务描述
某餐厅购入一批牛肉，入库之前要进行验收，请制作一份验收单
操作要求
1. 明确验收单的具体内容 2. 验收单设计合理
素养提升
在原料验收中，诚信原则是至关重要的。从业人员要坚守诚信底线，具有道德操守和职业伦理，拒绝收受不合格或不合规的原料。原料验收工作对于食品安全和消费者权益意义重大，学习者必须了解食品安全标准、卫生规范等方面的知识。质量是企业的生命线，因此要有质量意识，以严谨、细致的工作态度严格把关原料质量，确保食品安全

三、任务分组

<table>
<tr><td>班级</td><td></td><td>教师</td><td colspan="2"></td></tr>
<tr><td>组长</td><td></td><td>组名</td><td colspan="2"></td></tr>
<tr><td rowspan="6">组员</td><td>姓名</td><td>分工</td><td>姓名</td><td>分工</td></tr>
<tr><td></td><td></td><td></td><td></td></tr>
<tr><td></td><td></td><td></td><td></td></tr>
<tr><td></td><td></td><td></td><td></td></tr>
<tr><td></td><td></td><td></td><td></td></tr>
<tr><td></td><td></td><td></td><td></td></tr>
</table>

四、任务实施

工 作 活 动

原料验收单

五、任务评价

一级指标	二级指标	评价内容	分值	自评	互评	教评	得分
工作能力（50分）	信息检索能力	能使用数字化手段获取知识和有效信息；能将查到的信息有效运用到学习中	5分				
	感知课堂生活	熟悉原料验收工作岗位，认同岗位工作价值，在学习中是否能获得满足感，认同课堂文化	5分				

续表

一级指标	二级指标	评价内容	分值	自评	互评	教评	得分
工作能力（50分）	参与态度与沟通能力	积极主动与教师、同学交流，相互尊重、理解；与教师、同学能够保持多向、丰富、适宜的信息交流	5分				
	知识能力获得	掌握原料验收的程序	10分				
		能够正确填写验收单	10分				
	素养达成	发现问题、提出问题、分析问题、解决问题、创新问题	5分				
		具有诚实守信的职业道德	5分				
		具有精益求精的工匠精神	5分				
任务得分（50分）	验收流程正确	验收单内容全面、准确	30分				
		检查原料质量	10分				
		检查原料数量	10分				
总结	进步						
	欠缺						
	改进措施						

任务三　原料储存与发放管理

学习要点

通过学习餐饮原料储存和发放的基础知识，掌握原料储存和发放的流程，为控制储存和发放阶段的餐饮成本奠定基础。

案例导入

某餐厅位于城市中心，每天接待大量的客人。为了确保能够提供新鲜和高质量的食材，该餐厅非常重视原料的存储和管理。

首先，餐厅购买原料时会与可靠的供应商建立长期合作关系。供应商会提供新鲜的食材，并确保交货及时。

餐厅的原料存储区位于厨房的一侧，设有专门的冷藏和冷冻设备。这些设备可以保证食材保存于适当的温度，以防止细菌滋生和食材腐败。在存储区，食材按类别进行分组，如肉类、蔬菜、水果、乳制品等。每个类别都有专门的货架和储物柜，以便员工能够轻松找到所需的食材。每个食材都有标签，包括名称、购买日期和保质期。这有助于员工追踪食材的新鲜度，并确保遵循先进先出原则。

餐厅的库存管理系统会定期检查食材的库存量，并生成订购清单。这有助于餐厅及时补充所需的原料，并避免库存过剩或不足的情况。

在每天的开业前，厨师会对存储区进行检查，确保食材的质量和新鲜度。过期或损坏的食材会被及时丢弃，以确保菜品的质量和安全。

此外，餐厅还定期进行清洁和消毒，以确保存储区的卫生状况。员工也会接受食品安全和卫生方面的培训，以确保他们了解正确存储和处理食材的方法。

通过这些措施，该餐厅成功地确保了原料的新鲜度和质量，为客人提供了美味和安全的餐饮产品。

引导问题：

餐饮原料的有效存储从哪些方面为酒店节约了成本？

一、知识学习

（一）原料的储存管理

根据不同的分类标准可以将库房划分为不同的种类。根据地点可以分为中心库房和各厨房储存库；根据物品用途可以分为食品库房、酒水饮料库房和非食用原料库房；根据储存条件可以分为干藏库、冷藏库及冷冻库。以下对干藏库、冷藏库和冷冻库管理进行简要介绍。

1. 干藏库管理

干藏库主要存放食品、干果、罐头、米面等原料。干藏库不需要冷藏和冷冻设备，但是要求环境相对阴凉，一般为15~20℃，若温度低些，则储存效果相对更好。在湿度方面，干藏库应保持相对干燥，相对湿度应保持在50%~60%。干藏库应挂有温度计和湿度计，以便仓库管理员随时观察干藏库储存条件。

2. 冷藏库管理

冷藏库主要存放蔬菜、水果、蛋类、禽畜肉类等鲜活类原料。冷藏的目的是采用低温抑制鲜活类原料中的微生物生长繁殖速度，以维持原料的质量，从而延长保存期，因此，其温度一般控制在0~10℃。

食品冷藏时应注意以下几点：存放时使用合适的盛器，并保证其干净整洁；热食品应放凉进行包裹后存放；食品存放应保持适当间隔；食物原料分类放置，避免串味；易腐食品应经常检查并及时处理；取食品时缩短开关门的时间和次数；定期对冷藏库进行清洁。

3. 冷冻库管理

冷冻库一般存放须长时间保存的原料，如冷冻肉、水产、禽类或部分半成品等。一般在 −23~−18℃的环境中，大部分微生物都能得到有效的抑制，少部分不耐寒的微生物甚至会死亡，因此，冷冻库的温度一般设定在这个温度比较合适，这样可使原料长时间贮存。

使用冷冻库应注意以下两点。

(1) 原料的冷冻应分三步进行：冷藏降温，速冻，冷冻贮存。

(2) 冷冻速度要快。因为速冻之下，原料内部的冰结晶颗粒细小，不易损坏原料结构组织，所以原料冷冻的速度越快越好。

(二) 原料的盘存管理

对库存食品原料进行定期盘存清点是原料储存管理的重要方法。盘存清点是核实清点仓库存货，检查原料账面数字与实际数量是否对应的过程。原料的盘存一般由仓库管理人员和财务部门人员共同完成，可以使用永续盘存卡进行盘存管理。

每种原料都要经过数量的核对，如实际数量与储存登记的数字相符，则在存货清单上进行记录。如实际库存数量与账面记录的数字不相符，就需要再次清点实物数量，核对原料的进货记录和发料记录，倘若核对数据无误，则应该根据原料的实际库存数量修改账面记录的数字并登记，使两者相符。

盘存清点结束以后，应计算各种原料的价值和库存原料总额。本期的盘存结余即为下一期的起初结余。由于原料价格随市场变化有起有落，因此，根据库存原料数量和市场价格计算原料的单位成本是进行盘存管理的关键环节，也关系到厨房原料总额的计算。

(三) 原料的发放管理

原料发放管理既要保证厨房原料的及时供应，也要有效地控制成本，具体应做到以下几点。

1. 准确如实记录原料使用情况

准确如实记录原料的使用情况，有助于准确计算厨房的单位成本，能够帮助财务部门进行成本核算。

2. 定时发放食品原料

定时发放食品原料就是按照规定时间发放原料物品，这样既能保证仓库保管人员有充分的时间整理仓库、检查库存和原料质量，也可以督促厨房科学计划用料。

3. 凭单发货

仓库原料发放有一系列的审批流程，仓库保管人员必须凭原料领用单据发放原料。领用单据由领料部门填写，经部门相关负责人及有权审批的人员审核签字后，领用人员持单据到仓库领料。仓库保管人员凭单发料，并在单据上签字。仓库保管人员应做到坚持无领用单、领用单涂改或字迹不清等不发货的原则。

通常情况下，原料领用单一式三联，第一联交回领用厨房，第二联交财务部，最后一联由仓库保管人员留存。

4. 先进先出

先进先出是食品原料领发的重要原则之一。先进先出的含义就是要求食品原料入库时必须注明入库日期，并在发放时做到先入库的原料先发出，这样可以减少原料的库存时间，特别是可以确保食品原料能在有效期之内使用，避免食品原料在库房积压时间过长而变质和浪费。

5. 内部原料调拨

当酒店或餐厅有多个厨房时，厨房之间会因原料短缺或多出而发生原料的互相调拨。为了确定各自厨房成本核算，准确反馈各部门的用料和经营情况，厨房之间往往会对调拨的原料进行记录并核算，调拨记录的凭证就是调拨单。调拨单应一式四份，除原料调出、调入部门各留有一份外，一份应及时送交财务部，一份则交由仓库保管人员记账。

6. 正确计价

根据领料手续做好原料发放记录和存货卡记录。在原料发放完毕后，仓库保管人员必须逐一为领用单计价，并及时转交给食品成本控制人员，以保持库中原料与存货卡相符，协助其做好厨房成本控制工作。

二、任务工单

任务描述
1. 以小组为单位，实地调研或网上查找一家餐厅，制订该餐厅厨房月末原材料盘点方案，并形成总结报告 2. 以小组为单位，选择上述餐厅中的两种原料，其中一种原料为库房中充足的原料，另一种原料为从其他餐厅中调拨的，分别为这两种原料设计发放和调拨流程
操作要求
1. 所盘点原料名称和数量应准确记录 2. 盘点方案具有可操作性 3. 准确记录异常数据 4. 总结报告分析全面 5. 形成总结报告 6. 明确直拨原料和储存原料的发放
素养提升
在原料储存与发放管理工作环节，从业人员要严格遵守行业规范，对工作认真负责，确保原料储存的安全、卫生和有效管理。诚信原则是原料储存与发放管理中的基本要求，学习者要以诚信为本，不做虚假记录、不隐瞒问题，不做损害企业、消费者或其他相关方利益的行为。同时，要具备道德判断力，在面对各种诱惑和挑战时能够坚守道德底线。要了解食品安全标准、卫生规范等方面的知识，严格把关原料质量，确保储存和发放的原料符合相关标准和要求。在原料储存与发放管理中，学习者也应关注资源的合理利用，减少浪费现象的发生，为企业节约成本、提高效益作出贡献。同时，要关注企业质量管理水平的提高，积极参与质量改进活动，为企业的发展贡献力量

三、任务分组

<table>
<tr><td>班级</td><td colspan="2"></td><td>教师</td><td></td></tr>
<tr><td>组长</td><td colspan="2"></td><td>组名</td><td></td></tr>
<tr><td rowspan="6">组员</td><td>姓名</td><td>分工</td><td>姓名</td><td>分工</td></tr>
<tr><td></td><td></td><td></td><td></td></tr>
<tr><td></td><td></td><td></td><td></td></tr>
<tr><td></td><td></td><td></td><td></td></tr>
<tr><td></td><td></td><td></td><td></td></tr>
<tr><td></td><td></td><td></td><td></td></tr>
</table>

四、任务实施

工作活动 1

餐厅名称		小组名称	
盘点准备			
盘点流程			
异常数据			
形成原因			
……			
总结报告			

工作活动 2

小组讨论确定所选原料的发放和调拨流程。

步骤 1	
步骤 2	
步骤 3	
步骤 4	
……	

工作活动 3

调拨单

日期＿＿＿＿＿＿＿＿

调入餐厅＿＿＿＿＿＿＿＿

调出餐厅＿＿＿＿＿＿＿＿　　　　　　　　　　　　　　签字＿＿＿＿＿＿＿＿

原料名称	数量	单价	金额
合计			

五、任务评价与总结

一级指标	二级指标	评价内容	分值	自评	互评	教评	得分
工作能力（50分）	信息检索能力	能使用数字化手段获取知识和有效信息；能将查到的信息有效运用到学习中	5分				
	感知课堂生活	熟悉仓库管理工作岗位，认同岗位工作价值，在学习中是否能获得满足感，认同课堂文化	5分				
	参与态度与沟通能力	积极主动与教师、同学交流，相互尊重、理解；与教师、同学能够保持多向、丰富、适宜的信息交流	5分				
	知识能力获得	掌握原料储存、盘存的方法	10分				
		掌握原料发放流程	10分				
	素养达成	发现问题、提出问题、分析问题、解决问题、创新问题	5分				
		具有诚实守信的职业道德	5分				
		具有精益求精的工匠精神	5分				
任务得分（50分）	原料盘存管理	盘点准备工作充分	5分				
		盘点流程正确	5分				
		异常数据分析准确	10分				
		总结报告全面可行性强	10分				

续表

<table>
<tr><th>一级指标</th><th>二级指标</th><th>评价内容</th><th>分值</th><th>自评</th><th>互评</th><th>教评</th><th>得分</th></tr>
<tr><td rowspan="5">任务得分（50分）</td><td rowspan="5">原料发放管理</td><td>设计定时发放制度</td><td>4分</td><td></td><td></td><td></td><td></td></tr>
<tr><td>遵循先进先出原则</td><td>4分</td><td></td><td></td><td></td><td></td></tr>
<tr><td>领用单填写正确</td><td>4分</td><td></td><td></td><td></td><td></td></tr>
<tr><td>正确运用内部调拨</td><td>4分</td><td></td><td></td><td></td><td></td></tr>
<tr><td>准确计价</td><td>4分</td><td></td><td></td><td></td><td></td></tr>
<tr><td rowspan="3">总结</td><td>进步</td><td colspan="6"></td></tr>
<tr><td>欠缺</td><td colspan="6"></td></tr>
<tr><td>改进措施</td><td colspan="6"></td></tr>
</table>

项目二　餐饮成本控制

- **知识目标**

1. 掌握生产过程中的成本构成。
2. 掌握生产过程中的成本控制方法。
3. 掌握标准菜谱的制定方法。
4. 掌握餐饮人力成本的控制方法。

- **能力目标**

1. 能够控制生产过程中的成本。
2. 能够制定标准菜谱。
3. 能够设计餐厅人力成本控制方案。

- **素养目标**

1. 培养成本意识，树立正确的成本观念。
2. 培养节约意识，养成厉行节约、反对浪费的职业素养。

任务一　生产过程中的成本控制

学习要点

通过对初加工和深加工不同阶段的生产特点的学习和认识，能够对生产过程中的成本漏点进行控制。

案例导入

某餐厅为了控制菜品成本，采取了以下措施。

厨师团队严格控制每道菜品的食材用量，确保在保持味道和质量的前提下，最大限度地减少浪费和损耗。

厨师们通过精确的菜品配方和标准化的制作流程,保证每道菜品的口味和质量的一致性,减少因不一致而导致的浪费和成本增加。

在菜品生产过程中,餐厅设定严格的质量控制标准,确保菜品符合卫生和安全要求,避免因食材污染或处理不当而导致的损失和成本增加。

通过以上措施,该餐厅成功地在菜品生产过程中进行了成本控制。

引导问题:

餐厅生产过程中会产生哪些成本漏点?

一、知识学习

(一) 初加工阶段的生产特点及成本控制

初加工是指对一切购进的原始原料进行初步整理加工的过程。原料的初加工一般包括对冰冻原料进行解冻,对鲜活原料进行宰杀、洗涤和初步整理,对蔬菜、水果进行择叶、削皮、去根须、洗涤,对带骨、带皮的肉类原料进行砍、斩处理等工作。

1. 初加工阶段的生产特点

原料的初加工是整个厨房菜点生产制作的基础,其加工品的规格质量和出品时效对菜肴的生产质量和成本产生直接的影响。

(1) 初加工的加工程度直接关系到原料的出净水平,直接影响菜肴的生产成本。

(2) 初加工的加工质量影响原料的完整性、厚度、老嫩等指标,进而对菜肴生产质量产生影响。

(3) 初加工的专业性影响生产效率。原料的分档取料、合理的留用割舍也是由初加工人员完成的。厨房生产讲究的是合理使用食品原料,以免造成不应有的浪费,如果初加工人员没有经过专业的训练,就会严重影响整个厨房的菜点加工效率。

2. 初加工阶段的成本控制方法

(1) 控制净料率。原料的净料率是指加工后可供做菜的净料重量与加工之前的原料重量之比。原料的净料率越高,即原料的利用率越高;反之,净料率越低,原料的利用率越低,菜肴的单位成本就越高。因此,原料的净料率对成本会产生重要的影响。原料的净料率并非一成不变,不同的原料,不同的加工方法,不同的菜肴,原料的净料率是不相同的。确定各种原料的净料率,是行政总厨的重要工作之一。

原料净料率的确定一般有 3 种方式:一是参考国家有关部门制定的现行标准;二是借鉴其他企业已有的标准;三是自己根据所使用的原料进行加工测量。现在的大多数酒店一般综合运用上面的 3 种方式,以提高工作效率。

(2) 制定原料初加工的标准作业流程。原料初加工阶段的工作,由于加工对象不同,其工艺流程和质量要求也不尽相同,一般包括蔬菜的初加工、禽类的初加工、畜肉类的初加工、水产品的初加工及干货原料的初加工等,鲜活水产品的初加工一般是在烹调前现场加工的,习惯上称为水台加工。除了对原料进行初步加工,大部分饭店厨房活养的水产品、禽类也一般归初加工厨房管理。

为了保证原料初加工的质量,除了规定原料的净料率,还应确定各类原料初加工的标准作业流程，包括其作业要求、质量标准和加工步骤等。

（二）深加工阶段的生产成本控制

1. 切配阶段

切配是决定主料、配料成本的重要环节。切配时应根据原料的具体情况降低菜品成本，如整料整用、大料大用、小料小用、下脚料综合利用。

餐厅一般会根据菜单上菜品的规格和质量严格配菜，实行菜品原料耗用配量定额制度。原料耗用定量一旦确定，就必须编制菜品原料耗用配量定额计算表，并认真执行。通过称重确定原料重量，切忌凭经验用料，避免出现用量不足、过量或以次充好等情况。

2. 烹饪阶段

餐饮产品的烹饪影响着产品的成本水平。烹饪对菜品成本的影响主要有以下两个方面。

（1）调味品的用量。虽然单个产品所耗用的调味品不多，但从厨房出品的总量来看，调味品的耗用量也非常大。因此在烹饪过程中，要严格控制调味品的用量，这样既能稳定产品质量，又能控制成本。

（2）菜品质量及其废品率。在烹饪过程中应严格操作，确保产品质量。若因操作而造成菜肴质量出现偏差，或者做错菜肴，引起客人的不满或者投诉，则不仅会影响餐厅形象，还会因调换菜而增加菜品成本。因此，厨师要合理投料，力求不出或少出废品，以有效控制烹饪过程中的菜品成本。

二、任务工单

任务描述
餐厅购进一批原料如下：冻虾、鲜牛腩、鸡胸肉、猪里脊、鸡蛋、西芹、干木耳、脐橙。因婚宴接待需要对以上原料进行处理和加工，并制作成菜肴。请以小组为单位制作一份初加工和深加工环节中的成本控制方案
操作要求
1. 明确初加工和深加工的生产特点 2. 寻找初加工和深加工阶段的成本漏点 3. 针对所找出的成本漏点，制订成本控制方案
素养提升
成本意识是餐饮原料加工过程中成本控制的核心，原料加工过程中的每个环节都与企业的利润息息相关。节约文化是餐饮企业实现可持续发展的重要基石。在原料加工过程中，从业人员要弘扬节约文化，注重节约，提高原料的利用率，减少浪费，为企业降低成本、提高效益作出贡献。在原料加工过程中，也应树立持续改进的意识，不断优化加工工艺、提高工作效率

三、任务分组

<table>
<tr><td>班级</td><td></td><td>教师</td><td colspan="2"></td></tr>
<tr><td>组长</td><td></td><td>组名</td><td colspan="2"></td></tr>
<tr><td rowspan="6">组员</td><td>姓名</td><td>分工</td><td>姓名</td><td>分工</td></tr>
<tr><td></td><td></td><td></td><td></td></tr>
<tr><td></td><td></td><td></td><td></td></tr>
<tr><td></td><td></td><td></td><td></td></tr>
<tr><td></td><td></td><td></td><td></td></tr>
<tr><td></td><td></td><td></td><td></td></tr>
</table>

四、任务实施

工作活动 1

将原料根据类别进行分类,并明确初加工阶段不同原料的加工内容及作业流程。

原料种类	原料名称	加工内容	作业流程
干货类			
鲜活类			
冷冻类			
……			

工作活动 2

小组讨论深加工阶段成本控制方案。

<table>
<tr><td>组名:</td><td>方案名称:</td></tr>
<tr><td colspan="2">深加工过程:</td></tr>
<tr><td colspan="2">方案内容:</td></tr>
<tr><td colspan="2">方案完善:</td></tr>
</table>

五、任务评价与总结

一级指标	二级指标	评价内容	分值	自评	互评	教评	得分
工作能力（50分）	信息检索能力	能使用数字化手段获取知识和有效信息；能将查到的信息有效运用到学习中	5分				
	感知课堂生活	熟悉餐饮成本控制工作岗位，认同岗位工作价值，在学习中能获得满足感，认同课堂文化	5分				
	参与态度与沟通能力	积极主动与教师、同学交流，相互尊重、理解；与教师、同学能够保持多向、丰富、适宜的信息交流	5分				
	知识能力获得	掌握初、深加工阶段成本的漏点和控制方法	10分				
		能够根据生产的不同环节制定不同的成本控制方案	10分				
	素养达成	发现问题、提出问题、分析问题、解决问题、创新问题	5分				
		具有诚实守信的职业道德	5分				
		具有精益求精的工匠精神	5分				
任务得分（50分）	初加工阶段	明确不同原料的特点分类	5分				
		掌握不同原料的加工内容	10分				
		能够制定初加工标准作业流程	10分				
	深加工阶段	明确切配阶段的成本漏点	5分				
		明确烹饪阶段的成本漏点	10分				
		对深加工阶段成本进行有效控制	10分				
总结	进步						
	欠缺						
	改进措施						

任务二 标准菜谱制定

学习要点

通过了解标准菜谱中的有效信息，明确标准菜谱的结构与内容，掌握标准菜谱的制作流程和方法。

案例导入

以下是BEST西餐厅新聘用的厨师制作意大利面配番茄酱的标准菜谱。

菜谱名称：简易意大利面配番茄酱。

分量：2人份。

食材清单如下：

意大利面，200 g；橄榄油，2汤匙；新鲜大蒜，3瓣，切片；番茄酱，250 ml；海盐，1茶匙；新鲜黑胡椒粉，1/2茶匙；新鲜罗勒叶几片（装饰用）。

准备工作如下：

新鲜大蒜去皮后细切片；

将一锅水煮沸，加入少许盐。

烹饪步骤如下：

在沸水中加入意大利面，根据包装说明煮至al dente（有嚼劲的）（通常为8~10 min）；

同时，在另一深锅中用中火加热橄榄油，加入大蒜片翻炒至金黄色；

将番茄酱加入有蒜片的锅中，加海盐和黑胡椒调味，小火煮5 min，偶尔搅拌；

当意大利面煮好后，将其用筛子捞出，并在冷水下冲净，以停止烹调过程；

将煮好的意大利面加入番茄酱中，轻轻拌匀并让其温热。

装盘和摆放如下：

将意大利面倒入浅盘中，确保有足够的番茄酱覆盖，在顶部撒上新鲜的罗勒叶作为装饰。

营养信息：（根据具体食材可以提供各类营养成分的大致数值，具体数值略）

成本计算如下：

意大利面：2.00元；

橄榄油：1.50元；

新鲜大蒜：0.50元；

番茄酱：3.00元；

调味品及装饰：0.50 元；

总计：7.50 元。

备注：为了获取更多番茄的鲜味，也可以使用新鲜番茄。如果对辣味有喜好，则可以额外添加红辣椒片。

引导问题：

(1) 请根据以上标准菜谱判断标准菜谱应包括哪些要素。

(2) 以上标准菜谱是否还有需要添加和完善的内容？

一、知识学习

(一) 标准菜谱的设计内容

标准菜谱是厨房用来规范厨师菜肴烹制时操作流程的作业性文件，是厨房生产标准化控制的重要环节。标准菜谱是对厨房生产的菜品在菜品的份额、各原料间的配比、烹调方法和原料标准成本等方面的规定，是配料厨师和烹调厨师技术操作的依据和准则。

1. 基本信息

标准菜谱中的基本信息也称为基础技术指标，主要包括菜点的编号、生产方式、盛器规格、烹饪方法、精确度等，这些是标准菜谱不可缺的基本项目。

2. 标准配料及配料量

标准菜谱还规定了烹调菜肴所用的主料、配料和调味料等的种类与数量，这在很大程度上保证了菜肴的质量。

3. 规范烹调程序

规范烹调程序是对烹制菜肴所采用的烹调方法和操作步骤、要领等方面所做的技术性规定。这一技术规定是为保证菜肴质量，对厨房生产的最后一道工序进行的规范。它全面地规定了烹制某一菜肴所用的炉灶、炊具、原料配份方法、投料次序、型坯处理方式、烹调方法、操作要求、烹制温度和时间、装盘造型和点缀装饰等，使烹制的菜肴质量有了可靠的保障。

4. 烹制份数和标准份额

厨房烹制的菜肴多数是一份一份单独进行的，也有的是多份一起烹制的。标准菜谱对每种菜肴、面点等的烹制份数进行了规定。例如，一般菜肴为单份制作，也就是其生产方式是单件式；面点的加工一般是多件式，带有批量生产的特征等。

5. 每份菜肴的标准成本

标准菜谱规定了每份菜肴的标准成本，对产品生产进行有效的成本控制，最大限度地降低成本。由于标准菜谱对标准配料及配料量做出了规定，由此可以计算出每份菜肴的标准成本。由于食品原料市场价格的不断变化，每份菜肴的标准化成本也就需要随时做出调整。

6. 成品质量要求与彩色图片

标准菜谱中对用料、工艺等的规范，保证了成品的质量，对出品的质量要求做出规定。但因为菜点成品质量的有些项目目前尚难以量化，如色泽的轻重等，所以在设计时应制作一份标准菜肴，拍成彩色图片，以便作为成品质量最直观的参照标准。

7. 食品原料质量标准

只有使用优质的原料，才能加工烹制出好的菜肴。标准菜谱中对所有用料的质量做出规定，如食品原料的规格、数量、感官性状、产地、产时、品牌、包装要求、色泽、含水量等，以确保餐饮产品质量达到最优。

（二）标准菜谱的设计过程

标准菜谱的设计制定是一项十分细致复杂的技术工作，也是厨房生产管理的重要手段，必须认真做好和高度重视。标准菜谱的设计制定应该由简到繁逐步完成和完善，并充分调动厨师的积极性，反复试验，使标准菜谱中的各项规定都能科学合理，切实成为厨师生产操作的准则，以规范厨师烹调菜肴过程中的行为。标准菜谱的设计要求文字简明易懂，名称、术语确切规范，项目排列合理，易于操作实施。标准菜谱的设计过程如下。

（1）确定菜肴名称。

（2）确定烹制份数和规定盛器。

（3）确定原料种类、配份与用量。

（4）计算出标准成本。

（5）确定工艺流程与操作步骤。

（6）编制标准菜谱初稿。

（7）制出标准菜谱文本。

（8）核对编册。

二、任务工单

任务描述
考察一家你熟悉的餐厅，结合当地特点及餐厅经营情况，选择一道菜品，为其制定标准菜谱。
操作要求
1. 明确标准菜谱的结构与内容 2. 寻找标准菜谱中相关的内容信息 3. 制定完善的标准菜谱
素养提升
制定标准菜谱需要丰富的专业知识和不断探索、精益求精的职业精神。要以提供高质量的菜品为己任，不断提升自己的专业技能和服务水平。创新是推动行业发展的重要动力。在制定标准菜谱时，从业人员应当通过对市场的深入了解，研究消费者的需求和口味变化，不断更新和改进标准菜谱。同时，也要关注新技术的应用，提高制作过程的效率和菜品的品质。通过创新，使企业在激烈的市场竞争中保持领先地位。餐饮也是一种文化传承的方式。在制定标准菜谱时，要体现对传统饮食文化的尊重和传承。通过标准菜谱，可以保护和推广本地的饮食文化，让更多的人了解和欣赏饮食文化。同时，也鼓励在传统的基础上进行创新，使饮食文化更加丰富多彩

三、任务分组

<table>
<tr><td>班级</td><td colspan="2"></td><td>教师</td><td colspan="2"></td></tr>
<tr><td>组长</td><td colspan="2"></td><td>组名</td><td colspan="2"></td></tr>
<tr><td rowspan="6">组员</td><td>姓名</td><td>分工</td><td>姓名</td><td colspan="2">分工</td></tr>
<tr><td></td><td></td><td></td><td colspan="2"></td></tr>
<tr><td></td><td></td><td></td><td colspan="2"></td></tr>
<tr><td></td><td></td><td></td><td colspan="2"></td></tr>
<tr><td></td><td></td><td></td><td colspan="2"></td></tr>
<tr><td></td><td></td><td></td><td colspan="2"></td></tr>
</table>

四、任务实施

工作活动 1

小组讨论标准菜谱的制作程序。

步骤一	
步骤二	
步骤三	
步骤四	
……	

工作活动 2

小组讨论，根据本组所选择菜品制定标准菜谱。

<table>
<tr><td>组名：</td><td>餐厅名称：</td></tr>
<tr><td colspan="2">标准菜谱结构：</td></tr>
<tr><td colspan="2">标准菜谱的内容：</td></tr>
</table>

五、任务评价与总结

<table>
<tr><th>一级指标</th><th>二级指标</th><th>评价内容</th><th>分值</th><th>自评</th><th>互评</th><th>教评</th><th>得分</th></tr>
<tr><td rowspan="8">工作能力(50分)</td><td>信息检索能力</td><td>能使用数字化手段获取知识和有效信息；能将查到的信息有效运用到学习中</td><td>5分</td><td></td><td></td><td></td><td></td></tr>
<tr><td>感知课堂生活</td><td>熟悉厨房加工工作岗位，认同岗位工作价值，在学习中能获得满足感，认同课堂文化</td><td>5分</td><td></td><td></td><td></td><td></td></tr>
<tr><td>参与态度与沟通能力</td><td>积极主动与教师、同学交流，相互尊重、理解；与教师、同学能够保持多向、丰富、适宜的信息交流</td><td>5分</td><td></td><td></td><td></td><td></td></tr>
<tr><td rowspan="2">知识能力获得</td><td>掌握标准菜谱的内容</td><td>10分</td><td></td><td></td><td></td><td></td></tr>
<tr><td>能够按照步骤制作标准菜谱</td><td>10分</td><td></td><td></td><td></td><td></td></tr>
<tr><td rowspan="3">素养达成</td><td>发现问题、提出问题、分析问题、解决问题、创新问题</td><td>5分</td><td></td><td></td><td></td><td></td></tr>
<tr><td>具有诚实守信的职业道德</td><td>5分</td><td></td><td></td><td></td><td></td></tr>
<tr><td>具有精益求精的工匠精神</td><td>5分</td><td></td><td></td><td></td><td></td></tr>
<tr><td rowspan="5">任务得分(50分)</td><td rowspan="2">标准菜谱的内容</td><td>内容全面</td><td>10分</td><td></td><td></td><td></td><td></td></tr>
<tr><td>条目表达与解析准确</td><td>10分</td><td></td><td></td><td></td><td></td></tr>
<tr><td rowspan="3">标准菜谱的制作</td><td>步骤正确细致</td><td>10分</td><td></td><td></td><td></td><td></td></tr>
<tr><td>版式清晰、合理</td><td>10分</td><td></td><td></td><td></td><td></td></tr>
<tr><td>文本字体清楚</td><td>10分</td><td></td><td></td><td></td><td></td></tr>
<tr><td rowspan="3">总结</td><td>进步</td><td colspan="6"></td></tr>
<tr><td>欠缺</td><td colspan="6"></td></tr>
<tr><td>改进措施</td><td colspan="6"></td></tr>
</table>

任务三　人力成本控制

学习要点

通过了解当下影响餐饮人力成本的因素，明确和掌握餐饮人力成本控制的方法，能够进行餐厅人员配备。

案例导入

作为全球最大的连锁咖啡公司之一，星巴克以其创新的业务模式和对技术的利用而闻名。在努力控制人力成本的过程中，星巴克利用技术优化了其排班系统，通过技术驱动提升运营效率。

星巴克拥有成千上万的门店，遍布全球。对于这样一个大型零售连锁企业来说，有效地管理和调度数以万计的员工是一个巨大挑战。在没有技术帮助的情况下，排班往往依赖经理的经验和直觉，这导致了两个主要问题：一是员工的工作时间可能不匹配门店的实际需求，造成人手过多或不足的情况；二是对员工个人需求和偏好缺乏考量，可能影响员工满意度和留存率。

为了解决这些问题，星巴克采用了一个名为“自动化劳动调度系统（Automatic Labor Scheduling）”的解决方案，通常基于历史销售数据、季节性因素、天气情况及促销活动等进行智能化的人力资源规划。

这个系统的核心在于能够做到以下几点。

(1) 预测需求。利用先进的数据分析技术，系统可以准确预测每个门店在不同时间段的客人流量和产品需求强度。

(2) 优化排班。基于对需求的预测，系统自动为每个门店生成最优的员工排班计划，确保在高峰时段有充足的员工，并在需求低的时段减少排班，既避免了人力资源的浪费，也确保了对客服务的质量。

(3) 考虑员工偏好。系统还能够考虑到员工的个人偏好和可用性，如工作时长、休息日等，这样既能提高员工满意度，也有助于降低员工流失率。

引导问题：

新技术的运用是否会完全取代人力成本？为什么？

视频：餐饮劳动力成本控制

一、知识学习

（一）影响餐饮人力成本的因素

1. 菜肴品种数量

菜肴品种越丰富，加工制作程度越复杂，生产标准要求越高，生产过程所需配备的人员就越多。因此，在客流量较少、产品需求量小的情况下，控制或减少菜肴数量可以降低人力成本。

2. 服务方式

不同的服务方式对工作人员数量的要求不一样，相对简单的服务方式（如自助餐）对人员数量要求较低，而复杂的服务方式（如零点服务或宴会）对服务的要求较高，对服务人员数量要求也较高。

3. 餐厅机械化程度

餐厅使用的机械数量、种类及智能化程度会影响用工数量,如购置和面机、绞肉机、洗碗机等机械设备可节约劳动力;添置智能机器人可减少传菜人员数量等。现代化智能设备的使用在一定程度上可降低人力成本。

4. 餐厅布局及动线设计

餐厅与厨房的布局是否合理、结构是否紧凑也会影响劳动力的使用数量。餐厅中的行走路线过长、厨房与餐厅距离过远、厨房中储存设备布局不合理等都会增加工作人员的工作量,从而提高用工要求。因此,各区域布局科学、动线设计流畅、工作过程衔接科学、时间消耗较少都可以在一定程度上降低劳动力成本。

(二) 餐饮人力成本控制的方法

餐饮企业为降低劳动力成本、提高经济效益,可采取下列方法。

1. 制定科学的劳动定额

劳动定额是指关于餐饮企业员工在一定营业时间内应提供的服务或应生产制作的餐饮产品数量的规定。科学的劳动定额应根据餐饮企业确定的服务或产品质量标准及工作难度等内容来制定。

2. 确定合理的用工方式

在制定各岗位科学的劳动定额的基础上,餐饮企业应根据各自的规模、营业时间、营业的季节性等因素来配备适量的员工。餐厅确定合理的用工方式,在一些基础操作流程中可以灵活使用小时工,雇佣兼职及返聘退休人员,这些都是有效降低成本的可行办法。对于餐厅来说,并不是只有年轻人可以聘用,恰恰相反,中老年人在未来餐饮业中将成为重要力量。一方面中老年的跳槽概率小,另一方面雇佣中老年人降低了用工成本,适当地在餐厅雇佣中老年人将成为降低人力成本的一个重要环节。

3. 优化空间设计

合理设计餐厅动线。随着餐饮业运营管理日趋精细化,动线设计已不单纯是一条线路,而是整个餐厅、店铺高效运转的基础,动线的流通和顺畅也关系着一家餐厅的运行效率和客户体验。

餐厅合理的空间设计能提高空间利用率,在有限的空间里容纳更多的客人,并且兼顾厨房面积空间,以及客人用餐和走动的舒适度。

4. 优化岗位组合

根据员工的特点和专长及工作需要,设计整合现有岗位,充分利用员工的时间,提高工作效率,通过优化团队协作、发挥个人特长等方式提高工作效率。

5. 科学排班

对人员进行合理调配,实施与经营同步的动态式排班,根据客流状况对排班做实时调整。通过对员工时间的有效管理,最大化地利用员工的时间,防止人员浪费。

6. 引入科技手段

引入智能设备,缩短客人用餐时间。例如智能扫码点餐系统,通过简化点餐和支付动作，平均缩短每桌用餐时间约 15~20 min，而且减少了需要服务员参与的流程，店内的服务员人数可以适当裁减，从而降低人力成本。

（三）餐厅人员的定岗定编

餐厅人员的定岗定编主要是指根据餐厅的业务需求和服务标准，在各职位上分配适当数量的员工。以下是进行人员定岗定编的具体方法和步骤。

1. 业务量和客流分析

(1) 峰谷时段分析。评估餐厅的客流高峰和低谷时段，这通常取决于餐厅的类型和位置。

(2) 历史数据参考。利用过去的销售数据和客流量来预测未来的业务需求。

2. 服务标准制定

(1) 服务目标。明确餐厅所追求的服务质量，包含上菜时间、客人满意度等指标。

(2) 菜单分析。考虑菜单的复杂程度，预计备菜、烹饪和上菜所需的时间和工作量。

3. 职能需求分析

(1) 岗位设置。列出所有必要的岗位，如厨师、服务员、洗碗工、收银员等。

(2) 职责划分。为每个岗位定义详尽的工作职责和任务。

4. 工作量评估

(1) 工时分析。评估每个岗位在不同时段的工作负载，并据此估算所需工时。

(2) 技能需求。确定每个岗位所需的专业技能和资格要求。

5. 编制标准制定

(1) 制定人员配置标准。根据业务量、服务标准和工作量，确定每个岗位需要的员工数量。

(2) 弹性配置。为应对意外情况，制定适当的弹性配备策略（备用人员、兼职、临时工等）。

6. 人员配置

(1) 岗位分配。按照确定的标准把员工分配到相应的岗位上。

(2) 团队搭配。考虑员工的经验、技能和团队协作能力，进行合理的岗位搭配。

7. 内部宣导和培训

(1) 岗前培训。确保每位员工都了解自己的职责和工作流程。

(2) 团队协作。强化团队精神和协作意识，促进不同岗位间的有效沟通。

8. 劳动力成本核算

(1) 成本控制。计算人员配置对应的人力成本，确保其符合预算限制。

(2) 效益分析。确保人员配置能够带来最佳的工作效率和服务质量。

9. 定期评估与调整

(1) 定期审核。根据运营数据和员工绩效进行定期的人员配置评估。

(2) 灵活调整。在必要时，适时调整岗位分配或人员数量，以适应变化。

餐厅人员定岗定编是一个需要定期审查和更新的动态过程。餐厅管理者须密切关注业务量和客流变化，确保人员配置随时符合餐厅运营的实际需求。通过有效的人员定岗定编，可以最大化工作效率，提高客人满意度，同时控制人力成本。

二、任务工单

任务描述
S 餐厅位于某三线城市中心的大型购物商场内，主要经营午晚餐，有餐位 120 个，单餐客人的平均用餐时间为 1 小时，平均每桌每餐翻台两次，请为该餐厅进行服务人员的配备
操作要求
1. 明确 S 餐厅的经营定位 2. 确定 S 餐厅的总体工作量 3. 为 S 餐厅进行人员定编 4. 根据所确定的人员数量进行排班
素养提升
在餐饮企业中，人力成本是重要的经营成本之一。企业在人力资源管理中要遵循社会道德和价值观，实现企业与员工的共同发展。企业根据业务发展需求和人力资源状况，应制定科学的人力资源规划与预算。通过合理配置人员数量和结构，提高人力资源的利用效率，减少无效的人力成本开支。党的二十大报告强调，人才是第一资源，要"坚持人才引领驱动"，努力培养造就更多大国工匠、高技能人才。因此餐饮企业也要关注人才的储备和培养，为企业未来的发展提供有力的人才支持

三、任务分组

<table>
<tr><td>班级</td><td colspan="2"></td><td>教师</td><td colspan="2"></td></tr>
<tr><td>组长</td><td colspan="2"></td><td>组名</td><td colspan="2"></td></tr>
<tr><td rowspan="6">组员</td><td>姓名</td><td colspan="2">分工</td><td>姓名</td><td>分工</td></tr>
<tr><td></td><td colspan="2"></td><td></td><td></td></tr>
<tr><td></td><td colspan="2"></td><td></td><td></td></tr>
<tr><td></td><td colspan="2"></td><td></td><td></td></tr>
<tr><td></td><td colspan="2"></td><td></td><td></td></tr>
<tr><td></td><td colspan="2"></td><td></td><td></td></tr>
</table>

四、任务实施

工作活动 1

小组讨论制订 S 餐厅服务人员定编方案。

S 餐厅的市场定位	
S 餐厅的总体工作量	
S 餐厅服务人员数量的确认过程	
定编结果	

工作活动 2

根据所确定的人员定编制订一份餐厅排班计划。

组名：	所排班次：
排班表：	
特殊情况说明：	

工作活动 3

进行组间交流，完善排班计划。

组名：	
原有方案：	新方案：
调整原因：	

五、任务评价与总结

一级指标	二级指标	评价内容	分值	自评	互评	教评	得分
工作能力(50分)	信息检索能力	能使用数字化手段获取知识和有效信息；能将查到的信息有效运用到学习中	5分				
	感知课堂生活	熟悉餐饮各工作岗位人员要求，认同各岗位工作价值，认同岗位工作价值，在学习中能获得满足感，认同课堂文化	5分				
	参与态度与沟通能力	积极主动与教师、同学交流，相互尊重、理解；与教师、同学能够保持多向、丰富、适宜的信息交流	10分				
	知识能力获得	掌握影响餐饮人力成本的因素	5分				
		掌握控制餐饮人力成本的方法	5分				
		能够进行有效的餐厅人员定编	10分				
	素养达成	发现问题、提出问题、分析问题、解决问题、创新问题	5分				
		具有成本意识	5分				
任务得分(50分)	餐厅定编	餐厅定位准确	10分				
		餐厅工作量确认准确	10分				
		人员数量确定合理	10分				
	排班方案	考虑到了成本因素	10分				
		坚持以人为本的原则	10分				
总结	进步						
	欠缺						
	改进措施						

项目三　餐饮成本核算

- **知识目标**

1. 掌握净料率和净料成本的核算。
2. 掌握毛利率的计算方法。
3. 掌握餐饮成本分析的内容。
4. 掌握餐饮成本分析的方法。

- **能力目标**

1. 能够进行餐饮成本核算。
2. 能够计算餐饮毛利率。
3. 能够进行餐饮成本分析。

- **素养目标**

1. 具有成本意识,树立正确的成本观念。
2. 具有利润意识,养成良性的企业盈利思维。

任务一　餐饮毛利核算

学习要点

了解不同类型餐饮原料的成本,能够计算餐饮成品的毛利率。

案例导入

在繁忙的都市中,有一家名为“品味轩”的中档餐厅,该餐厅以其精致的中式菜肴和周到的服务著称。餐厅的老板李明是一位对数字敏感且富有远见的商人,他深知毛利率对于餐厅经营的重要性。李明一直追求 60% 的毛利率,这是他根据市场调研和成本分析得出的结论。他认为,只有维持这个毛利率,餐厅才能在竞争激烈的市场中生存并发展。

李明对食品毛利率的计算过程非常重视,他知道这是确保餐厅盈利的关键。以下是他计算毛利率的步骤。

(1) 确定菜品售价,这是客人支付的价格,李明通过市场调研确定了每个菜品的售价。

(2) 计算食材成本,包括所有用于制作这道菜的原料成本,如肉类、蔬菜、调料等。

(3) 计算毛利额,方法是菜品售价减去食材成本。

(4) 计算毛利率,方法是将毛利额除以菜品售价,然后乘以 100% 得到百分比形式的毛利率。

例如,对于“品味轩”招牌菜宫保鸡丁毛利率的计算如下。

菜品售价:30 元。

食材成本:10 元(鸡肉、花生米、辣椒等)。

毛利额 = 30−10 = 20(元)。

毛利率 =(20/30) × 100% ≈ 66.67%

这个毛利率高于李明的目标毛利率,说明宫保鸡丁是一个盈利能力强的菜品。

在李明的精心管理下,“品味轩”的毛利率稳定在 60% 以上,高于行业平均水平。餐厅的利润水平不断提高,市场竞争力也越来越强。

引导问题:

(1) 影响餐厅毛利率的因素有哪些?

(2) 控制好毛利率能给餐厅经营带来哪些优势?

视频:餐饮成本核算方法

一、知识学习

(一) 原料成本的核算

食品原料的成本是食品价格和经营管理的基础,准确核算原料成本可以合理制定产品价格,使餐饮企业在竞争中获得优势。

1. 净料率的核算

净料率的概念前文已经叙述,它所代表的是食品原料利用程度的指标,其计算公式为

$$净料率 = \frac{加工后可用食品原料重量}{加工前食品原料总重量} \times 100\%$$

实际上,在食品原料品质一定、加工方法和技术水平一定的条件下,食品原料在加工前后的重量变化是有一定的规律可循的。因此,净料率对成本的核算、食品原料利用状况分析及其采购、库存数量的确定等方面,都有重要的作用。

【例题】某厨房购入带骨羊肉 48 kg,经初步加工处理后剔出骨头 12 kg,计算羊肉的净料率方法如下。

根据公式计算如下:

$$羊肉的净料率 = \frac{加工后可用原料重量}{加工前原料总重量} \times 100\%$$

$$= \frac{(48-12)}{48} \times 100\%$$

$$=75\%$$

食品原料的净料率在企业运营中也称为食品原料的出成率、出净率、净货率等。

2. 净料成本的核算

进行净料成本核算时，根据原料的初加工情况有一料一档及一料多档之分。

（1）一料一档的净料成本核算。

一料一档是指毛料经初步加工处理后，只得到一种净料，没有可供作价利用的下脚料。一料一档的净料成本核算公式为：

$$净料成本=\frac{毛料进价总值}{净料总重量}$$

如果毛料经初步加工处理后，除得到净料外，尚有可以利用的下脚料，则在计算净料成本时，应先在毛料总值中减去下脚料的价值，其计算公式为

$$净料成本=\frac{毛料进价总值-下脚料价值}{净料总重量}$$

【例题】某厨房购入带骨猪肉 45 kg，进价为 30 元 /kg，经初步加工处理后得净猪肉 33.75 千克，下脚料没有任何利用价值，计算猪肉成本的方法如下。

根据净料成本的计算公式，猪肉的成本为：

$$\begin{aligned}猪肉的成本&=\frac{毛料进价总值}{净料总重量}\\&=\frac{45.00\times30}{33.75}\\&=40（元/kg）\end{aligned}$$

（2）一料多档的净料成本核算。

一料多档是指毛料经初步加工处理后得到一种以上的净料。为了正确计算各档净料的成本，应分别计算各档净料的单位价格。各档净料的单价可根据各自的质量，以及使用该净料的菜肴的规格来确定，当然，首先应确定其净料总值应占毛料总值的比例，然后进行计算。其计算公式为：

$$该档净料成本=\frac{毛料进价总值-其他各档净料占毛料总值之和}{该档净料总重量}$$

【例题】某厨房购入鲜草鱼 60 kg，进价为 19.2 元 /kg，根据菜肴烹制需要进行宰杀、剖洗分档后，得净鱼 52.5 kg，其中鱼头为 17.5 kg，鱼中段为 22.5 kg，鱼尾为 12.5 kg，鱼鳞、内脏等废料为 7.5 kg，没有利用价值。根据各档净料的质量及烹调用途，该厨房确定鱼头总值应占毛料总值的 35%、鱼中段占 45%、鱼尾占 20%，分别计算鱼头、鱼中段、鱼尾的净料成本。

因为：鲜草鱼进价总值 $=60\times19.2=1\ 152$（元），

所以，根据公式计算如下：

$$\begin{aligned}草鱼头的成本&=\frac{草鱼进价总值-鱼中段、鱼尾占毛料总值之和}{鱼头净料总重量}\\&=\frac{1\ 152-(1\ 152\times45\%+1\ 152\times20\%)}{17.5}\end{aligned}$$

$$=\frac{403.2}{17.5}$$

$$=23.04（元/kg）$$

$$草鱼中段的成本=\frac{草鱼进价总值-鱼头、鱼尾占毛料总值之和}{鱼中段净料总重量}$$

$$=\frac{1\ 152-(1\ 152\times35\%+1\ 152\times20\%)}{17.5}$$

$$=\frac{518.4}{22.5}$$

$$=23.04（元/kg）$$

$$草鱼尾的净料成本=\frac{草鱼进价总值-鱼头、鱼中段占毛料总值之和}{鱼尾净料总重量}$$

$$=\frac{1\ 152-(1\ 152\times35\%+1\ 152\times45\%)}{17.5}$$

$$=\frac{230.4}{12.5}$$

$$\approx18.43（元/kg）$$

分档定价后，草鱼头的净料总值为 403.2 元（23.04 元 /kg × 17.5 kg），鱼中段的净料总值为 518.4 元（23.04 元 /kg × 22.5 kg），鱼尾的净料总值为 230.4 元（18.43 元 /kg × 12.5 kg）。

3. 调味品成本的核算

调味品是菜肴、点心的构成要素之一，其成本是食品成本的重要组成部分。调味品成本的核算关系到整个成本核算的精确度。

厨房所使用的调味品种类繁多，且每份菜肴或点心的用量很小，因此，调味品成本不可能像主、配料成本那样用数量来计算，而只能由烹制菜肴的厨师在很短的时间内随取随用。在实际工作中，菜肴或点心调味品成本的核算只能是在对有代表性的产品进行试验和测算的基础上采用其平均值进行估算。

（二）餐饮毛利率

1. 毛利率的概念

毛利率是餐饮企业中用来考核厨房和店面运营的重要指标，它指的是毛利额与营业额之间的比率。餐饮毛利率一般按档口核算，可分为酒水毛利率和菜品毛利率。

在餐饮业中，毛利润是指销售收入扣除原材料成本和制作食品的直接成本后所剩余的金额。毛利润是一种重要的财务指标，它反映了餐厅或食品服务企业在销售食品和饮料后的盈利能力。

2. 毛利润计算

餐饮业中的毛利润可以使用以下简单的公式进行计算：

$$毛利润=销售收入-原材料成本$$

其中，销售收入是指企业从销售食品和饮料中获得的总收入；原材料成本是指制作食品所需的食材和原料的成本。

在计算餐饮业的毛利润时,需要注意以下关键事项。

(1) 成本分析。了解原材料成本和制作成本的具体构成对于管理成本和提高毛利润至关重要。通过定期分析成本,可以找到降低成本的机会。

(2) 价格策略。毛利润直接受到产品定价策略的影响。较高的毛利润可以通过提高价格或降低成本来实现。但需要谨慎平衡价格与利润之间的关系,以吸引客人并保持竞争力。

(3) 季节性因素。餐饮业可能会受到季节性因素的影响,如不同季节的需求变化。在计算毛利润时,要考虑到这些季节性变化,以便做出相应调整。

(4) 客户满意度。尽管毛利润是一个关键指标,但客人满意度同样重要。提供高质量的食品和服务将有助于吸引更多客人,并有助于长期盈利。

【例题】某市中的一家餐厅,一天的销售收入为 1 000 元,所耗用的原材料成本为 500 元。使用上述公式,可以计算出毛利润:

$$毛利润 = 1\ 000-500 = 500(元)$$

3. 毛利率核算

毛利率又称销售毛利率,计算公式为:

$$毛利率 =(销售收入 - 原料成本) \div 销售收入 \times 100\%$$

从餐饮业的特点来看,毛利率是毛利占销售价格整价的百分比,由于菜点制作方法各异,为了合理地计算菜点销售价格,在一定的范围内,应按各菜点的实际情况确定毛利率的高低。

【例题】肉丝炒蒜苗的成本为每份 7.5 元,每份肉丝炒蒜苗的销售价格为 16 元,则其毛利率为:$(16-7.5) \div 16 \times 100\% = 53\%$。

二、任务工单

任务描述
对模块三项目三任务一中本组所设计的主题宴会菜单进行毛利率核算
操作要求
1. 掌握菜品毛利率的计算方法 2. 计算不同类别菜品的毛利率 3. 了解行业中宴会的毛利水平 4. 根据各类菜品的毛利占比,调整本组所设计菜单的菜品构成
素养提升
在餐饮企业的经营中,毛利核算是财务管理的重要环节。从业人员必须树立良好的成本意识和节约意识。节约意识是降低成本、提高效益的关键。在毛利核算过程中,应通过精细化管理、减少浪费等方式降低成本。这有助于提高企业的盈利能力,实现企业可持续发展。质量是企业的生命线。在毛利核算过程中,要以人为本,从提高客人的满意度出发,关注食品质量、服务质量等方面,不能一味追求高毛利。餐饮企业应通过提高产品质量、服务和管理水平,赢得消费者的信赖,保持竞争优势

三、任务分组

<table>
<tr><td>班级</td><td colspan="2"></td><td>教师</td><td></td></tr>
<tr><td>组长</td><td colspan="2"></td><td>组名</td><td></td></tr>
<tr><td rowspan="6">组员</td><td>姓名</td><td>分工</td><td>姓名</td><td>分工</td></tr>
<tr><td></td><td></td><td></td><td></td></tr>
<tr><td></td><td></td><td></td><td></td></tr>
<tr><td></td><td></td><td></td><td></td></tr>
<tr><td></td><td></td><td></td><td></td></tr>
<tr><td></td><td></td><td></td><td></td></tr>
</table>

四、任务实施

工作活动 1

计算毛利率：

菜品类别	毛利率
凉菜	
热菜	
点心	
水果	

工作活动 2

根据所计算各类菜品的毛利占比，调整菜单内容并说明原因。

<table>
<tr><td>组名：</td><td>作品名称：</td></tr>
<tr><td>原菜单：</td><td>原有菜单中各类菜品的毛利占比：</td></tr>
<tr><td>新菜单：</td><td>调整后菜单中各类品名的毛利占比：</td></tr>
<tr><td colspan="2">调整原因：</td></tr>
</table>

五、任务评价与总结

<table>
<tr><th>一级指标</th><th>二级指标</th><th>评价内容</th><th>分值</th><th>自评</th><th>互评</th><th>教评</th><th>得分</th></tr>
<tr><td rowspan="8">工作能力（50分）</td><td>信息检索能力</td><td>能利用网络准确查找餐饮行业经营毛利指标；能将查到的信息有效运用到学习中</td><td>5分</td><td></td><td></td><td></td><td></td></tr>
<tr><td>感知课堂生活</td><td>熟悉餐饮成本核算工作，认同工作价值，在学习中能获得满足感，认同课堂文化</td><td>5分</td><td></td><td></td><td></td><td></td></tr>
<tr><td>参与态度与沟通能力</td><td>积极主动与教师、同学交流，相互尊重、理解；与教师、同学能够保持多向、丰富、适宜的信息交流</td><td>5分</td><td></td><td></td><td></td><td></td></tr>
<tr><td rowspan="2">知识能力获得</td><td>掌握影响餐饮原料成本的因素</td><td>10分</td><td></td><td></td><td></td><td></td></tr>
<tr><td>掌握餐饮毛利润和毛利率的核算方法</td><td>10分</td><td></td><td></td><td></td><td></td></tr>
<tr><td rowspan="3">素养达成</td><td>发现问题、提出问题、分析问题、解决问题、创新问题</td><td>5分</td><td></td><td></td><td></td><td></td></tr>
<tr><td>具有诚实守信的职业道德</td><td>5分</td><td></td><td></td><td></td><td></td></tr>
<tr><td>具有厉行节约、反对浪费的职业习惯</td><td>5分</td><td></td><td></td><td></td><td></td></tr>
<tr><td rowspan="4">任务得分（50分）</td><td rowspan="4">毛利率核算与菜单调整</td><td>各类菜品毛利率核算准确</td><td>15分</td><td></td><td></td><td></td><td></td></tr>
<tr><td>各类别菜品毛利占比计算准确</td><td>10分</td><td></td><td></td><td></td><td></td></tr>
<tr><td>菜单调整依据符合行业实际</td><td>10分</td><td></td><td></td><td></td><td></td></tr>
<tr><td>菜单调整合理</td><td>15分</td><td></td><td></td><td></td><td></td></tr>
<tr><td rowspan="3">总结</td><td>进步</td><td colspan="6"></td></tr>
<tr><td>欠缺</td><td colspan="6"></td></tr>
<tr><td>改进措施</td><td colspan="6"></td></tr>
</table>

任务二　餐饮成本分析

学习要点

收集餐饮经营数据，明确餐饮成本分析的内容。使用定期比较法、逐日比较法等方法进行餐饮成本分析，并形成结论和建议，有效指导餐厅经营实践。

案例导入

“悦食小馆”因其地道的本地菜肴和温馨的就餐环境而受到客人的喜爱。然而，餐厅的老板赵海发现，尽管生意不错，但餐厅的利润始终不尽如人意。为了提升盈利能力，赵海决定对餐厅进行一次彻底的成本分析。

通过成本分析，赵海发现了许多可以降低成本的方法，如减少食材浪费、优化菜品定价等。这些措施使餐厅的利润率有了明显提升。随着利润的增加，赵海有更多的资金用于提升餐厅的服务和菜品质量，从而吸引了更多的客人，增强了市场竞争力。赵海通过成本分析，调整了部分菜品的价格，使其更加合理，提高了客人的满意度和忠诚度。随着利润的提升，赵海改善了员工的福利和激励机制，提高了员工的士气和工作效率。

在赵海的努力下，“悦食小馆”的成本结构得到了显著优化，餐厅的经营状况也有了明显改善，具体如下。

(1) 利润大幅提升。通过降低成本和提高菜品价格，餐厅的利润率提升至行业领先水平。

(2) 市场份额扩大。优质的菜品和服务吸引了更多的客人，餐厅的市场份额不断增加。

(3) 品牌影响力增强。随着客人满意度的提高，餐厅的口碑越来越好，品牌影响力日益增强。

“悦食小馆”在赵海的带领下，不仅实现了盈利能力的提升，还成了当地知名的餐饮品牌。

赵海的成本分析和优化措施取得了巨大成功。餐厅的利润率有了明显提升，市场竞争力也得到了增强。赵海的故事告诉我们，通过细致的成本分析和有效的管理措施，餐厅可以优化成本结构，提升盈利能力，实现可持续发展。

引导问题：

进行餐厅成本分析对提高企业竞争力有哪些帮助？

一、知识学习

（一）餐饮成本分析的内容

餐饮成本分析是指餐饮企业按照一定的原则，采用一定的方法，利用成本计划、成本核算及其他资料等工具，对成本目标的执行情况进行分析，查找实际成本与目标成本产生偏差的原因，并找到成本控制的有效途径，以帮助企业达到最大的经济效益。

由于餐饮经营活动的环节众多，覆盖面广，所以餐饮成本分析包含的内容很广，涉及餐饮经营管理活动的各方面，包括：

（1）餐饮原料采购成本分析。

（2）餐饮原料验收成本分析。

（3）餐饮原料存储成本分析。

（4）餐饮食品生产加工成本分析。

（5）餐饮市场营销成本分析。

（6）资产使用成本分析，重点是对固定资产、低值易耗品和物料用品的成本分析。

（7）资金运营成本分析。

（8）用工成本分析。

（9）综合成本分析。

餐饮成本分析有利于分析餐厅的利润指标。其中，餐厅的净利润是指餐厅的营业收入扣除所有支出后所剩余的收益，即净利润 = 营业收入 − 各项费用支出的总和。净利率为净利润与营业收入的比值。

（二）餐饮成本分析的方法

在进行餐饮成本分析时，通常使用的基本方法是比较法，具体操作方法主要有以下两种。

1. 定期比较法

定期比较法是指在固定的时间周期内对餐饮成本进行对比分析的方法。通常以周、月、季度或年为周期。周期内各项数据，如食品饮料成本、人力成本、能源成本等，可以从各项经营报表中获取。

通过对不同周期的成本比较，可以帮助餐饮管理者了解较长时间段内成本的变化趋势，发现成本波动的规律，找出成本上升或下降的原因，如季节性因素、市场价格变化等。

在进行定期比较时，选择合适的比较周期很重要，周期过长可能无法及时发现问题，周期过短则可能受到短期波动的影响，难以准确反映趋势。同时，在不同周期的统计中应采用相同的计算方法和标准，确保数据的准确性和一致性。

2. 逐日比较法

采用逐日比较法时，需每天计算当天的各项成本支出，然后将当天的数据与前一天或历史同期数据，或者某些指标数据，如既定毛利率等进行比较。与定期比较法相比，逐日比较法花费较多时间和精力，但它能实时为管理人员提供成本控制信息，以便及时进行纠正和控制。

在使用逐日比较法时，由于每天的数据可能受到一些偶然因素的影响，因此不能仅仅依据单日的比较结果做出方向性的决策，应充分考虑各方面因素，同时结合一段时间的趋势进行综合判断。逐日比较需要较详尽的数据记录和较高的分析频率，需要借助信息化管理系统来提高效率和准确性。

除上述比较法外，还可以采用的分析方法有直观分析法、流程分析法、表格分析法、抽样分析法、自动化成本分析法、盘存分析法等。

二、任务工单

任务描述
A 餐厅的月度经营指标如下： 1. 月收入：450 000 元 2. 成本与开支 食材采购成本：135 000 元 人工成本（工资 + 福利）：120 000 元 租金：40 000 元 公共事业和维护费用（水 / 电 / 气 / 保洁等）：20 000 元 营销费用：15 000 元（包括广告、推广活动等） 其他开支（餐具、纸巾、调味品等消耗品）：10 000 元 折旧费：5 000 元 3. 客流量 总客流量：8 000 人次 每日平均客流量：8 000/30 ≈ 267（人次 / 天） 4. 平均客单价 客单价 = 月收入 / 总客流量 =450 000/8 000 = 56.25（元 / 人次） 请根据以上数据计算餐厅的毛利润、毛利率、净利润、净利率等指标，进行经营成果分析，形成有效的建议
操作要求
1. 明确餐饮成本分析的方法 2. 确定报表中的关键指标 3. 采用适合的方法对指标进行比较 4. 分析指标变动的原因或者导致的结果，形成结论
素养提升
在餐饮成本分析时，我们应当弘扬精细操作与节约精神，珍惜资源，培养学生严谨细致的工作态度，确保每一笔开支都能发挥最大效用。同时，成本控制不仅关乎企业盈利，更体现了企业对社会资源负责任的态度。通过合理规划库存、减少浪费、提倡绿色可持续发展，企业不仅能实现经济效益最大化，还能树立良好的社会形象。通过对实际成本与标准成本的对比分析，引导员工深刻理解成本差异背后的社会责任，培养一支既具备专业技能又具有高度社会责任感的团队

三、任务分组

<table>
<tr><td>班级</td><td colspan="2"></td><td>教师</td><td colspan="2"></td></tr>
<tr><td>组长</td><td colspan="2"></td><td>组名</td><td colspan="2"></td></tr>
<tr><td rowspan="6">组员</td><td>姓名</td><td>分工</td><td>姓名</td><td colspan="2">分工</td></tr>
<tr><td></td><td></td><td></td><td colspan="2"></td></tr>
<tr><td></td><td></td><td></td><td colspan="2"></td></tr>
<tr><td></td><td></td><td></td><td colspan="2"></td></tr>
<tr><td></td><td></td><td></td><td colspan="2"></td></tr>
<tr><td></td><td></td><td></td><td colspan="2"></td></tr>
</table>

四、任务实施

餐饮成本分析报告

组名：	报告名称：
关键指标名称：	
关键指标计算过程：	
经营成果分析：	
结论与优化经营的建议：	

五、任务评价与总结

一级指标	二级指标	评价内容	分值	自评	互评	教评	得分
工作能力（50分）	信息检索能力	能使用数字化手段获取知识和有效信息；能将查到的信息有效运用到学习中	5分				
	感知课堂生活	熟悉餐饮成本分析工作，认同工作价值，在学习中是否能获得满足感，认同课堂文化	5分				
	参与态度与沟通能力	积极主动与教师、同学交流，相互尊重、理解；与教师、同学能够保持多向、丰富、适宜的信息交流	5分				

续表

一级指标	二级指标	评价内容	分值	自评	互评	教评	得分
工作能力（50分）	知识能力获得	掌握影响餐饮成本分析的内容	10分				
		能够对餐饮经营数据进行分析	10分				
	素养达成	发现问题、提出问题、分析问题、解决问题、创新问题	5分				
		具有诚实守信的职业道德	5分				
		具有精益求精的工匠精神	5分				
任务得分（50分）	餐饮成本分析	指标计算准确	20分				
		经营成果分析合理	20分				
		优化建议有针对性	10分				
总结	进步						
	欠缺						
	改进措施						

模块小结

本模块深入探讨了餐饮成本控制的多个关键领域，包括原料管理、成本控制与核算。通过真实的案例导入，引发学习者的学习思考，任务内容设计基于餐饮成本各岗位的典型工作任务，任务实施着力于渐进式提升学习者专业能力，培养学习者对餐饮成本全面掌控的能力。通过学习，学习者将理解并掌握原料采购、验收、存储与发放等环节的管理知识，以及如何通过这些环节有效控制成本。

通过本模块的学习，学习者不仅获得了餐饮成本控制的理论知识，而且提升了实际操作能力和职业素养，为未来在餐饮行业的成本管理岗位上发挥专业技能打下了坚实基础。

赛证直通

扫二维码，完成在线练习。

在线自测 5

模块六　收 益 管 理

◆ 模块导读

本模块主要包括宾客需求分析、餐饮数字化营销、菜单工程、餐厅收益分析等内容，旨在帮助学习者树立收益管理的意识，掌握餐饮企业的收益管理与战略性定价过程，能够根据餐饮企业环境变化，制定价格策略和战略，提升学习者运用新技术工具进行数据分析和创新思维的能力。

◆ 思维导图

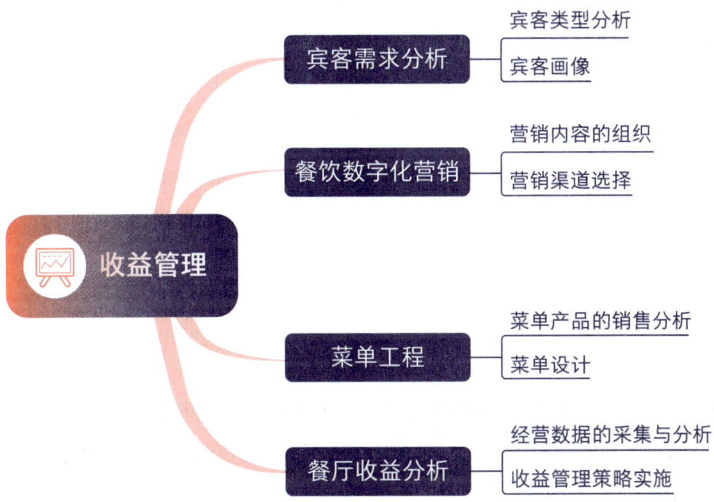

项目一　宾客需求分析

- **知识目标**

1. 掌握宾客价值分析模型。
2. 掌握宾客画像的构建。

- **能力目标**

1. 能够根据宾客分类区分具有不同价值的宾客。
2. 能够针对不同价值的宾客制定营销策略。

- **素养目标**

1. 具备以数据视角审视企业竞争关系的数字运营思维。
2. 具有解决问题的能力。
3. 培养坚韧不拔、乐观进取的品质。

任务一　宾客类型分析

学习要点

通过案例分析学习，掌握宾客价值分析模型及提高营销活动效率的路径。能够通过宾客分类区分低价值客户和高价值客户，针对不同价值的宾客采用不同营销策略，更科学地分配营销资源，实现利润最大化。

案例导入

某五星级酒店在定期整理客户档案时，发现有 6 000 余人来过酒店餐厅消费，其中有不到 1 400 位经常光顾的活跃客户，人均年消费额在 5 000 元以上；有 1 900 多位客户只来了一次，消费额为 1 000~3 000 元；有 600 位最近不常来的客户，单人年消费额为 2 000~5 000 元；有 2 200 多位不会再光顾客户，单人年消费额在 1 000 元以下。

引导问题：

(1) 根据案例中的数据可以将客户分为哪几类?

(2) 对客户分类的作用是什么?

一、知识学习

RFM 模型作为一种常用的宾客价值分析工具,在宾客分层和运营中发挥着重要的作用。通过准确评估宾客的购买频率、金额和最近购买时间,能够更好地理解宾客的行为特征和价值,并制定相应的运营策略。无论是专注于最高价值客户、忠诚度保持客户、潜力客户、重要复购客户还是潜在流失客户,定制化的运营策略都将帮助企业提高宾客满意度、增加销售和提升品牌忠诚度。同时,在触达宾客时,合理选择触达方式和频次,确保在满足宾客需求的同时不过度干扰宾客。通过综合运用 RFM 模型和相关策略,企业可以有效地提升宾客价值,实现可持续发展和业务增长。

(一) 宾客类型分析模型

RFM 模型是一个传统的数据分析模型,有 3 个重要指标。

(1) R(Recency)。最近一次消费时间间隔,指用户最近一次消费时间距离现在的时间间隔。间隔越小,再次消费的概率越大,即 R 值越小,用户的活跃度越高,用户的价值就越高。

(2) F(Frequency)。消费频率,指用户一段时间内消费了多少次。购买频率越高,即 F 值越大,用户的忠诚度就越高,用户的价值就越高。

(3) M(Monetary)。消费金额,指用户一段时间内的消费金额。消费金额越高,说明用户对产品的购买力越高,即 M 值越大,用户的价值就越高。

这三项数据成了衡量宾客价值和宾客创利能力的重要工具和手段。每个指标数据的价值都有高低两种情况,因此,把 3 个指标的价值组合起来看,会有 $2\times2\times2=8$ 种组合。如果把 R、F、M 的价值高低作为坐标轴,就可以将宾客划分为表 6-1 中的 8 种类型。

表 6-1　宾客分类规则表

用户分类	R 值的价值	F 值的价值	M 值的价值
重要价值宾客	高	高	高
重要发展宾客	高	低	高
重要保持宾客	低	高	高
重要挽留宾客	低	低	高
一般价值宾客	高	高	低
一般发展宾客	高	低	低
一般保持宾客	低	高	低
一般挽留宾客	低	低	低

(二) 宾客类型分析模型的作用

RFM 模型多用于精细化运营服务。单看 R、F、M 3 个指标，其本身已经具备了一定的参考性。消费时间间隔短的宾客再次购买的概率较高。可以采取唤醒或者刺激消费的方式，如赠送打折券等。消费频率高的宾客，其忠诚度相对较高，可以规律性地提醒这类宾客关于产品的一些优惠信息。消费金额越高的宾客，宾客价值也越高，可以提供专属该类宾客的优惠价格。

对于 8 类宾客分类，还能进一步有针对性地使用不同的运营策略，获取并保留关键性宾客，针对价值高的宾客制定促销策略。

(三) 宾客类型分析模型的构建流程

1. 计算 R、F、M 的值

得到 R、F、M 这 3 个指标，一般需要的信息有：宾客名称 / 宾客 ID、消费记录（如消费时间、消费金额）。

假设现在是 2023 年 12 月 30 日，分析最近 30 天有进行消费的用户。其中宾客张先生最近一次消费间隔为 18 天。在该月总共消费了 2 次，总共消费金额是 2 021 元。宾客王先生最近一次消费间隔为 2 天。在该月总共消费了 5 次，总共消费金额是 10 000 元。据此可以得到两个宾客的 R、F、M 值，如表 6–2 所示。

表 6–2　宾客 R、F、M 值

宾客 ID	宾客名称	最近一次消费时间间隔（R）	消费频率（F）	消费金额（M）
1	张先生	18	2	2 021
2	王先生	2	5	10 000

2. 根据 RFM 的阈值，对宾客进行分类

阈值，又叫临界值，是指一个效应能够产生的最低值或最高值。在上述案例中，对 RFM 各值的高低值进行标记前，需要获得 RFM 各值的阈值。获得阈值，可以对 RFM 各值采取分区域评分，再计算各值平均数的方式，该方式分为三个步骤。

(1) 给 R、F、M 各值按价值划分打分区间。不是按指标的数值大小打分，而是对指标的价值打分。如何定义打分的范围，需要结合具体的业务来调整。由于这里是举例来说明，所以假设 R、F、M 各值按价值从小到大分为 1~5 分，其打分规则如表 6–3 所示。

表 6–3　打分规则表

按价值打分	最近一次消费时间间隔（R）	消费频率（F）	消费金额（M）
1	20 天以上	1 次	1 000 元以内
2	10~20 天	2 次	1 000~1 500 元
3	5~10 天	3 次	1 500~3 000 元
4	3~5 天	4 次	3 000~5 000 元
5	3 天以内	5 次	5 000 元以上

根据表 6-3，给两个宾客的 RFM 值进行打分，如表 6-4 所示。

表 6-4 RFM 值打分

宾客 ID	*R* 值	*F* 值	*M* 值	*R* 值打分	*F* 值打分	*M* 值打分
1	18	2	2 021	2	2	3
2	2	5	10 000	5	5	5

（2）计算价值的平均值。打完分数后，分别计算 *R*、*F*、*M* 各打分值的平均值，结果如表 6-5 所示。

表 6-5 *R*、*F*、*M* 各打分值的平均值

宾客 ID	*R* 值	*F* 值	*M* 值	*R* 值的价值	*F* 值的价值	*M* 值的价值
1	18	2	2 021	2	2	3
2	2	5	10 000	5	5	5
价值平均值				3.5	3.5	4

（3）用户分类。最后，将两个用户的 RFM 值与各值的平均值进行对比。

如果宾客 *R* 值打分大于平均值，就标记该行的 *R* 值打分为“高”，反之标记为“低”。*F*、*M* 值亦是同理。

将标记好的 RFM 高低值与用户分类规则表进行对比，可以得出用户属于哪种类别。对比结果如表 6-6 所示。

表 6-6 对比用户分类规则表，对用户进行分类

宾客 ID	*R* 值打分	*F* 值打分	*M* 值打分	*R* 值高低	*F* 值高低	*M* 值高低	宾客分类
1	2	2	3	低	低	低	一般挽留宾客
2	5	5	5	高	高	高	重要价值宾客

二、任务工单

任务描述
表 6-7 中是 A 酒店餐饮部宾客近一年 RFM 数据，请每个人根据数据进行宾客类型分析，并提出营销建议，进行组内交流

表 6-7 A 酒店餐饮部宾客近一年 RFM 数据

宾客 ID	宾客名称	最近一次消费时间间隔（*R*）/ 天	消费频率（*F*）/ 次	消费金额（*M*）/ 元
1	张先生	56	2	2 021
2	王先生	2	5	10 000
3	李女士	360	1	1 998
4	赵先生	120	3	1 997
5	周女士	63	5	1 995
6	吴先生	79	4	1 996

续表

假设 R、F、M 各值按价值从小到大分为 1~5 分，打分规则如表 6-8 所示

表 6-8　打分规则

按价值打分	最近一次消费时间间隔（R）/ 天	消费频率（F）/ 次	消费金额（M）/ 元
1	180 以上	1	1 000 以内
2	61~180	2	1 000~2 000
3	31~60	3	2 001~4 000
4	10~30	4	4 001~6 000
5	10 以内	5	6 000 以上

操作要求

1. 根据 RFM 模型的构建流程，进行数据计算和分析
2. 根据数据结果，对宾客进行类别划分
3. 根据宾客类别的划分，提出市场营销建议
4. 进行组内交流，沟通宾客类别划分，开拓营销思路

素养提升

党的二十大报告指出，构建优质高效的服务业新体系，推动现代服务业同先进制造业、现代农业深度融合。加快发展物联网，建设高效顺畅的流通体系，降低物流成本。加快发展数字经济，促进数字经济和实体经济深度融合，打造具有国际竞争力的数字产业集群。在宾客类型分析中，要具备以数据为驱动、科学认识企业竞争关系的数字化运营思维，要通过实际运营数据分析，提高解决问题的能力，培养坚韧不拔、乐观进取的品质

三、任务分组

<table>
<tr><td>班级</td><td colspan="2"></td><td>教师</td><td colspan="2"></td></tr>
<tr><td>组长</td><td colspan="2"></td><td>组名</td><td colspan="2"></td></tr>
<tr><td rowspan="6">组员</td><td>姓名</td><td>分工</td><td colspan="2">姓名</td><td>分工</td></tr>
<tr><td></td><td></td><td colspan="2"></td><td></td></tr>
<tr><td></td><td></td><td colspan="2"></td><td></td></tr>
<tr><td></td><td></td><td colspan="2"></td><td></td></tr>
<tr><td></td><td></td><td colspan="2"></td><td></td></tr>
<tr><td></td><td></td><td colspan="2"></td><td></td></tr>
</table>

四、任务实施

工 作 活 动

姓名：____________

宾客名称	*R* 值打分	*F* 值打分	*M* 值打分	*R* 值高低	*F* 值高低	*M* 值高低	宾客分类	营销建议
张先生								
王先生								
李女士								
赵先生								
周女士								
吴先生								

五、任务评价与总结

一级指标	二级指标	评价内容	分值	互评	教评	得分
工作能力（50 分）	数据分析能力	在学习中能将学习知识运用到学习任务中，正确运用数据，提高数据分析能力	10 分			
	参与态度与沟通能力	积极参与学习任务，及时高效完成；与教师、同学能够保持多向、丰富、适宜的交流	5 分			
	知识能力获得	掌握 RFM 模型概念和作用	5 分			
		掌握 RFM 模型构建流程	10 分			
		能够根据数据进行客户类型分析	10 分			
	素养达成	具备数据分析的能力	5 分			
		具备数字化运营思维	5 分			
任务得分（50 分）	宾客类型划分及营销建议	准确计算 R、F、M 的值	15 分			
		准确计算价值的平均值	10 分			
		合理进行宾客分类	15 分			
		提出合理的营销建议	10 分			
总结	进步					
	欠缺					
	改进措施					

任务二 宾 客 画 像

学习要点

学习了解宾客画像的概念和作用，掌握餐饮宾客画像分析的步骤。在任务学习中，通过案例分析，掌握勾勒宾客画像的方法，能够通过宾客画像来实现精准营销和个性化服务。

案例导入

宾客 A，“90 后”，女，喜欢看韩剧，在写字楼工作，工作年限为 3 年以内，月收入在 8 000 元以内，非本地户口，交通工具主要是公共交通，月打车费用不超过 300 元，使用苹果手机，每月至少看一场电影，以淘宝为主要购物渠道。

引导问题：

根据以上案例描述总结宾客 A 的特点，分析该宾客的消费习惯。

一、知识学习

餐饮业竞争激烈，消费者需求也日趋多样化。为了更好地了解消费者、提供符合市场需求的产品和服务，餐饮企业需要通过宾客画像来实现精准营销和个性化服务。

(一) 宾客画像的概念

宾客画像是在对宾客数据进行分析和挖掘的基础上，建立起来的对于消费者特征和偏好的描述。

餐饮宾客画像，即餐饮宾客信息标签化，就是企业通过收集与分析消费者社会属性、生活习惯、消费行为等主要信息的数据之后，完美地抽象出一个宾客的餐饮消费全貌。

(二) 餐饮行业宾客画像的重要性

1. 助力产品开发

宾客画像可以为餐饮企业提供更深入、全面的消费者信息，有利于企业针对消费市场进行高质量的产品开发。例如，通过分析消费者的历史购买记录、消费行为等数据，企业可以了解消费者的需求和喜好，从而开发出更加符合消费者需求的产品。

2. 提供个性化服务

宾客画像可以帮助企业提供更加贴近消费者需求的个性化服务。例如，通过对不同用户群体的口味偏好、用餐时间、用餐场景等数据进行分析，企业可以推出定制化的菜品、优惠券、超价值体验等个性化服务。

3. 优化运营管理

宾客画像还可以帮助餐饮企业优化运营和管理。例如,通过分析消费者的购买渠道和频率,企业可以更好地规划营销策略和促销活动,提高转化率。同时,宾客画像也可以让企业具备更好的预测能力,让企业更好地预估未来需求和市场变化。

4. 提高消费者满意度和忠诚度

通过宾客画像,企业可以更好地了解消费者需求和偏好,以此提供更好的产品和服务,从而大大提高消费者的满意度和忠诚度,促进消费者回头消费和口碑传播。

(三) 餐饮宾客画像的步骤

为餐饮宾客画像的焦点工作就是为宾客打标签,而一个标签通常是人为规定的高度精炼的特征标识,如年龄、性别、地域、用户偏好等,最后从宾客的所有标签综合来看,基本可以勾勒出该宾客的立体画像。

具体来讲,在为宾客画像时,有以下 3 个步骤。

(1) 收集到宾客所有的相关数据并将用户数据划分为静态信息数据、动态信息数据两大类。静态信息数据是指宾客相对稳定的信息,如性别、地域、职业、消费等级等,动态信息数据是指宾客不停变化的行为信息,如浏览网页、选择菜品、发表评价、接触渠道等。

(2) 通过剖析数据为宾客贴上相应的标签及指数,标签代表宾客对该内容有兴趣、偏好、需求等,指数代表宾客的兴趣程度、需求程度、购买概率等。宾客消费行为分析可以从 4 个维度来进行标签划分:宾客标签,包括性别、年龄、地域、收入、学历、职业等,这些包括了宾客的基础属性;消费标签,包括消费习惯、购买意向、是否对促销敏感,这些用于统计分析宾客的消费习惯;行为标签,包括时间段、频次、时长、访问路径,可以通过这些分析宾客行为,来得到他们使用 App 的习惯;内容分析,对宾客平时浏览的内容,尤其是停留时间长、浏览次数多的内容进行分析,分析出宾客对哪些内容感兴趣,如金融、娱乐、教育、体育、时尚、科技等。

(3) 将标签和指数相结合,形成完整的宾客画像。宾客画像应包括时间、地点、人物 3 个要素,即什么宾客在什么时间、什么地点做了什么事。通过这个模型,可以更加深入地了解宾客的行为和喜好,从而提供更加精准的服务。

二、任务工单

任务描述
结合本任务知识的学习,以小组为单位,选取以下几类客人中的某一类客人,进行宾客画像设计 1. 商务客人,其特点为以中年男性为主,注重效率,追求高品质的服务和菜品 2. 家庭客人,其特点为老少皆宜,注重家庭氛围和亲子互动 3. 情侣客人,其特点为以年轻情侣为主,注重浪漫氛围和情感交流 通过多种渠道和方法,并借助合作企业指导教师的帮助,查找梳理所选类型客人的数据信息,为宾客贴上相应的标签及指数,制定宾客画像,并进行宾客需求分析

续表

操作要求
1. 通过多种渠道查找宾客的数据信息 2. 连线企业导师,帮助完善宾客信息 3. 宾客标签分析:性别、年龄、地域、收入、学历、职业等 4. 消费标签分析:消费习惯、购买意向、是否对促销敏感等 5. 行为标签分析:时间段、频次、时长、访问路径等 6. 内容标签分析:宾客平时浏览的内容,尤其是停留时间长、浏览次数多的内容 7. 所选类型宾客需求分析 8. 听取教师(企业导师)意见,完善宾客需求分析
素养提升
餐饮企业要树立以人为本的服务理念,并贯穿于宾客画像制定工作的始终。坚持以客户为中心,从客户需求出发去提供更为贴心、周到的餐饮服务,从客户感受出发去打造更为舒适、愉悦的用餐体验。在宾客画像分析中,学习者也要具备服务意识,通过大数据分析,构建宾客画像,满足宾客需求,提供个性化服务,提高服务水平

三、任务分组

班级		教师			
组长		组名			
组员	姓名	分工	姓名	分工	

四、任务实施

工作活动 1

组名:________

任务名称	宾客画像设计
数据查找使用平台	
宾客标签分析	

续表

任务名称	宾客画像设计
消费标签分析	
行为标签分析	
内容标签分析	

工作活动 2

组名		宾客类型	
宾客需求分析			

工作活动 3

完善宾客需求分析

组名		宾客类型	
教师建议(企业专家线上点评):			
完善宾客需求分析并提交:			

五、任务评价与总结

一级指标	二级指标	评价内容	分值	自评	互评	教评	得分
工作能力(40分)	调研能力	调研对象选择具有代表性、多样性;调研深入、全面;信息获取准确	5分				
	信息获取能力	能结合调研运用数字化手段获取有效信息	5分				

续表

一级指标	二级指标	评价内容	分值	自评	互评	教评	得分
工作能力（40分）	参与态度与沟通能力	积极主动与企业专家、教师、同学交流，相互尊重、理解；与教师、同学能够保持多向、丰富、适宜的信息交流	5分				
	知识能力获得	掌握宾客画像的概念和作用	5分				
		掌握宾客画像的步骤	5分				
		能够根据数据进行分析	5分				
	素养达成	发现问题、提出问题、分析问题、解决问题、创新问题	5分				
		具备数据分析的思维	5分				
任务得分（60分）	宾客画像设计过程及营销策划	正确分析宾客信息	10分				
		正确分析宾客标签	10分				
		正确分析宾客消费标签	10分				
		正确分析宾客行为标签	10分				
		正确分析宾客内容标签	10分				
		正确分析宾客需求	10分				
总结	进步						
	欠缺						
	改进措施						

项目二　餐饮数字化营销

- **知识目标**

1. 掌握营销内容的组织。
2. 掌握餐饮业的自媒体营销技巧。

- **能力目标**

1. 能够辨别直销渠道和分销渠道。
2. 能够配合营销目的，运用营销推广技巧，策划并实施营销方案。

- **素养目标**

1. 具备系统化思维，训练客观看待复杂系统优势与风险的辩证思维。
2. 具备合法经营意识，树立利益共存、共谋行业发展的价值观。
3. 具有创新精神，具备不畏困难、勇于开拓的精神。

任务一　营销内容的组织

学习要点

通过案例分析和学习，理解餐饮企业营销内容的组织。在任务学习中，掌握营销内容信息的编辑方法、营销内容的概念和表现形式，结合实际工作任务，能够准确有效地进行餐饮营销内容的组织。

案例导入

“味觉记忆”是一家主打复古风情与地方特色菜肴的中型餐厅，它位于繁华都市的一隅，却渴望在众多餐饮品牌中脱颖而出。面对激烈的市场竞争，餐厅决定采用内容营销策略，通过讲述食物背后的故事，激发客人的情感共鸣，建立独特的品牌形象。

餐厅发起“我的味觉记忆”活动，鼓励顾客分享自己与食物有关的美好回忆，并在餐厅的官方社交媒体平台上展示。精选故事的作者可以获得餐厅优惠券或定制礼品，这一策略不仅增强了顾客参与感，还丰富了餐厅的内容库，让品牌故事更加多元化。

“味觉记忆”与当地知名作家、摄影师合作，举办了一系列以“城市味道与记忆”为主题的沙龙活动。通过文学作品朗读、摄影展览等形式，深度挖掘并展现地方美食文化的魅力，吸引了大量文艺爱好者和美食达人的关注，扩大了品牌影响力。

每逢中国传统节日，餐厅都会推出节日限定菜单，并结合节日习俗和传说，创作相关的故事内容。例如，春节期间推出“年味系列”，讲述各地春节传统美食的故事，让顾客在享受美食的同时，感受到浓厚的节日氛围和文化传承。

通过这一系列内容营销活动，“味觉记忆”成功打造了差异化的品牌形象，吸引了大量追求情怀和文化体验的顾客。餐厅的社交媒体账号粉丝量激增，顾客口碑传播效果显著，线下门店的客流量和复购率均有明显提升。更重要的是，这种情感连接让“味觉记忆”不仅仅是一家餐厅，更成为承载顾客情感与回忆的温暖空间。

引导问题：

(1)“味觉记忆”餐厅如何讲述品牌故事？

(2)“味觉记忆”餐厅营销内容的特色有哪些？

一、知识学习

在餐饮企业营销中，内容的组织是至关重要的。一个精心策划和组织的营销内容可以大大提高品牌知名度，吸引目标受众并促进销售。以下是关于营销内容组织的关键方面。

(一) 营销内容策划

营销内容以图片、文字、视频等为介质，向顾客传达有关企业的相关信息。营销创意内容是吸引目标受众的关键。需要策划有趣、有吸引力、有教育意义的内容，以吸引和留住受众，包括文章、视频、图片、社交媒体帖子等。营销内容是一种不需要做广告，只通过内容促使顾客认同产品，并促进成交的营销方式。它通过印刷品、数字、音视频或活动，提供目标市场所需要的信息内容，而不是依靠推销行为。

营销创意内容策划可以从以下几个方面入手。

1. 故事化内容

将品牌故事、菜品背后的故事或餐厅的经营历程等内容以故事化的形式呈现，可以增加内容的趣味性和吸引力。例如，可以通过视频、图文结合的方式，讲述创始人的创业经历、菜品的独特制作过程或者顾客的用餐体验等，使观众产生共鸣，并引发其好奇心和探究欲。

2. 互动性内容

互动性内容能够增强顾客与品牌的连接感，提高顾客的参与度和黏性。餐饮企业可以通过社交媒体平台发起话题讨论、有奖竞猜、烹饪教学等互动活动，鼓励顾客积极参与并分享自己的体验。此外，还可以设置积分兑换、会员专享等福利，吸引更多顾客关注和参与。

3. 教育性内容

教育性内容能够提升顾客对品牌的信任度和好感度。餐饮企业可以分享一些关于食材选择、烹饪技巧、健康饮食等方面的知识，帮助顾客了解更多的餐饮知识，同时展现出企业的专业素养和社会责任感。此外，还可以结合时下的饮食趋势，推出新颖、健康的菜品，满足顾客的多元化需求。

4. 视觉化内容

视觉化内容能够直观地展示菜品的美观性和口感，激发顾客的食欲。餐饮企业可以通过精美的菜品图片、视频或直播等方式，展示菜品的制作过程、摆盘艺术和用餐环境等，吸引顾客的眼球。同时，可以运用各种视觉元素和色彩搭配，创造出具有品牌特色的视觉风格，提升品牌的辨识度和记忆度。

5. 跨界合作内容

跨界合作内容能够为餐饮企业带来新鲜的创意和更广泛的受众。企业可以与相关行业或领域进行合作，推出联名菜品、限量版周边产品或共同举办的活动等，通过双方资源的共享和互补，实现品牌价值的最大化。

6. 个性化内容

根据顾客的需求和喜好定制个性化内容，提高顾客的满意度和忠诚度。餐饮企业可以通过收集顾客的反馈和意见，了解他们的口味偏好、用餐习惯等信息，然后根据这些信息为顾客推荐适合的菜品或提供个性化的服务。此外，餐饮企业还可以提供定制化的用餐体验，如私人定制菜单、专属包间服务等，以满足顾客的个性化需求。

营销内容需要根据目标受众的特点和平台特性进行定制，确保信息的吸引力和信息传递的有效性，同时保持内容的真实性和价值性，以达到最佳的营销效果。

（二）营销内容信息编辑

(1) 明确核心信息。在编辑营销内容时，首先要明确想传达的核心价值主张。确保信息简洁明了，以便快速吸引目标受众的注意力。

(2) 故事讲述。人们更容易记住和共鸣于故事，因此可尝试用故事包装产品或服务，让潜在顾客在情感上与之连接。

(3) 视觉元素。视觉内容往往比纯文字更能吸引人，因此应合理使用图片、视频、图表等视觉元素，增强信息的吸引力和易理解性。

(4) 语言风格。根据目标受众的偏好调整语言风格，使内容既专业又贴近受众。保持一致性，确保品牌声音贯穿于所有营销材料中。

(5) 校对与审核。内容发布前仔细校对，避免语法错误、拼写错误等，维护品牌形象的专业性。必要时进行法务审核，确保内容不侵犯版权或其他法律条款。

（三）内容平台的选择与投放

(1) 传统媒体。在互联网技术尚未普及的年代，电视、报刊、印刷品、户外广告、通信、广播等传统媒介是内容营销的主要平台。受传播载体的限制，当时内容的表现形式以图文、广播与视频为主。

(2) 新媒体。互联网技术的发展为内容的传播提供了更多样化、便捷化、快速化的平台。以自媒体为主的网络媒体成为内容营销的主要载体。例如，微博、微信、短视频、直播、问答类平台等新媒体聚集了大量用户，成为商家内容营销的必争之地。

两个不同类型的平台，承载内容营销的价值各有侧重。通常发布在传统媒体上的内容传播性相对要弱，但鉴于其官方权威性，内容会更有可信度，对于餐饮品牌的信任背书价值更大。新媒体建立在互联网平台基础上，加之移动互联网的普及，它的内容创造能力更强、传播速度更快、渗透范围更广，而且呈现去中心化、碎片化、自媒体化等特征。人人都是自媒体，这为内容营销创造了非常好的传播环境，更有利于“吸营销”裂变式传播现象发生。

二、任务工单

任务描述
以小组为单位，进行本地特色餐厅资料收集，分析该特色餐厅的营销内容组织和特色，并制作 PPT 进行交流展示
操作要求
1. 收集本地特色餐厅案例资料 2. 分析餐厅营销内容表现形式 3. 分析餐厅营销内容平台选择 4. 分析餐厅的营销内容策划的特色 5. 制作 PPT，进行班级交流
素养提升
在餐饮数字化营销中，正确的价值观引导至关重要。从业人员应该始终坚持社会主义核心价值观，以诚信、公正、友善的态度对待消费者，尊重他们的权益，避免虚假宣传和不良竞争，不夸大其词，做到言行一致。餐饮企业也应关注市场需求和技术发展趋势，不断创新营销策略和产品服务。同时，企业要严格遵守相关法律法规，如《中华人民共和国广告法》《中华人民共和国消费者权益保护法》等，了解并遵守互联网平台的规则和政策，避免因违规行为带来的风险和损失

三、任务分组

<table>
<tr><td>班级</td><td colspan="2"></td><td>教师</td><td></td></tr>
<tr><td>组长</td><td colspan="2"></td><td>组名</td><td></td></tr>
<tr><td rowspan="6">组员</td><td>姓名</td><td>分工</td><td>姓名</td><td>分工</td></tr>
<tr><td></td><td></td><td></td><td></td></tr>
<tr><td></td><td></td><td></td><td></td></tr>
<tr><td></td><td></td><td></td><td></td></tr>
<tr><td></td><td></td><td></td><td></td></tr>
<tr><td></td><td></td><td></td><td></td></tr>
</table>

四、任务实施

工作活动 1

组名：________

餐厅名称	
营销内容表现形式	
营销内容平台选择	
营销内容策划特色	

工作活动 2

组名：	PPT 名称：
PPT 模板选择	
主要内容	
文字、图片及音频视频等链接	
PPT 讲解展示要点	

五、任务评价与总结

一级指标	二级指标	评价内容	分值	自评	互评	教评	得分
工作能力（45 分）	信息检索能力	能利用数字化手段查找与任务相关的信息等；能将查到的信息有效运用到任务学习中	5 分				
	数据分析能力	熟悉数据来源渠道，具有数据分析意识；能正确运用数据，提高数据分析能力	5 分				
	感知课堂生活	熟悉岗位工作内容，认同岗位工作价值，在学习中是否能获得满足感，认同课堂文化	5 分				

续表

一级指标	二级指标	评价内容	分值	自评	互评	教评	得分
工作能力（45分）	参与态度与沟通能力	积极主动与教师、同学交流，相互尊重、理解；与教师、同学能够保持多向、丰富、适宜的信息交流	5分				
	知识能力获得	掌握营销内容策划的方法	5分				
		掌握营销内容信息编辑要领	5分				
		掌握营销内容平台选择	5分				
	素养达成	发现问题、提出问题、分析问题、解决问题、创新问题	5分				
		提高数据分析的能力	5分				
任务得分（55分）	分析过程	准确搜集资料信息	10分				
		准确分析营销内容策划的表现形式	10分				
		准确分析内容平台的选择	10分				
		准确分析营销内容策划的特色	15分				
		PPT制作结构合理，思路清晰，整体界面美观，恰当使用图片、音视频、文本等多种形式	5分				
		语言流畅、表述清晰、逻辑性强	5分				
总结	进步						
	欠缺						
	改进措施						

任务二　营销渠道选择

学习要点

通过案例分析和学习，掌握餐饮企业营销渠道类型，应掌握餐饮营销手段和方法，结合实际工作任务，准确选取有效的餐饮营销渠道。

案例导入

某知名餐饮品牌凭借其独特的菜品和优质的服务，在市场上获得了广泛的好评。为了进一步提升品牌知名度和吸引更多顾客，该品牌积极开展了多元化的营销活动。

1. 线上渠道推广

充分利用线上渠道进行品牌推广，包括官方网站、电商平台和移动应用等。通过优化网站设计和提升用户体验，吸引用户在线预订、点餐和购买外卖。同时，利用搜索引擎优化（Search Engine Optimization，SEO）和搜索引擎营销（Search Engine Marketing，SEM）技术，提高品牌曝光率和线上流量。此外，还通过合作伙伴的线上平台进行联合营销，拓展销售渠道。

2. 社交媒体营销

在社交媒体领域，积极运用微博、微信、抖音等平台，发布美食图片、活动信息和品牌故事，与粉丝互动，提升品牌知名度和美誉度。同时，通过社交媒体广告投放，精准触达目标用户群体，增强营销效果。此外，还利用社交媒体平台的数据分析工具，分析用户行为和喜好，为营销活动提供数据支持。

3. 合作伙伴关系

与多家知名企业和品牌建立了合作伙伴关系，共同开展营销活动。例如，与电商平台合作开展促销活动，提高销售额；与影视公司合作推出联名菜品，扩大品牌影响力；与旅游机构合作推广地方特色美食，吸引更多游客。

4. 传统媒体广告

在传统媒体广告方面也投入了一定的资源，包括电视、广播、报纸和杂志等。通过精心策划的广告创意和投放策略，提高品牌曝光率和知名度。同时，结合线上线下活动，形成全媒体营销矩阵，增强营销效果。

5. 会员管理与优惠

建立了完善的会员管理体系，通过会员制度吸引顾客多次消费。会员可以享受积分累积、积分兑换礼品、会员专享折扣等福利。此外，还定期推出优惠活动，如满减、折扣券等，刺激消费者的购买欲望，提高客单价和回头率。

6. 线上线下活动

为了增强与消费者的互动和黏性，经常举办线上线下活动。线上活动包括有奖转发、互动游戏、限时秒杀等，吸引消费者参与并分享给朋友，扩大品牌传播范围。线下活动则包括开业庆典、节日活动、主题派对等，为消费者提供丰富多彩的用餐体验，提高品牌忠诚度。

7. 数据分析与优化

注重数据分析与优化，通过收集和分析用户数据、销售数据、活动数据等，了解用户需求和市场趋势，为营销策略制定提供数据支持。同时，根据数据分析结果调整和优化营销策略，增强营销效果和投入产出比。

综上所述，该品牌在营销渠道方面采取了多元化的策略，充分利用线上渠道、社交媒体、合作伙伴、传统媒体广告等多种手段进行品牌推广。通过会员管理与优惠、线上线下活动及数据分析与优化等举措，增强与提高用户黏性和忠诚度，实现品牌的长远发展。

引导问题：

(1) 该餐饮品牌营销的渠道和方法有哪些？

(2) 多元化营销渠道策略对品牌发展的影响有哪些？

一、知识学习

（一）餐饮线下营销渠道

(1) 实体店面营销：通过在店内提供独特的用餐体验，包括优质的服务、舒适的环境和美味的食品来吸引顾客。同时，店面可以利用一些传统的营销策略，如特价菜品、优惠活动等来吸引更多的顾客。

(2) 口碑营销：通过顾客的推荐来提高与扩大品牌知名度和影响力。这需要餐厅提供优质的产品和服务，让顾客感到满意并愿意向亲朋好友推荐。

(3) 社区营销：通过与当地社区的合作（如参与社区活动、赞助社区活动）等方式来提高品牌知名度和美誉度。

(4) 会员营销：通过建立会员制度，为会员提供专属的优惠和服务，如积分兑换、会员特价等，来提高顾客忠诚度和回头率。

(5) 合作营销：与当地的企业或机构合作，通过共享资源、互相宣传的方式来提高与扩大品牌知名度和影响力。

(6) 节日营销：在特定的节日或活动（如情人节、中秋节等）中，推出特别的菜品、饮品或活动来吸引顾客。

(7) 户外广告营销：在店外或附近设置广告牌、灯箱等户外广告，吸引路过的顾客。

视频：餐饮微信营销

（二）餐饮自媒体营销

1. 微信营销

微信营销是在网络经济背景下兴起的以微信软件为媒介的营销方式，企业可以通过微信和用户建立联系，并通过这种联系向用户传递信息，进而达到推销产品或服务的目的。微信与其他平台相比，最显著的特点是具有较强的互动性和双向性，微信的语音及图片、视频的传输在很大程度上加强了用户之间的联系，使得用户之间的沟通更加便捷。

视频：餐饮App营销

微信营销方式从信息传播角度可以分为4类：微信二维码扫描、微信公众号平台推送、微信朋友圈分享、微信“发现”推广。微信二维码是公众获取信息的渠道，微信公众号平台是商家信息推送的载体，微信朋友圈是用户信息分享的途径，微信的“发现”功能是信息推广的手段。目前，企业主要借助这4类工具进行微信营销。

2. App营销

App营销，与传统的营销模式不同，用户在看到商品之前，就可以在App上了解到有关产品的全部信息、图片甚至视频等，从而拥有了不限时间和地域自主选择是否购买产品的权利。在餐饮 App 营销中，主要有大众点评、口碑、小红书、觅食蜂、爱食记、下厨房、懒饭、豆果美食等 App。

3. 自建网站营销

餐饮企业自建网站是网络营销最重要的工具之一，如果没有专业化的企业网站，网络营销的方法和效果就会受到很大的限制。企业网站不仅是展示企业文化和品牌形象的窗口，它在网络营销中还起着产品和信息发布、交流沟通、在线交易、在线市场调研等作用。

餐饮企业可以把微信、微博、App 和各大 OTA 的客户引流到自己的自建网站上来，可以提供各种类似充值赠送等的优惠，达到自己的目的。自建网站应避免千篇一律，要突出自己的特色，例如，自建网站的主页面的美观性、搭配的色彩、图片的数量和大小等可以按照管理方和用户的要求，自行设计和实施，主动性强。此外，自建网站的维护非常重要，时效性也是如此，只有有效跟进，才能在内容上符合目标群体的需求。

在餐饮自媒体营销中，餐饮企业获客渠道分为公域渠道与私域渠道两种。公域渠道指通过第三方平台进行营销，如社交媒体、在线广告、点评网站等。这些平台具有广泛的用户基础，是餐饮企业吸引潜在顾客的重要工具。私域渠道指企业自有平台，如官网、App、微信公众号等。利用这些平台可以收集并管理客户信息，实现个性化营销。餐饮企业可以将公域渠道的客户转化为私域渠道的客户，实现更直接、高效的客户触达和服务。

（三）餐饮企业 OTO 营销

餐饮企业采用 OTO（Online To Offline，线上对线下）平台模式，是指企业通过互联网技术将线上流量引导至线下实体店铺，为顾客提供无缝连接的消费体验。这种模式可以帮助餐厅扩大客源、提高运营效率并优化顾客体验。餐饮企业常用的 OTO 平台主要包括大众点评网、美团、饿了么等。

视频：餐饮 OTO 营销

二、任务工单

任务描述
以小组为单位，查找当地知名餐饮企业相关资料，进行营销渠道分析，包括公域获客渠道和私域获客渠道。汇总整理分析内容形成结论，制作成 PPT，进行课堂汇报交流
操作要求
1. 收集相关餐饮企业资料 2. 分析公域获客渠道：社交媒体、在线广告、点评网站 3. 分析私域获客渠道：官网、微信公众号、企业 App 4. 公域渠道转化为私域渠道的策略分析 5. 制作 PPT，进行交流展示
素养提升
近年来，我国创新能力持续提升，科技创新成为支撑引领经济高质量发展和民生改善的名副其实的第一动力。随着科技的不断进步和应用领域的扩大，餐饮行业的营销渠道也经历了日新月异的发展和变化。在营销渠道选择中，要具备系统化思维，训练客观看待复杂系统优势与风险的辩证思维；要具备创新精神，树立不畏困难、勇于开拓的价值观

三、任务分组

<table>
<tr><td>班级</td><td colspan="2"></td><td>教师</td><td></td></tr>
<tr><td>组长</td><td colspan="2"></td><td>组名</td><td></td></tr>
<tr><td rowspan="6">组员</td><td>姓名</td><td>分工</td><td>姓名</td><td>分工</td></tr>
<tr><td></td><td></td><td></td><td></td></tr>
<tr><td></td><td></td><td></td><td></td></tr>
<tr><td></td><td></td><td></td><td></td></tr>
<tr><td></td><td></td><td></td><td></td></tr>
<tr><td></td><td></td><td></td><td></td></tr>
</table>

四、任务实施

工作活动 1

组名：____________

案例资料来源	
公域获客渠道	
私域获客渠道	
公域渠道转私域渠道策略	

工作活动 2

组名：	PPT 名称：
PPT 模板选择	
主要内容	
文字、图片及音频视频等链接	
PPT 讲解展示要点	

五、任务评价与总结

一级指标	二级指标	评价内容	分值	自评	互评	教评	得分
工作能力（40 分）	信息获取能力	能利用数字化手段查找与任务相关的信息等；能将查到的信息有效运用到任务学习中	5 分				
	数据分析能力	熟悉数据来源渠道，具有数据分析意识；能正确运用数据，提高数据分析能力	5 分				
	感知课堂生活	熟悉岗位工作内容，认同岗位工作价值，在学习中能获得满足感，认同课堂文化	5 分				
	参与态度与沟通能力	积极主动与教师、同学交流，相互尊重、理解；与教师、同学能够保持多向、丰富、适宜的信息交流	5 分				
	知识能力获得	掌握餐饮自媒体营销的方式	5 分				
		能够根据数据进行营销渠道分析	5 分				
	素养达成	发现问题、提出问题、分析问题、解决问题、创新问题	5 分				
		提高数据分析的能力	5 分				
任务得分（60 分）	分析过程	正确分析公域获客渠道	15 分				
		正确分析私域获得渠道	15 分				
		正确分析营销转化策略	15 分				
		PPT 制作结构合理，思路清晰，整体界面美观，恰当使用图片、音视频、文本等多种形式	5 分				
		语言流畅、表述清晰、逻辑性强	10 分				
总结	进步						
	欠缺						
	改进措施						

项目三　菜 单 工 程

● 知识目标

1. 掌握菜单产品利润及销售分析指标。
2. 掌握菜单管理的具体步骤。

● 能力目标

1. 能够根据餐厅经营数据，进行菜单产品分析。
2. 能够根据菜品分析，进行产品优化。

● 素养目标

1. 具备以行业标准为准绳的分析能力。
2. 具备创新思维。

任务一　菜单产品的销售分析

学习要点

通过案例分析和学习，掌握餐饮菜单产品销售分析指标及分析方法。结合实际工作任务，能够准确地进行菜单产品的问题分析。

案例导入

表 6–9 中为某咖啡厅的 5 种菜品及它们的销售份额、销售百分比、成本及销售价格。

表 6–9　某咖啡厅产品销售情况

菜品名称	销售数 / 份	销售额占比 /%	成本 / 元	售价 / 元	边际贡献 / 元	毛利率 /%
意大利面	120	37.04	33	88	55	62.50
牛排	50	15.43	78	158	80	50.63
羊排	28	8.64	62	148	86	58.11

续表

菜品名称	销售数 / 份	销售额占比 /%	成本 / 元	售价 / 元	边际贡献 / 元	毛利率 /%
汉堡	94	29.01	21	68	47	69.12
三文鱼	32	9.87	55	188	133	70.74
总计	324	99.99	—	—	—	—

注：表中的销售额占比因四舍五入的原因，使销售额占比总计数值为 99.99%，特此说明。

引导问题：

（1）请根据数据进行菜品的顾客欢迎度分析。

（2）请根据数据，结合对本教材模块五相关内容的学习，进行菜品盈利的分析。

一、知识学习

（一）菜单产品销售分析指标

1. 顾客欢迎指数

顾客欢迎指数反映了餐厅菜品的畅销程度，与 1.0 做比较，当其大于 1.0 时表示畅销，其计算公式如下：

顾客欢迎指数 = 某菜品销量百分比 / 同一类菜品中应售百分比

2. 盈利指数

盈利指数反映了餐厅菜品的毛利率高低，与 1.0 做比较，当其大于 1.0 时表示盈利空间大，其计算公式如下：

盈利指数 = 菜品毛利率 / 同一类菜品平均毛利率

需要注意的是，不应将餐厅所有菜品、饮料放在一起进行分析、比较，而应按类别分别进行。例如，中餐可分为四大类：冷盘、热菜、汤类、面点；西餐可分为六类：开胃品、汤类、色拉、主菜、甜品。

3. 盈亏平衡分析

确定餐厅达到盈亏平衡点所需的最低销售量或销售额，基于固定成本和变动成本的分析，其计算公式如下：

盈亏平衡点 = 固定成本 /（菜品售价 − 变动成本）

4. 菜品销售占比与利润贡献率

分析各菜品在总销售额中的占比及其对总利润的贡献率，有助于优化菜品组合，提高整体利润。

5. 菜品周转率

分析菜品的销售速度，高周转率的菜品能更快回收成本、提高资金使用效率。

（二）菜单产品销售分析

1. 成本与售价分析

（1）详细成本核算：首先，准确核算每道菜品的直接成本（原材料、调料）和间接成本（人工、水电、租金按比例分摊）。这一步是计算利润的基础。

(2) 售价设定：分析市场同类菜品的价格，结合自身成本和品牌定位，合理设定菜品售价，确保有足够的利润空间。

2. 利润分析

(1) 毛利率计算：根据每道菜品的成本和售价计算毛利率，区分高利润和低利润菜品。

(2) 成本效益比：评估食材利用率、损耗率，优化采购和库存管理，提高整体利润空间。

3. 时段分析

分析各时间段（早餐、午餐、晚餐、夜宵）的销售情况，了解顾客的消费习惯，优化菜品供应和人员配置。

4. 顾客行为分析

通过顾客点餐数据，分析顾客的点餐习惯，如菜品搭配、人均消费等，据此设计套餐或推荐菜系。考察顾客对新菜品的接受度，快速响应市场反馈，调整菜单。

5. 市场与竞争分析

关注竞争对手的动态，分析他们的菜单特色、价格策略，寻找差异化竞争点。跟踪行业趋势，适时引进流行元素或创新菜品，保持菜单的新鲜感和吸引力。

6. 菜品优化与调整

(1) 提价策略：对于销售良好且成本可控的菜品，可适当提高价格，测试顾客接受度，优化利润结构。

(2) 成本控制：对于成本高但销量好的菜品，应探索成本节约措施，如批量采购、替代原料等。

(3) 菜品淘汰与新增：基于利润和销售数据，考虑淘汰利润低且销量不佳的菜品，同时根据市场趋势和顾客反馈引入新菜品。

7. 持续监控与调整

定期重复上述分析过程，因为顾客偏好、成本结构和市场状况都是动态变化的，所以持续优化是提升销售业绩的关键。

通过细致的菜单产品销售分析，餐饮企业能够更好地理解市场需求，制定有效的经营策略，最终实现利润最大化和品牌竞争力的提升。

二、任务工单

任务描述
每位同学根据工作活动中给出的数据，进行 A 酒店中餐厅 5 种菜品销售数据计算，然后以小组为单位，进行讨论分析
操作要求
1. 计算菜品的顾客欢迎指数 2. 计算菜品的盈利指数
素养提升
菜单产品销售分析是餐饮企业降本增效的重要手段。产品设计决定了餐饮企业营收，也决定了顾客的消费额。学习者要提高对市场敏锐的洞察力，善于发现消费者需求，从而更好地调整产品策略，实现企业的可持续发展

三、任务分组

<table>
<tr><td>班级</td><td></td><td>教师</td><td colspan="2"></td></tr>
<tr><td>组长</td><td></td><td>组名</td><td colspan="2"></td></tr>
<tr><td rowspan="6">组员</td><td>姓名</td><td>分工</td><td>姓名</td><td>分工</td></tr>
<tr><td></td><td></td><td></td><td></td></tr>
<tr><td></td><td></td><td></td><td></td></tr>
<tr><td></td><td></td><td></td><td></td></tr>
<tr><td></td><td></td><td></td><td></td></tr>
<tr><td></td><td></td><td></td><td></td></tr>
</table>

四、任务实施

工 作 活 动

姓名：____________

菜品	销售数 / 份	销售数占比 /%	单价 / 元	成本 / 元	销售额占比 /%	顾客欢迎指数	盈利指数
盐焗羊腩	406	40.60	70	35	47.30		
糖醋里脊	330	33.00	30	16	16.48		
大红袍熏肥肝	134	13.40	120	51	26.76		
田螺肉炒通菜梗	82	8.20	40	18	5.46		
双芥炒酿杏鲍菇	48	4.80	50	15	3.99		
总计	1 000	100			99.99		

注：表中的销售额占比因四舍五入的原因，使销售额占比总计数值为 99.99%，特此说明。

五、任务评价与总结

一级指标	二级指标	评价内容	分值	自评	互评	教评	得分
工作能力（60 分）	数据计算和分析能力	能利用知识中的计算公式，正确计算数据，并能够对计算结果进行分析	10 分				
	感知课堂生活	熟悉岗位工作内容，认同岗位工作价值，在学习中能获得满足感，认同课堂文化	5 分				
	参与态度与沟通能力	积极主动与教师、同学交流案例内容，相互尊重、理解	5 分				

续表

<table>
<tr><th>一级指标</th><th>二级指标</th><th>评价内容</th><th>分值</th><th>自评</th><th>互评</th><th>教评</th><th>得分</th></tr>
<tr><td rowspan="5">工作能力（60分）</td><td rowspan="3">知识能力获得</td><td>掌握菜品畅销程度分析指标</td><td>10分</td><td></td><td></td><td></td><td></td></tr>
<tr><td>掌握菜品盈利能力分析指标</td><td>10分</td><td></td><td></td><td></td><td></td></tr>
<tr><td>能够根据数据进行分析</td><td>5分</td><td></td><td></td><td></td><td></td></tr>
<tr><td rowspan="2">素养达成</td><td>发现问题、提出问题、分析问题、解决问题、创新问题</td><td>5分</td><td></td><td></td><td></td><td></td></tr>
<tr><td>提高数据计算和分析能力</td><td>10分</td><td></td><td></td><td></td><td></td></tr>
<tr><td rowspan="2">任务得分（40分）</td><td rowspan="2">分析过程</td><td>准确计算菜品盈利能力</td><td>20分</td><td></td><td></td><td></td><td></td></tr>
<tr><td>准确计算菜品顾客欢迎指数</td><td>20分</td><td></td><td></td><td></td><td></td></tr>
<tr><td rowspan="3">总结</td><td>进步</td><td colspan="6"></td></tr>
<tr><td>欠缺</td><td colspan="6"></td></tr>
<tr><td>改进措施</td><td colspan="6"></td></tr>
</table>

任务二　菜 单 设 计

学习要点

通过案例分析和学习，掌握餐厅菜单设计的方法。结合实际工作任务，能够准确进行菜单产品优化。

案例导入

位于市中心的某中餐厅因其多样化的菜品而受到广大食客的喜爱。然而，随着时间的推移，菜单上的菜品数量不断增多，导致后厨工作压力增大，食材浪费现象严重，且顾客在选择时变得犹豫不决。为了提升服务质量和顾客体验，餐厅决定进行菜单瘦身。

（1）精简菜品数量。从原有的200多道菜品中精选出80道左右，包括经典的川菜、粤菜、湘菜等各地特色菜品，以及餐厅独创的招牌菜品。

（2）提高菜品品质。在减少菜品数量的同时，加强对菜品品质的控制。确保每道菜品都使用新鲜优质的食材，注重烹饪技艺的传承和创新，提高菜品的口感和品质。

(3) 强化招牌菜品。设计独特的菜品造型和摆盘,突出招牌菜品的特点和优势。同时,通过故事营销等方式,向顾客介绍招牌菜品的独特之处和背后的故事。

通过对菜单的瘦身改革,该中餐厅成功地将顾客焦点放在了招牌菜品上,提高了服务效率、菜品品质并提升了顾客体验。这一案例为其他中餐厅在菜单设计和优化方面提供了有益的借鉴和启示。

引导问题:

(1) 在案例中该餐厅为什么要进行菜单瘦身?

(2) 菜单设计对餐厅经营的作用有哪些?

一、知识学习

菜单设计是餐饮企业运营中的重要环节,它不仅关系到顾客的用餐体验,还直接影响着餐厅的经营效益。菜单设计的内容涵盖多个方面,其中菜单更新、价格调整、菜品分析与调整和菜单项分类是核心要素。

(一) 菜单更新与价格调整

菜单更新是一个系统性的过程,旨在根据市场趋势、顾客反馈、成本变化及品牌发展方向,对餐厅的菜品组合进行优化和创新。菜单更新不仅能够提升顾客的用餐体验、增强品牌吸引力,也能够提高餐厅的运营效率和盈利能力。

价格调整是菜单设计中的重要组成部分,菜单价格调整是一项敏感且具有策略性的工作,需要综合考量成本、市场、顾客接受度及竞争环境等多方面因素。永远不要一直不更新菜单的价格。因为原料价格一直在波动,菜单价格需要反映这一点,如果原料成本增长,而菜单价格保持不变,毛利率就会收缩,销售收入就会减少。

(二) 菜品分析与调整

1. 菜品成本分析

(1) 计算每份食物的成本。要想清楚每份食物的成本,需要列出做一道菜所用的主料和配料、用了多少主料、主料的成本是多少、用了多少配料、配料的成本是多少。除此之外,还包括所有的调味品和装饰物。

(2) 计算边际贡献。边际贡献(或单个菜单项的贡献)是一个项目的售价和成本之间的差额。

2. 菜品受欢迎度分析

一是使用餐厅 POS 系统。一般情况下大多数餐厅的 POS 机都显示在一段时间内卖出了多少菜单项。使用产品报告可查看菜单上任一产品的销售情况。二是加强与餐饮经理和员工的交流,听取餐厅服务人员的意见,了解什么菜是畅销菜、什么饮品是畅销饮品。

3. 菜单项分类

在了解菜单项销售及其贡献利润的前提下,可以在菜单矩阵中根据受欢迎程度和盈利能力对它们进行分类,通常分为 4 个类别:明星、耕马、问题及瘦狗。通过菜单矩阵可以清楚地了解哪些菜单项对利润有正面积极影响、哪些没有正面积极影响、哪些需要重新修改或从菜单中删除(图 6-1)。

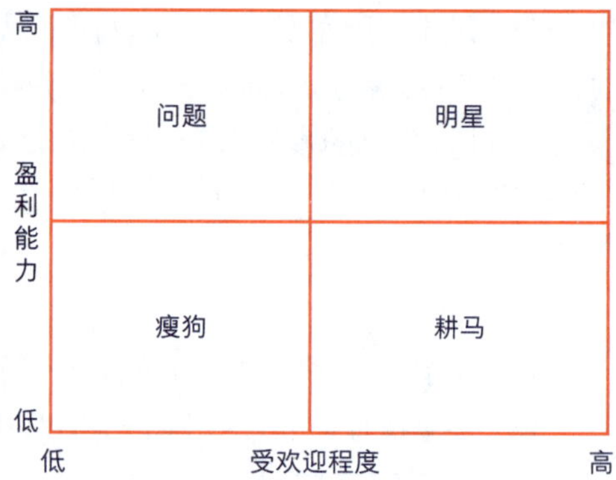

图 6-1　菜单矩阵

(1) 明星产品。高盈利，高人气。明星产品是菜单上最受欢迎、最有利润的产品。餐厅需要维护和推广明星产品。餐厅应特别注意确保这些星级项目处于高质量水平。确保明星产品在菜单设计中能够吸引顾客的特别注意，增加销售的可能性。

(2) 耕马产品。低利润，高人气。耕马产品能获得良好的销售量，但实际上利润非常低，通常原料成本高、烹调时间长。对于耕马产品需要提高菜单价格、降低食品成本，用不同的配料重新制作配方或将其与高利润产品搭配，使其更具盈利能力。

另外，注意耕马产品的分量。如果注意到顾客经常有剩余，那么最好使分量稍小，这样可以减少食物浪费，降低每次食用过程中的食物成本。

(3) 问题产品。高盈利，低人气。问题产品的盈利高，但不是受欢迎的产品。试着找出它们不受欢迎的原因，也许是在菜单上的位置不够醒目，或者是服务人员没有很好的推广，或者有可能是菜单价格偏高。这些都会影响菜单项的受欢迎程度。试着用它们做实验，测量对它们的销售所做的改变的结果。

对问题产品需要重新定位，使它们在菜单上能更受欢迎。另外，还可以尝试通过一揽子计划使该项目增值，如更换菜名，该类产品往往会受其菜名的影响，特别是菜名听起来耳熟时，该产品的受欢迎程度也会提高。

(4) 瘦狗产品。盈利能力弱，人气低。瘦狗产品制作昂贵，成本高，收益率低，且不受欢迎。它们占据了餐厅菜单上的宝贵空间，让顾客从明星产品和耕马产品中分心。

对于瘦狗产品可以从菜单移除，或者尝试改进。可以根据顾客的反馈修改价格或成分，如果重新改进后，它的销售和贡献利润率仍然很低，则可以考虑把它从菜单中完全删除。

菜单设计内容中的菜单更新、价格调整、菜品分析与调整和菜单项分类是相互关联、相互影响的。餐厅需要根据实际情况和顾客需求，综合考虑这些因素，制定出符合自身特点的菜单设计策略。通过不断优化菜单设计，餐厅可以提升顾客的用餐体验、增加销售额和增强竞争力。

二、任务工单

任务描述
以小组为单位，完成 A 餐厅菜品分析，并根据菜品分析结果提出其保留或淘汰意见，进行菜单调整
操作要求
1. 计算各菜品销售占比 2. 分析各菜品畅销度 3. 计算各菜品销售收入 4. 计算各菜品毛利 5. 进行菜品分类 6. 进行菜单调整优化

续表

素养提升
在餐饮业中，菜单设计是一项至关重要的工作。它不仅关乎餐厅的品牌形象，还直接影响顾客的用餐体验和满意度，更是实现收益最大化的重要途径。因此只有及时调整菜品结构、优化菜单设计才能提高餐饮企业利润。在菜单设计的过程中，从业人员也要坚持系统观念，除了提高利润，还要从满足客户需求、提升用餐体验、塑造品牌形象、增强客户黏性和人力资源管理等方面进行综合系统考虑，确保设计的成功，提升餐饮企业的品牌形象和市场竞争力

三、任务分组

<table>
<tr><td>班级</td><td></td><td>教师</td><td></td></tr>
<tr><td>组长</td><td></td><td>组名</td><td></td></tr>
<tr><td rowspan="6">组员</td><td colspan="3">
<table>
<tr><td>姓名</td><td>分工</td><td>姓名</td><td>分工</td></tr>
<tr><td></td><td></td><td></td><td></td></tr>
<tr><td></td><td></td><td></td><td></td></tr>
<tr><td></td><td></td><td></td><td></td></tr>
<tr><td></td><td></td><td></td><td></td></tr>
<tr><td></td><td></td><td></td><td></td></tr>
</table>
</td></tr>
</table>

四、任务实施

工作活动 1

组名：____________

A 餐厅菜品销售及成本情况

菜肴	售价 / 元	销量 / 份	单位成本 / 元	销售占比 /%	畅销度	销售收入 / 元	成本 / 元	毛利 / 元	分类
砂锅土鸡	58	286	30						
藜蒿炒腊肉	18	380	8						
烟笋腊肉钵	22	169	11						
霸王肘子	38	148	20						
怪味鸡	28	410	15						
大盆花菜	14	265	6						
鳝鱼烧肚条	28	195	21						

工作活动 2

组名:____________

A 餐厅菜单菜品情况	
A 餐厅菜单菜品调整优化策略	

五、任务评价与总结

一级指标	二级指标	评价内容	分值	自评	互评	教评	得分
工作能力(50 分)	数据计算和分析能力	能利用所学知识正确计算数据,并能够对计算结果进行有效分析	5 分				
	感知课堂生活	熟悉岗位工作内容,认同岗位工作价值,在学习中能获得满足感,认同课堂文化	5 分				
	参与态度与沟通能力	与教师、同学能够保持多向、丰富、适宜的信息交流	5 分				
	知识能力获得	掌握菜单更新和价格调整原理	5 分				
		掌握菜单产品分类	10 分				
		能够根据数据进行菜单分析	5 分				
	素养达成	发现问题、提出问题、分析问题、解决问题、创新问题	5 分				
		提高数据计算和分析能力	5 分				
		培养与时俱进、以新技术为工具的创新思维	5 分				
任务得分(50 分)	分析过程	正确计算菜品销售占比和畅销度	10 分				
		正确计算菜品盈利指数	10 分				
		准确进行菜品分类	15 分				
		合理优化菜单	15 分				
总结	进步						
	欠缺						
	改进措施						

项目四　餐厅收益分析

• 知识目标

1. 掌握餐厅经营数据采集的方法。
2. 掌握餐厅收益分析的关键指标。
3. 掌握餐饮收益管理策略。

• 能力目标

1. 能够根据经营数据进行餐厅收益分析。
2. 能够制定餐厅收益管理策略。

• 素养目标

1. 具备企业数字化运营思维。
2. 具备思辨能力及批判思维。
3. 具备创新精神。

任务一　经营数据的采集与分析

学习要点

通过学习，掌握餐饮经营数据采集的形式和数据分析的过程，结合实际工作任务，能够准确地采集数据并进行数据分析。

案例导入

"云端美食"是一家五星级酒店的高级餐厅，主要提供精致的西餐。"面道"是一家位于商业街的拉面馆，以手工拉面和特色小吃为主。

引导问题：

你认为这两家餐厅哪家的创收能力更强？

视频：餐饮数据的采集

一、知识学习

（一）数据采集

餐厅在进行数据采集时，通常会从 3 个核心维度出发：时间、空间和产品。从这 3 个维度可以为餐厅提供全面而细致的数据洞察，帮助餐厅更好地了解运营状况、优化服务质量和提升盈利能力。

时间包括到店时间和就餐时间。首先，到店时间的数据可以帮助餐厅预测和规划客流。通过分析客户到店的时间分布，餐厅可以了解客流的高峰期和低谷期，从而更加合理地安排员工的工作时间和座位的分配。此外，对于外卖服务，通过分析到店时间的数据可以更好地掌握配送的时间，提高配送的准时率。其次，就餐时间的数据可以帮助餐厅优化服务流程和菜品出品速度。通过分析客户的就餐时间，餐厅可以了解客户用餐的习惯和喜好，从而调整菜品的出品顺序和速度，提升客户的用餐体验。同时，餐厅还可以根据就餐时间的数据来优化服务流程，减少客户等待的时间，提高餐厅的翻台率。

空间包括餐位数和就餐人数。餐位数是餐厅空间布局的基础。餐厅需要根据自身的面积、布局和菜品类型等因素来确定合适的餐位数。过多的餐位可能导致空间拥挤，影响顾客的就餐体验；而过少的餐位则可能限制餐厅的接待能力，影响营收。因此，餐厅需要综合考虑各种因素来确定最佳的餐位数。就餐人数的数据可以帮助餐厅了解空间利用情况。通过统计每日或每周的就餐人数，餐厅可以分析座位的使用率，发现座位布局的不足或过剩。

在产品维度上，餐厅关注菜品的销售数据、口味评分、顾客反馈等。通过分析这些数据，餐厅可以了解哪些菜品受欢迎、哪些菜品需要改进或调整。此外，餐厅还可以分析不同菜品之间的关联性，发现顾客的点餐习惯和偏好，从而设计更有吸引力的套餐或推荐菜品。同时，产品维度的数据还可以帮助餐厅评估菜品的成本效益，为制定价格策略提供依据。

综上所述，餐厅从时间、空间和产品 3 个维度进行数据采集和分析，可以全面了解运营状况、市场需求和顾客偏好。这为餐厅运营提供了有力支持。

视频：餐饮收益的关键点指标

（二）数据分析

在传统餐厅经营中，多用上座率（Seats Occupancy）、翻台率、餐桌利用率、平均消费额和食品原材料成本率指标来评价餐厅的经营业绩情况。

1. 上座率

上座率是指餐厅计划期接待人次和同期餐厅定员的百分比，该指标反映了餐厅的接待能力，其计算公式为：

$$餐厅上座率 = 计划期接待人次 / 同期餐厅定员 \times 100\%$$

餐厅上座率是由当地市场供求关系和企业自身管理水平决定的。上座率是餐饮销售业绩的主要指标之一，也是餐饮企业利用餐座设备的一项关键指标。

2. 翻台率

翻台率是指餐厅餐桌使用次数减去总台位数和总台位数的百分比，表示餐桌重复使用率，即一张餐桌更新顾客的速率，其计算公式为：

翻台率 =(餐桌使用次数 - 总台位数) ÷ 总台位数 ×100%

开台率是指餐桌使用次数和总台位数的百分比，其计算公式如下：

开台率 = 餐桌使用次数 ÷ 总台位数 ×100%

翻台率不同于开台率，要学会区分两者的差别。开台率是指餐桌的使用率，而翻台率强调的是餐桌重复使用的频率。翻台率、开台率的高低，都能体现餐厅营业情况的好坏，也是影响餐厅盈利与否的关键因素，但翻台率的影响是更为直观的。

3. 人均消费

人均消费是指每时营业收入和上座数的百分比，反映了顾客的消费水平。其计算公式为：

人均消费 = 每时营业收入 ÷ 上座数 ×100%

人均消费额度受上座率的影响，人均消费额度高不一定效益好。

4. 餐饮成本率

餐饮成本率是指原材料成本额与营业收入的百分比，表示实现一定量的销售额需要多少比例的成本资源消耗，其计算公式为：

餐饮成本率 = 原材料成本额 ÷ 营业收入 ×100%

餐饮成本率反映餐饮成本水平。成本率越低，表示餐饮企业实现单位业绩付出的资源代价越小，释放出的收益空间越大，反之亦然。当然成本率的降低并不是无条件、无约束的，将成本率控制在合理的范围内是经营成功的关键。

以上指标确实是餐厅经营的关键数据，但从收益角度来讲，以上任何一个单项指标都不能全面反映餐厅收益情况。因为以上指标忽视了一个决定餐饮收益的重要因素——每位顾客的平均用餐时间。

在收益管理中，价格管理和时间管理是两个核心方面。每餐位单位时间平均收入(Revenue per AvailableSeat per Hour，RevPash)在餐饮管理中的应用，正是通过评估价格管理和时间管理的绩效来更全面反映出餐厅的收益情况，是衡量餐厅收益的重要指标。

每餐位单位时间平均收入指的是餐厅每个可出租的餐位，在单位时间内平均能为餐厅带来的收入，其计算公式为：

每餐单位时间平均收入 = 餐饮营业总收入 /(餐厅餐位总数 × 餐厅营业时间)

该指标数值越高，每个餐位能为餐厅带来的收入越高；反之，则每个餐位能为餐厅带来的收入越低。可见，这个指标显示了餐厅的创收能力。

二、任务工单

任务描述
A 餐厅 2024 年 8 月总收入为 621 000 元，餐厅面积为 300 m^2，当月用餐总人数为 3 100 人，座位有 150 个，餐厅营业时间为上午 11 :00 至晚上 8 :00。计算 A 餐厅 8 月上座率、月平均客单价、RevPash 值。已知去年同期 RevPash 值为 16.7 元，对标去年 RevPash 值，请讨论出现这种情况可能的原因，以及如何提高该值，提出至少 3 个提高餐厅收益的建议

续表

操作要求
1. 计算上座率 2. 计算平均客单价 3. 计算每餐位单位时间平均收入 4. 提出提高餐厅收益的建议
素养提升
党的二十大报告强调,加快发展数字经济,促进数字经济和实体经济深度融合,打造具有国际竞争力的数字产业集群。随着数字技术的不断进步和创新,餐饮服务行业正积极进行数字化转型,做好智慧餐饮行业数据分析,发展智慧餐饮服务。例如,通过大数据技术分析消费者的偏好和行为模式,为餐饮企业提供精确的市场预测和营销策略。这就要求从业人员要具备数据意识。在大数据领域中,很多数据都来源于网络,因此也需要具备科学精神和批判思维,不断提升自己的思考能力,准确地分析

三、任务分组

班级		教师			
组长		组名			
组员	姓名	分工	姓名	分工	

四、任务实施

工 作 活 动

组名:______

任务名称	A 餐厅收益指标分析
上座率计算	
平均客单价计算	
每餐位单位时间平均收入计算	
提高 RevPash 值的建议	

五、任务评价与总结

一级指标	二级指标	评价内容	分值	自评	互评	教评	得分
工作能力（45分）	数据计算和分析能力	能利用知识中的计算公式，正确计算数据，并能够对计算结果进行有效分析	5分				
	感知课堂生活	熟悉岗位工作内容，认同岗位工作价值，在学习中能获得满足感，认同课堂文化	5分				
	参与态度与沟通能力	积极主动与教师、同学交流学习内容，相互尊重、理解	5分				
	知识能力获得	掌握上座率、客单价指标	5分				
		掌握每餐位单位时间平均收入指标	5分				
		能够根据数据进行餐饮收益分析	5分				
	素养达成	发现问题、提出问题、分析问题、解决问题、创新问题	5分				
		提高数据分析的能力	5分				
		具有创新意识	5分				
任务得分（55分）	分析过程	正确计算上座率	10分				
		正确计算平均客单价	10分				
		正确计算每餐位单位时间平均收入	20分				
		合理提出改善策略	15分				
总结	进步						
	欠缺						
	改进措施						

任务二　收益管理策略实施

学习要点

通过案例分析和学习，掌握餐饮收益管理方法。结合实际工作任务，能够准确选取有效的餐饮收益管理策略。

案例导入

约翰是一家意大利餐厅的经理，他发现餐厅在午餐和晚餐时段都有一个忙碌阶段，过了忙碌阶段，餐厅就餐人数就很少了。这种现象在周末的时候更加突出，有时候餐厅因为餐位不够，不得不拒绝某些顾客的就餐要求。如果在就餐高峰阶段，餐厅能够接待更多的顾客，那么餐厅将会获得更大的收益。相反，当餐厅餐位数不能满足顾客需求，而且顾客不愿意长时间等待时，餐厅将失去这些顾客带来的收益，甚至有可能影响这些顾客将来对餐厅的光顾。

引导问题：

(1) 约翰所在的餐厅在经营中存在的问题是什么？

(2) 请分析一下约翰应该采取什么样的策略来提高餐厅收益，并且不会影响顾客对餐厅的满意度？

视频：餐饮收益提升途径

一、知识学习

进行餐饮的收益管理，就是要在适当的时候，将适当的餐位、食品、含酒精或不含酒精的饮料及其他产品和服务销售给适当的顾客，使餐厅的生产能力被充分利用，创造更多收入，同时也使顾客获得最佳的消费体验。

餐饮收益提升的途径多种多样，但结合餐饮业的实际情况而言，一般常用的收益管理策略有时间管理、价格管理和菜单管理 3 种。

(一) 时间管理策略

控制用餐时间可以提高餐厅收益率，但与航空业和住宿业相比，餐厅的时间占用更加不确定，这增加了餐厅收益管理的难度。

餐厅的时间构成包括顾客等待时间、顾客用餐时间及翻桌间隔时间。翻桌间隔时间比较容易控制，顾客等待时间依赖顾客到达时点及当时座位占用情况，顾客用餐时间受顾客个性特征、消费心理等因素的影响，具有随机性。因此，餐厅经营者若想提高对时间的预测和控制能力，则首先要分析服务流程，得到每个环节精确的时间长度，然后采取相应的时间管理策略。

一般来说，餐厅服务流程如图 6-2 所示，可知，餐厅用餐时间大于顾客真正用于吃饭的就餐时间。

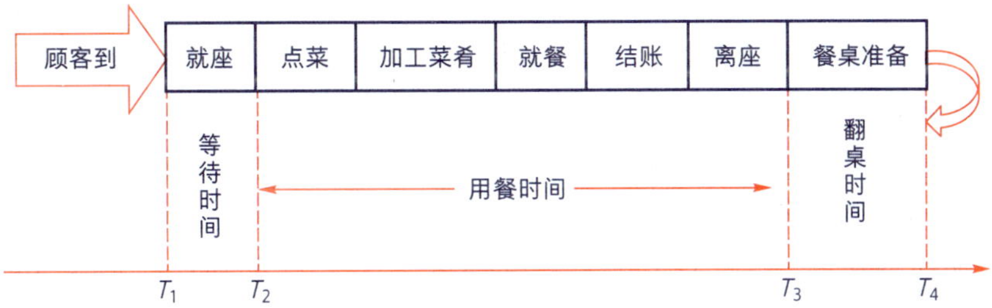

图 6-2　餐厅服务流程

时间管理策略的主要目标在于缩短顾客等待时间与就餐时间，根据不同的目标，可以采取相应措施（表 6-10 所示）。

表 6-10　餐厅时间管理策略

目标	员工措施	顾客措施
减少顾客等待时间	1. 预测与排班：利用历史销售数据和节假日、特殊事件预测顾客流量，据此合理安排员工班次 2. 超订管理：在不影响顾客体验的前提下，适度超订，但须确保有缓冲机制	1. 预约押金与确认：预订时，可要求小额押金，同时通过人工或系统确认预订，减少未到情况 2. 免费服务鼓励：为等待的顾客提供免费小吃、饮料，设立儿童娱乐区等，以分散顾客注意力，减轻等待感
减少顾客用餐时间	1. 菜单设计：设计简洁明了的菜单，突出主打菜品和特色，帮助顾客快速做出选择。提供套餐选择，方便顾客快速下单，减少点餐时间 2. 流程分析与优化：对餐厅服务流程进行分析和优化，以及提高服务效率，减少不必要的服务环节和等待时间 3. 员工培训：通过培训，提高员工服务效率和服务品质 4. 通信系统升级：使用无线对讲机或专用服务 App，确保前后台快速沟通	1. 主动递送账单：观察顾客用餐进度，适时主动提供账单，减少顾客等待结账时间 2. 咖啡和甜品吧：设立独立的咖啡和甜品区域，顾客可自行取用，无须等待服务员服务，加速餐后环节 3. 视觉信号：使用灯光、颜色编码或其他视觉提示，引导顾客自助服务，如自助饮料站或调料区，减少服务人员介入时间

顾客停留时间通常用顾客实际占用一张餐桌的小时数量来衡量。在餐饮需求高峰期，许多餐饮企业都会面临这样的困境：由于餐厅的接待能力有限，大量的顾客等候，有些顾客则会放弃等待，转向其他的餐厅。面对这种现象，餐饮企业可以通过对顾客停留时间进行管理来加速座位的周转率。餐饮企业管理者应该意识到：餐饮企业所提供的产品具有时间性，即企业销售的不仅是餐饮产品，而且是时间。因此，餐饮企业应对时间进行有效的管

理，尽量缩短顾客的停留时间，提高餐厅的翻台率，从而增加需求高峰时期的营业收入。

（二）价格管理策略

在现代餐饮管理中，合理制定餐饮产品的价格是每个餐饮经营者都十分关心的问题。目前，对餐饮产品的定价方法已有许多的研究，如以成本为基础的定价方法、以顾客心理为基础的定价方法、组合产品的定价方法等。收益管理研究的定价方法主要是以顾客的需求为导向的定价法。收益管理要求企业把产品按不同的价格适时地卖给不同类型的顾客，从而获得最大的收益。因此，从本质上来说，收益管理是一种差别定价法的应用。对于餐饮企业而言往往使用相关的价格性促销来错开高峰时段的人流量，如早餐特价、特价菜式促销、半天价、周末价、最高价及团队、宾客的同类型的价格等。

基于需求的差别定价是餐厅收益管理的基本手段，但是差别定价又容易引起顾客反感，导致顾客的流失。因此，了解消费者对不同价格策略的公平感知，是设计差别定价策略的重要依据。例如，对于"平日—周末"的差别定价，顾客一般不能接受周末涨价的策略，顾客会感觉不公平，而对平时降价的做法，顾客反感程度相对较低；对于"中餐—晚餐"的差别定价，更不容易被顾客接受；对于"非高峰期—高峰期"的差别定价，高峰时期提高价格，可以起到转移顾客的作用，但也有可能使价格敏感的顾客离开；对于"提前—超时"的差别定价，顾客会对超过建议用餐时间要增加收费的做法感到反感，但是如果表明在建议时间内用餐完毕可以享受优惠的方式，则顾客可以接受这种差别定价。除此之外，顾客认为餐厅发放优惠券、建立会员制度，以及根据就餐位置的优劣来进行差别定价是公平的。

因此，餐厅要在立足于顾客公平度感知的基础上谨慎实施差异定价策略。餐厅顾客对差别定价的感知与顾客本身特点相关，包括顾客来源地、性别、年龄等因素。餐厅实施差别定价策略要注意以下几个方面。

（1）尽量不采用"提价"的表达形式。

（2）尽量不采用与时间有关的价格差别。

（3）对于生活休闲型顾客，采取优惠券形式会有较好的效果。

当然，每个餐厅特点不同，面对的顾客群体也不相同，因此顾客对差别定价的感知是有差异的。

（三）菜单管理策略

菜单管理策略是餐厅运营中不可或缺的一部分，直接关系到顾客满意度、品牌形象及盈利能力。有效的菜单管理应涵盖以下几个关键方面。

1. 菜品精选与创新

（1）市场调研。了解目标顾客群体的口味偏好、饮食趋势，结合季节变化和节日特色，定期更新菜品。

（2）菜品创新。在保持传统特色的基础上，融入创新元素，如健康概念、所在地文化融合等，以激发顾客好奇心。

2. 成本控制与利润优化

（1）成本核算。精确计算每道菜品的成本，确保菜品定价合理、利润空间适宜。

(2) 定价策略。采用成本加成法、竞争定价法或价值定价法，灵活调整菜品价格，保持竞争力的同时保证利润。

3. 菜单设计与布局

(1) 视觉吸引。菜单设计应美观、易读，使用高质量图片和吸引人的菜品描述，刺激顾客食欲。

(2) 逻辑布局。合理分类菜品，如开胃菜、主菜、甜点等，突出招牌菜和高利润菜品，引导顾客点选。

4. 顾客反馈机制

(1) 收集反馈。通过顾客调查、在线评价、服务人员交流等方式，收集对菜品和服务的反馈。

(2) 快速响应。根据顾客意见调整菜品口味、分量或服务，提升顾客满意度。

5. 供应链管理

(1) 稳定供应。与供应商建立良好的合作关系，确保食材新鲜、供应稳定，控制成本波动。

(2) 季节性调整。根据季节变化调整食材采购，利用时令食材，降低采购成本，提升菜品新鲜度。

6. 营销与推广

(1) 特色推广。利用社交媒体、餐厅网站、店内宣传等渠道，推广特色菜品或新菜，激发顾客兴趣。

(2) 套餐与优惠。设计吸引人的套餐组合，或在特定时期提供优惠，增强顾客黏性。

7. 持续评估与调整

(1) 数据分析。定期分析菜品销售数据，识别热销和滞销菜品，及时调整菜单。

(2) 灵活调整。根据市场反馈、成本变化和季节转换，灵活调整菜单内容和价格，保持竞争力。

菜单管理策略是一个动态的过程，需要餐饮管理者持续关注市场动态，优化菜品结构，提升顾客体验，最终实现餐厅的长期发展和盈利目标。

二、任务工单

任务描述
以小组为单位，选取校企深度合作，且市场占有率高的餐厅，通过数据收集和加工，分析该餐厅的服务流程设计、餐厅空间设计，分析收益管理策略在餐厅的具体应用
操作要求
1. 选取餐厅，收集资料 2. 餐厅服务流程设计分析 3. 餐厅空间设计分析 4. 收益管理策略应用分析
素养提升
在收益管理策略实施中，从业人员要树立正确的价值观，遵守商业道德和法律法规，确保收益管理策略的实施合法合规。收益管理策略的实施往往涉及多个部门和多方利益相关者，需要良好的团队协作精神。此外，具体策略也需要不断创新和优化，以适应市场变化和客户需求。学习者要培养创新思维，从多个角度思考问题，提出具有创意的解决方案

三、任务分组

<table>
<tr><td>班级</td><td></td><td>教师</td><td colspan="2"></td></tr>
<tr><td>组长</td><td></td><td>组名</td><td colspan="2"></td></tr>
<tr><td rowspan="6">组员</td><td>姓名</td><td>分工</td><td>姓名</td><td>分工</td></tr>
<tr><td></td><td></td><td></td><td></td></tr>
<tr><td></td><td></td><td></td><td></td></tr>
<tr><td></td><td></td><td></td><td></td></tr>
<tr><td></td><td></td><td></td><td></td></tr>
<tr><td></td><td></td><td></td><td></td></tr>
</table>

四、任务实施

工作活动 1

组名		餐厅名称	
餐厅简单介绍			
餐厅服务流程分析			
餐厅空间设计分析			
收益管理策略应用分析			

工作活动 2

运用世界咖啡教学法引导小组进行组间交流。

<table>
<tr><td>组名：</td><td>主题名称：</td></tr>
<tr><td colspan="2">其他小组给予的反馈：</td></tr>
<tr><td colspan="2">方案完善：
组内讨论，对收益管理策略应用分析进行完善。</td></tr>
</table>

五、任务评价与总结

一级指标	二级指标	评价内容	分值	自评	互评	教评	得分
工作能力（40分）	信息检索能力	能利用网络、企业调研查找有用的相关信息等；能将查到的信息有效运用到学习中	5分				
	感知课堂生活	熟悉岗位工作内容，认同岗位工作价值，在学习中能获得满足感，认同课堂文化	5分				
	参与态度与沟通能力	积极主动与企业专家、教师、同学交流学习内容，相互尊重、理解；与专家、教师、同学能够保持多向、丰富、适宜的信息交流	5分				
	知识能力获得	掌握时间管理策略	5分				
		掌握价格管理策略	5分				
		能够进行服务流程优化	5分				
	素养达成	发现问题、提出问题、分析问题、解决问题、创新问题	5分				
		提高数据分析的能力	5分				
任务得分（60分）	分析过程	获取数据资料完整、准确	10分				
		正确进行服务流程分析	20分				
		正确进行餐厅空间分析	15分				
		正确分析收益管理效果	15分				
总结	进步						
	欠缺						
	改进措施						

模块小结

本模块围绕餐饮收益相关要素，从宾客需求分析入手，对餐饮数字化营销、菜单工程进行多角度阐释，最终落脚到餐饮收益策略实施，使学习者深刻认识到在数字化时代背景下，餐饮企业的运营管理已经不再仅仅是简单的服务和菜肴供应，而是一项涵盖了市场分析、数据运用和创新策略的综合任务。

学习者通过任务学习，应掌握市场消费需求分析，理解餐饮数字化营销的理念与实践，能运用收益管理的理念进行运营数据分析并给出有效的收益提升策略。

学习者在学习中应注重提高运用新技术工具进行数据分析和创新思维的能力，为将来从事餐饮运营管理工作打下坚实的基础。

赛证直通

扫二维码，完成在线练习。

在线自测6

模块七　质 量 管 理

◆ 模块导读

本模块主要包括质量体系建立及现场质量控制，旨在帮助学习者了解质量管理手册编制的内容、步骤、顺序和要求，引导学习者设计宾客满意度调查问卷；掌握对酒店进行服务质量分析的方法，使其熟悉现场质量控制的方法。

◆ 思维导图

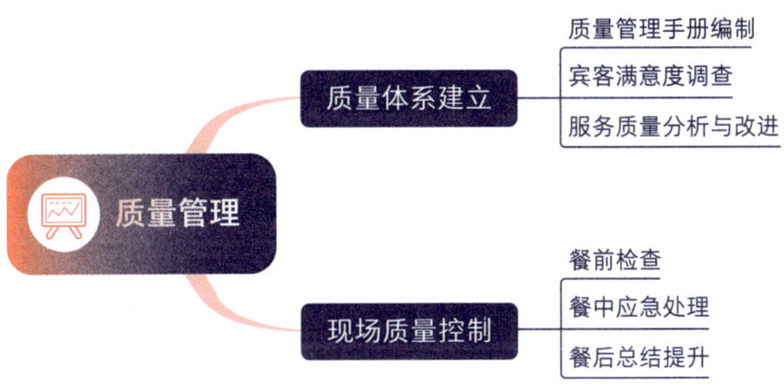

项目一　质量体系建立

● 知识目标

1. 了解质量管理手册的内容。
2. 了解质量管理手册编制的步骤、顺序和要求。

● 能力目标

1. 能够独立设计宾客满意度调查问卷。
2. 能够独立完成客户满意度调查。

● 素养目标

1. 具备服务意识。
2. 具备质量意识。

任务一　质量管理手册编制

学习要点

了解质量管理手册的主要内容和结构，学会如何根据酒店实际情况进行质量管理手册的编写和修订，掌握质量管理手册的执行和监督方法。

案例导入

某新开业的四星级酒店为了保持良好的服务品质、在市场上获得更好的口碑和声誉，决定制定一份质量管理手册。酒店管理层通过咨询专业人士和同行，不断调整和完善编制方法和内容，最终完成了一份详细、实用且符合酒店特色的质量管理手册。

这份手册为酒店员工提供了明确的工作标准和操作流程，使得酒店的服务质量得到了显著提升。同时，酒店也通过不断监督和评估，确保手册内容的执行和落实。经过一段时间的努力，该酒店的服务质量得到了客户的高度评价，成功吸引了更多的客源。

引导问题：

(1) 质量管理手册在酒店管理过程中有哪些作用？

(2) 酒店质量管理手册应该涉及和涵盖哪些内容？

一、知识学习

(一) 质量手册的界定

ISO8402 标准对质量手册的界定是：阐明一个组织的质量方针，并描述其质量体系的文件。对这个定义，可以从以下几个方面来理解：首先，质量手册既可以涵盖一个组织的全部活动，也可以仅涉及部分活动；其次，质量手册通常应至少包括质量方针，与质量的管理、执行、验证或评审工作相关的人员职责、权限和相互关系，质量体系程序和说明，关于手册评审、修改和控制的规定等内容；最后，质量手册在深度上和形式上可以不同，主要是能否适应本酒店的需要，而不应该采取本本主义的做法。

(二) 质量手册的编制过程

(1) 确定编写机构和成员。由酒店高层管理者授权相关部门负责组成编写机构，选派相关成员参加编写工作。

(2) 制定编写大纲。

(3) 根据编写大纲收集材料。将目前存在的相关质量管理的政策、标准等收集在案，然后开展调查研究，收集各部门和岗位的相关材料，从业务部门收集相关的工作标准和参考文件等。

(4) 确定编写手册的结构和格式。

(5) 根据本酒店的适用要求和文件手册的习惯做法，开始编写初稿。

(6) 提交编写的初稿，由各方讨论并提出修改意见。

(7) 反复讨论，反复修改。

(8) 将基本认可的手册文件提交酒店高层管理者审阅。

(9) 根据高层管理者的意见进行修改。

(10) 修改后定稿。

(三) 质量手册的内容和基本要求

质量手册的内容应包括但不限于标题、范围、适用领域、目次，有关手册本身的介绍，质量方针和目标，组织结构、职责和权限的设定，相关的质量管理内容的定义，质量管理内容的阐述、运行方式，支持性资料的附录等，内容的顺序可依使用者的需要而定。

(1) 手册的标题、应用范围应明确，规定所适用的质量体系的要素要符合酒店情况。

(2) 手册的目次应列出手册中各章节和标题及索引。各章、节、页码、图表、图解、表格等分类清楚、合理。

(3) 在介绍页应给出有关组织和质量手册的基本信息，包括组织名称、背景、历史、规模，制定手册的前提、目的等。

(4) 涉及质量手册本身的信息应包括：现行版本特点、目的、作用、发布日期、有效期限；质量手册的编制过程（简单说明）；负责质量手册内容批准的证据；质量管理的组织结构、职责、权限、机构设置、管理方式、各职能部门的质量管理职责、权限及隶属关系等。

二、任务工单

任务描述
以小组为单位，编制餐饮部零点餐厅服务员岗位的质量管理文件
操作要求
1. 选取本校深度合作的四星级以上酒店，对该酒店进行调研，了解其运营特点 2. 了解零点餐厅经营过程 3. 编制零点餐厅服务质量管理文件，注重内容的实用性和可操作性 4. 请企业专家进行指导，并完善质量管理文件
素养提升
作为企业质量管理的基石与指导纲领，质量管理手册的编制工作往往涉及多个部门的协同配合，以及多方利益相关者的共同参与，这要求编制人员具备良好的团队协作能力和高效的沟通技巧。此外，还应注重树立创新管理与持续改进的核心理念，在酒店运营实践中积极引进新技术、新方法，以不断提升服务品质，满足顾客需求

三、任务分组

<table>
<tr><td>班级</td><td colspan="2"></td><td>教师</td><td></td></tr>
<tr><td>组长</td><td colspan="2"></td><td>组名</td><td></td></tr>
<tr><td rowspan="7">组员</td><td>姓名</td><td>分工</td><td>姓名</td><td>分工</td></tr>
<tr><td></td><td></td><td></td><td></td></tr>
<tr><td></td><td></td><td></td><td></td></tr>
<tr><td></td><td></td><td></td><td></td></tr>
<tr><td></td><td></td><td></td><td></td></tr>
<tr><td></td><td></td><td></td><td></td></tr>
<tr><td></td><td></td><td></td><td></td></tr>
</table>

四、任务实施

工作活动 1

质量手册编制

<table>
<tr><td>组名</td><td></td><td>调研企业</td><td></td></tr>
<tr><td colspan="4">企业概况：</td></tr>
<tr><td colspan="4">______________酒店零点餐厅质量管理文件</td></tr>
</table>

工作活动 2

质量管理文件完善

<table>
<tr><td>组名：</td><td>文件名称：</td></tr>
<tr><td colspan="2">所调研企业的反馈：</td></tr>
<tr><td colspan="2">文件修改和完善：</td></tr>
</table>

五、任务评价与总结

一级指标	二级指标	评价内容	分值	自评	互评	教评	得分
工作能力(50分)	调研能力	调研深入、全面；信息获取准确	5分				
	信息获取能力	能结合调研运用数字化手段获取有效信息；能将信息有效运用到学习中	5分				
	感知课堂生活	熟悉手册编制原则，在学习中能获得满足感，认同课堂文化	5分				
	参与态度与沟通能力	积极主动与教师、企业交流，相互尊重、理解；与教师、同学能够保持多向、丰富、适宜的信息交流	5分				
	知识能力获得	掌握质量手册编制的方法	10分				
		掌握质量手册编制的流程	10分				
	素养达成	发现问题、提出问题、分析问题、解决问题、创新问题	5分				
		具备质量意识	5分				
作品得分(50分)	质量手册编制	结构完整、条理清晰，语言简练明了	15分				
		内容全面、准确	15分				
		可操作性强	15分				
		内容修改合理	5分				
总结	进步						
	欠缺						
	改进措施						

任务二　宾客满意度调查

学习要点

了解宾客满意度的重要性，掌握满意度调查的内容，明确如何通过宾客满意度调查提高酒店服务质量。

案例导入

某五星级酒店为了提高宾客满意度，通过线上和线下多种渠道，进行了一次全面的宾客满意度调查。调查结果显示，宾客对酒店的服务态度和设施设备评价较高，但对餐饮服务和早餐质量提出了意见。

针对这些问题，酒店采取了以下措施：重新进行了菜单设计，提升了菜品口味质量；加强员工培训，提高服务意识和沟通能力；增加早餐供应品种和品质，提供更多健康和多样化的选择；定期收集宾客反馈，持续改进服务水平。经过一系列改进措施的实施，该酒店的宾客满意度得到了显著提升，酒店业务也得到了进一步发展。

这个案例说明了宾客满意度调查在酒店管理中的重要作用，只有不断改进和提升服务质量，才能赢得宾客的信任和支持。

引导问题：

(1) 酒店可以通过哪些渠道进行宾客满意度调查？

(2) 宾客满意度调查应当涉及哪些问题？

一、知识学习

宾客满意度调查是指产品提供商对购买产品者的满意程度进行调查和访问，是主动了解自身产品在市场中受欢迎程度的一种方式。关注宾客满意度，可引导餐饮经营者把关注的焦点集中在宾客满意程度的提高和宾客不满意问题的改善上，可促进本企业市场份额和美誉度的提高。餐饮企业采取宾客满意度调查的措施，其目的还在于了解目标市场的情况，争取回头客和潜在宾客，这也是企业市场营销的策略之一。那么，餐饮管理者应该关注宾客哪些方面的满意度呢？

(一) 宾客满意度的内容

1. 要关注宾客的隐含需求

餐饮管理者越来越关注自己产品的市场评价和市场占有率。餐饮企业通行的做法也是采用宾客满意度调查的方法来获得相关信息，特别是获得宾客隐含需求的信息。按照质量的定义，要满足宾客明确和隐含的需求。

众所周知，来餐厅的宾客，除了有购买食品、饮品和使用其他综合服务设施的需求，宾客还有一些隐含的需求，如宾客希望酒店管理者和员工能够高度关注自己并提供得体的服务、有对宾客服务需求的预测能力、有处理宾客问题时灵活反应的能力、有给宾客提供特殊帮助的能力、有热情和礼貌的待客态度及处理宾客需求的专业知识等。这些隐含的需求，往往是餐饮企业赢得宾客满意的最重要的点。这就说明，餐饮企业在提供程序化的服务的同时，还需要关注宾客的隐含需求，并满足宾客的隐含需求。

2. 要关注宾客再次购买的需求和向潜在宾客推荐的可能

餐厅管理者还应十分关注宾客再次购买和向别的潜在宾客推荐其产品和服务的可能。如果某位宾客再次预订和光临某家餐厅,即成为回头客,则说明他对该餐厅的产品是满意的。如果这位宾客多次光顾该餐厅,则说明他基本成为该餐厅的忠实宾客。不仅如此,他还有可能将该餐厅推荐给他的亲戚、朋友,即通过满意的宾客招徕潜在宾客,带来更多的忠实宾客。对这样的宾客要给予更多的关注。

3. 要关注竞争对手的宾客对本餐厅的评价

餐饮管理者还应关注周边同档次餐厅宾客群的动向,如果有其回头客选择自己的餐厅,则说明竞争对手的宾客对自己的餐厅有所认知,可以有目标地选择他们填写宾客意见调查问卷,了解其对自己餐厅的评价。由于各餐厅的市场定位不同,其宾客群体也会有所不同,那么,同档次、同星级、相同宾客群体的餐厅就会形成竞争关系,即竞争对手关系。因此餐饮企业通过运用宾客满意度调查的手段,对不同国家和地区的宾客及竞争对手的宾客进行持续调查、系统分析对比,可以从中找到改进自己产品的方向,以使已有宾客多次购买自己的产品,赢得潜在宾客或竞争对手的宾客的青睐。

(二)如何进行宾客满意度调查

宾客满意度调查是为了提高宾客满意度,提高企业的知名度,提高经济效益和社会效益。许多餐饮集团、酒店管理公司非常重视对宾客满意度的调查和分析,并将宾客满意调查作为一项制度来执行。

1. 宾客满意度调查的工具——调查问卷

一般来讲,企业做宾客满意度调查,首先要设计一份调查问卷,将企业产品和服务的各类项目做成调查点。这些调查点的设计,可以因企业档次、硬件设施和服务项目的不同而有所差异。对不同的调查点,须做出量级分值的设定。要对设定的项目和量级分值,给予必要的说明。调查的项目包括产品价值的评价,服务价值的评价,日后使用、购买产品或服务的意向,竞争对象的价值,企业和集团的形象及客源的自然状况(国别和旅行目的等)。

问卷统计和分析也是统计学的一门学问,由于餐饮企业自身条件的限制,无法对调查问卷的相关内容进行多方位的分析和处理,多数企业委托给独立的咨询公司做统计分析,由专门的咨询公司使用大型计算机对数据进行加工和处理,产生相对准确的评估报告。

2. 宾客满意度调查采取的方式——指定专人做宾客调查

宾客满意度调查问卷与宾客意见书是有区别的。宾客意见书一般是由宾客自愿填写的。一般不做更多的引导,也不指定宾客必须填写。有的酒店为了能够更多地收集宾客的意见,可以在客人预离的前一天晚上,在服务员做夜床的时候,将宾客意见书放置在明显的位置,以便提示客人填写。宾客满意度调查,则需要企业指定专人作为宾客满意度调查问卷发放和回收的负责人,借助沟通机会进行调查。

宾客满意度调查的方式是,由指定的专人按照一定比例进行抽样;被抽到的宾客,由指定的专人与其联络,在宾客方便的时候进行问卷的填写。

3. 填写宾客满意度调查问卷——由抽样宾客专门填写

与宾客意见书的填写方法有所不同，宾客满意度调查是指餐饮企业友好地邀请抽样确定的宾客，在其指定的地点或宾客指定的地点，由负责问卷调查的专人将问卷呈送给宾客，并向宾客做适当的讲解，让宾客了解问卷的内容和填写的方法，然后由宾客自行填写问卷。当宾客填写问卷之后，餐饮企业一般以赠送小礼品或给予其他适当馈赠的方式表示感谢。

4. 宾客满意度调查问卷的保管——企业存档

宾客满意度调查问卷经填写和处理完毕，便成为餐饮企业客户资料的组成部分，即成为档案文件。餐厅应对宾客调查的文件进行整理归档，以备查考利用。宾客满意度调查问卷作为原始的工作记录，任何人不得以各种原因涂改。保管宾客满意度调查问卷文件，与企业经营中形成的其他文件资料相同，要严格按照档案管理的制度和规定，进行立卷、装盒，填写目录、封皮等，要确立这些档案的保存年限，并将这些档案保存在专门的档案室内。

（三）宾客满意度调查的操作步骤

宾客满意度调查的操作步骤可以根据餐厅的情况具体设定，一般要遵循如下操作步骤。

1. 确定宾客满意度调查抽样有效样本总数

首先，确定要调查宾客群体的时间、渠道等范围，如是过去一个月内到店消费的宾客，还是特定时间段内通过电话订餐的宾客。其次，设定抽样比例，根据餐厅的规模和宾客群体大小，设定一个合理的抽样比例。最后，根据设定的调查范围和抽样比例，计算出需要调查的样本总数。

2. 对出现重复抽样的处理

在抽样过程中，确保有一个完善的宾客数据库，以便记录每位被调查宾客的信息。在抽样时，检查新抽取的宾客是否已在数据库中，以避免重复抽样。如果发现重复样本，则可以将其从样本中剔除，并重新抽取新的宾客。

3. 暂时联系不到抽样确定的宾客

如果第一次尝试联系宾客失败，则可以尝试通过其他渠道（如电子邮件、社交媒体等）再次联系（为了不过度打扰宾客，要设定一个联系次数的上限，通常不超过 3 次）。对于无法联系到的宾客，应记录其信息，并在后续调查中考虑重新抽样或补充样本。

4. 执行人的具体操作

执行人在宾客填写问卷过程中，可在现场等候，以便回收问卷，以及及时解答问题，也可以和宾客约定，由宾客将完成的问卷放置在餐厅前台或指定位置。满意度调查问卷应封装在专用的信封内呈送给宾客。也可采用线上形式（小程序、电子邮件等）收集问卷。

5. 对问卷上投诉的处理

宾客如果在问卷上投诉或反映需要餐厅解决的问题，则执行人应当立即与餐厅相关人员联系，采取必要的措施安抚宾客，及时解决宾客提出的问题。

二、任务工单

任务描述
以小组为单位，设计餐厅宾客满意度调查问卷，请企业专家进行指导，确定后明确实施方案
操作要求
1. 选择餐厅 2. 设计调查问卷。根据酒店的特点和宾客需求，设计一份合理的调查问卷，确保问卷内容能够全面反映宾客对酒店服务的评价。问卷根据餐厅实际，可包括服务态度、设施设备、餐饮服务、早餐质量等方面的评价 3. 完善问卷内容 4. 确定调查对象。根据酒店实际情况，确定调查对象范围，包括入住宾客、会议宾客、当地餐饮宾客等不同类型。确保调查对象具有代表性，能够反映整体宾客满意度情况 5. 调查问卷实施方案。根据调查对象范围，采用合适的调查方法，完成调查方案
素养提升
人口规模巨大的现代化是中国式现代化的逻辑起点和实施的核心脉络。我国是超大规模经济体，是全球最大的单一消费市场，加快构建以国内大循环为主体、国内国际双循环相互促进的新发展格局。扩大内需成为战略基点，也是满足人民日益增长的美好生活需要的必然要求。国内旅游市场具有坚韧的需求基本面。作为餐饮企业，应树立以宾客为中心的服务理念，持续开展宾客满意度调查，致力于不断提升每位宾客的体验

三、任务分组

班级		教师			
组长		组名			
组员	姓名	分工	姓名	分工	

四、任务实施

工作活动 1

宾客满意度调查问卷设计

组名		餐厅名称	
调查范围		调查途径	
问卷内容：			

工作活动 2

宾客满意度调查问卷完善

组名：	文件名称：
企业专家意见（包括调查问卷的设计意见和对满意度调查实施的建议）：	
调查问卷修改和完善：	

工作活动 3

宾客满意度调查实施方案

组名		问卷名称	
调查范围		调查途径	
实施方案：			

五、任务评价与总结

一级指标	二级指标	评价内容	分值	自评	互评	教评	得分
工作能力(50分)	调研能力	调研深入、全面;信息获取准确	5分				
	信息检索能力	能结合调研运用数字化手段获取有效信息;能将信息有效运用到学习中	5分				
	感知课堂生活	熟悉客户满意度调查内容,认同岗位工作价值,在学习中能获得满足感,认同课堂文化	5分				
	参与态度与沟通能力	积极主动与企业专家、教师、同学交流,相互尊重、理解;与教师、同学能够保持多向、丰富、适宜的信息交流	5分				
	知识能力获得	掌握宾客满意度调查的方法	10分				
		掌握宾客满意度调查的步骤	10分				
	素养达成	发现问题、提出问题、分析问题、解决问题、创新问题	5分				
		具备质量意识	5分				
作品得分(50分)	客户满意度调查	调查问卷的问题明确、简洁、清晰	10分				
		问题的顺序合理	5分				
		问卷内容全面、准确地体现调查目的	15分				
		调查实施方案可行性强	20分				
总结	进步						
	欠缺						
	改进措施						

任务三　服务质量分析与改进

学习要点

掌握常用的餐饮服务质量分析方法,能够运用这些方法分析服务质量问题,制定服务质量改进策略。

案例导入

某餐厅于 2017 年开业，主打创新的融合菜，由于其菜品独具特色、设计时尚，吸引了很多宾客来此打卡，在当地获得了较好的声誉。

从 2022 年开始，餐厅前后收到了很多宾客关于上菜不及时、菜品单一等问题的抱怨，餐厅经营状况也开始下滑。针对这一系列问题，餐厅组织了一次服务质量分析研讨会。

引导问题：

(1) 该餐厅为什么要进行服务质量的分析？

(2) 针对这一系列问题，该如何改进？

一、知识学习

(一) 餐饮服务质量评价模型

餐饮服务质量管理集不同的管理科学和工程技术于一体，借鉴了许多先进管理思想和方法，为餐饮服务质量管理提供了许多可利用的工具。这里只介绍两种常见的餐饮服务质量评价模型。

1. ABC 分析法

在餐饮服务质量管理中，该方法主要用于梳理对宾客满意度和整体服务质量影响最大的问题或服务环节。首先是通过宾客反馈、质量检查等渠道收集与服务质量相关的数据。这些数据应能够全面反映餐厅服务中的各种问题。其次是统计整理。按问题类别进行统计，并按照问题的严重程度、发生频率或对餐厅的影响度排序整理。最后是绘制排列图（图 7-1），这是清晰地反映影响餐厅服务质量的关键。

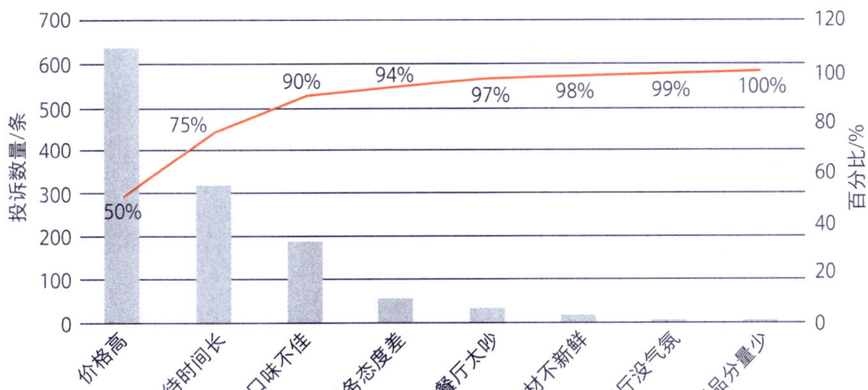

图 7-1 某餐厅质量服务质量排列图

A 类问题（关键少数）是累计占比约 80% 的问题；B 类问题（次要多数）是接下来的，累计占比达到 90% 的问题；C 类问题（琐碎多数）是剩余的，累计占比 10% 的问题。如图 7-1

所示，某餐厅“价格高”问题占据了所有投诉的50%，紧随其后的是“等待时间太长”占25%，这两个问题合起来占据75%，则归为A类问题；接下来“食品口味不佳”占15%，累计占比达到90%，可以归为B类问题；其他问题占10%，则归于C类问题。

ABC分类法是餐饮服务质量分析的常用方法，是一种定性分析法，简单直观，便于操作。

2. 因果分析法

因果分析法是一种深入剖析事物发展变化过程中各因素之间相互作用关系的方法。它通过对事物之间的因果关系进行梳理和分析（图7-2），找出影响事物发展的主要因素，进而为解决问题和制定改进措施提供有力支持。

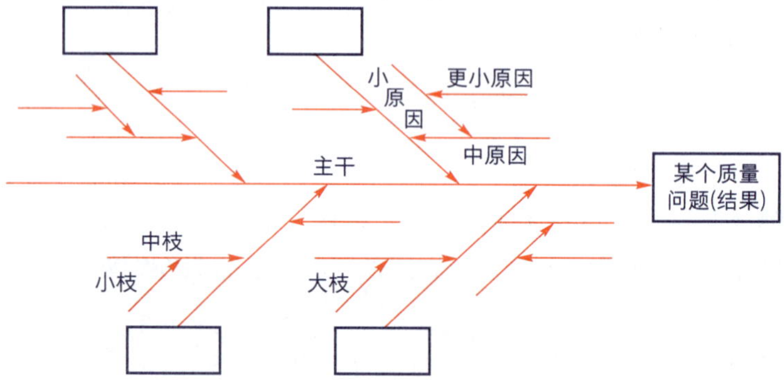

图7-2 因果分析法

使用因果分析法分析餐饮服务质量，首先需要通过宾客反馈、员工报告及现场观察等方法识别存在的服务质量问题，明确地查找问题将为后续的因果分析提供明确的方向。其次，通过绘制因果图或鱼骨图等方式，系统地梳理出影响服务质量的各种因素，并找出其中的主要因素和次要因素（图7-3）。最后，就可以根据分析结果制定有针对性的改进措施。

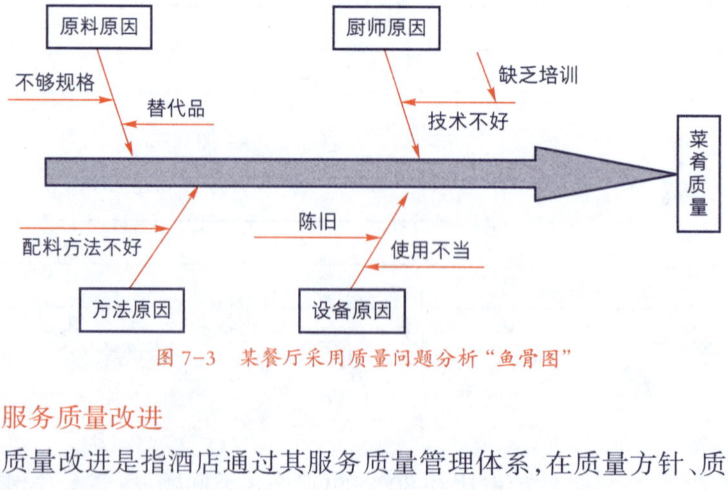

图7-3 某餐厅采用质量问题分析“鱼骨图”

（二）餐饮服务质量改进

餐饮服务质量改进是指酒店通过其服务质量管理体系，在质量方针、质量目标的指导下，对餐厅各岗位、各环节的工作内容、流程、标准进行观测和分析，及时纠偏，预防不合格的产生，进而改进餐饮服务质量。在这个过程中，领导层的高度重视和全体员工的广泛参与是餐饮服务质量改进的基本保证。

1. 服务质量改进的原则

(1) 系统改进原则。餐饮服务质量是一个由众多环节组成的质量体系，改进措施应当考虑整个服务链条，这是一个包括前台服务、后厨制作、产品供应、市场销售等各环节的协调优化过程。

(2) 持续性原则。质量改进的过程是一个不断循环上升的过程，通过一段时间的质量控制和巩固，又开始新一轮的改进上升，从而形成一个台阶又一个台阶式逐级上升的趋势，使企业达到提升管理水平、提高产品质量、降低消耗、增加效益，使相关方都满意的目的。

(3) 预防性原则。餐饮服务质量改进的重点在于预防问题的发生，消除减少服务质量隐患，防止出现服务失误、宾客不满等，而不仅仅是事后的检查和补救，要把问题扼杀在摇篮中。这就要求对影响餐饮服务质量的诸多因素进行事前质量控制，多采取如通过头脑风暴法提出合理化建议等“主动进攻型”改进方式，少出现如纠正措施等“被动防守型”改进方式。

2. 服务质量改进的措施

服务质量的改进需要从管理层、员工、顾客及制度规范等多方面入手，才能提高宾客的满意度，提升从业人员的忠诚度，提高餐厅效益，达到多方共赢的效果。具体来讲，餐饮服务质量改进的措施有以下三方面。

(1) 建立完善的服务质量管理体系。应明确相关人员进行服务质量管理，作为服务质量体系的组织保证，建立科学合理、控制严密的服务质量控制系统，通过一定的制度、规章、方法、程序等，使餐饮质量管理活动系统化、标准化、制度化。

(2) 制定质量标准和质量目标。对各服务项目的日常管理和服务环节明确质量标准，制定工作规范和工作程序，使员工服务行为有章可循。优质服务标准的建立共有 4 个步骤：分解服务过程；找出每个过程的关键时刻；把关键时刻转化为服务标准；根据客人的需求对标准重新评估和修改。同时，餐厅还应制定服务质量检查程序和控制标准，建立质量信息反馈系统，收集分析服务不符合标准的原因，提出和实施改进措施。

(3) 设计员工满意度体系。没有满意的员工，就没有满意的顾客。拥有优质服务的餐厅，会充分考虑人性化的需要，这不仅包括顾客，还包括酒店员工。一个完整的员工满意度体系应包括如下几个方面：重视员工培训；做好员工职业生涯规划；提高员工薪酬福利水平。

3. 服务质量改进的方法——PDCA 管理循环

(1) PDCA 管理循环的概念。PDCA 管理循环，又称为戴明循环，是一种经典的质量管理方法。它由 Plan（计划）、Do（执行）、Check（检查）和 Act（处理）4 个基本阶段组成，形成一个闭环的管理系统。通过这 4 个阶段的循环提升，组织或个人可以不断发现问题、解决问题，实现持续改进和提高。

(2) PDCA 管理循环的作用与意义有如下几个方面。

① 明确目标与方向。在计划阶段明确工作目标和具体计划，为后续的执行和检查提供指导。

② 提高执行效率。在执行阶段确保计划得以有效实施，减少工作中的盲目性和浪费，提高工作效率。

③ 监控与评估质量。在检查阶段对执行结果进行评估，确保工作质量符合预期标准，及时发现问题并进行处理。

④ 促进持续改进。在处理阶段总结经验和教训，对计划进行调整和优化，推动组织或个人实现持续改进和发展。

(3) 实施 PDCA 管理循环应注意的问题如下。

① 坚持循环提升。PDCA 管理循环是一个循环过程，需要持续不断地进行计划、执行、检查和处理，以推动持续改进。

② 注重数据收集与分析。在实施过程中，要注重收集和分析相关数据，以便准确了解状况、发现问题并制定有效措施。

③ 灵活调整策略。根据实际情况的变化，灵活调整计划和策略，确保 PDCA 管理循环的有效实施。

④ 强化团队协作与沟通。PDCA 管理循环的实施需要团队成员之间的密切协作和有效沟通，以确保信息的畅通和工作的顺利进行。

二、任务工单

任务描述
以小组为单位，收集所在城市网评数量排名前三的餐厅的网评信息，借助人工智能等手段进行统计整理，运用因果分析法分析其存在的某一主要问题，并通过 PDCA 管理循环制定改进措施，经过组间交流完善改进
操作要求
1. 收集关于餐厅服务质量的网评相关信息 2. 对收集的网评进行分类整理，确定主要问题 3. 使用因果分析法分析该主要问题产生的主要原因和次要原因 4. 根据分析原因，使用 PDCA 管理循环进行问题改进
素养提升
餐饮业与人民群众日常生活紧密相关，是促消费、惠民生、稳就业的重要领域。餐饮企业必须完整、准确、全面贯彻新发展理念，加快构建新发展格局，统筹发展和安全，全面提升餐饮服务品质，优化餐饮业发展环境，传承发展中华优秀餐饮文化，进一步释放餐饮消费潜力，推动餐饮业高质量发展，更好满足人民日益增长的美好生活需要。从业人员必须掌握餐饮服务质量常用的分析方法，通过调查研究把握事物的本质和规律，找到破解难题的办法和路径，全面提升服务水平

三、任务分组

班级		教师			
组长		组名			
组员	姓名	分工	姓名	分工	

四、任务实施

工作活动 1

组名			餐厅名称		
所选平台		网评分数		评论数量	
分类整理方法					
存在的主要质量问题					
运用因果分析法分析原因					
鱼骨图					

工作活动 2

改进措施

组名		改进问题	
改进措施：			

工作活动 3

运用世界咖啡教学法引导小组进行组间交流。

组名：	讨论主题：
其他小组给予的反馈：	
根据其他小组建议，对原有改进措施进行完善。	

五、任务评价与总结

一级指标	二级指标	评价内容	分值	自评	互评	教评	得分
工作能力(50分)	信息检索能力	能使用数字化手段获取知识和有效信息；能将查到的信息有效运用到学习中	5分				
	感知课堂生活	熟悉服务质量改进内容，认同岗位工作价值，在学习中能获得满足感，认同课堂文化	5分				
	参与态度与沟通能力	积极主动与教师、同学交流，相互尊重、理解；与教师、同学能够保持多向、丰富、适宜的信息交流	5分				
	知识能力获得	掌握服务质量改进的方法	10分				
		掌握服务质量评价的模型	10分				
	素养达成	发现问题、提出问题、分析问题、解决问题、创新问题	5分				
		具备质量意识	5分				
		具备精益求精的工匠精神	5分				
任务得分(50分)	服务质量改进	信息收集的完整性	10分				
		问题分析的准确性	20分				
		改进措施的有效性	10分				
		总结与反思的能力	10分				
总结	进步						
	欠缺						
	改进措施						

项目二　现场质量控制

● **知识目标**

1. 了解现场质量控制的标准。
2. 了解现场质量控制的方法。

● **能力目标**

1. 能够进行餐前检查。
2. 能够进行餐中应急处理。
3. 能够进行餐后总结。

● **素养目标**

1. 具备服务意识。
2. 具有质量标准意识。
3. 具备精益求精的工匠精神。

任务一　餐 前 检 查

学习要点

了解餐前检查的重要性，掌握餐前检查的内容、流程及注意事项等。

案例导入

在繁华的都市中，有一家中餐厅名为"悦食轩"，它因其精致的菜品、优雅的环境和专业的服务而备受食客好评。为了确保每位顾客的用餐体验都能达到最佳，餐厅在每日营业前都会进行严格的餐前检查。

餐厅经理小明深知，一个细致入微的检查不仅关乎餐厅的声誉，更是对顾客负责的表现，是餐厅服务工作得以顺利进行的基本保证。只有关注细节，才能让餐厅在激烈的市场竞争中脱颖而出，为顾客带来更好的用餐体验。

餐前,小明认真检查了环境、设施设备、物品准备、员工精神面貌等,确保餐厅已经做好了迎接顾客的准备。

引导问题:

(1) 你认为餐前检查都包括哪些内容?

(2) 谈谈餐前检查的重要性?

一、知识学习

餐前检查是餐饮服务质量控制的重要环节,是出品及服务顺利进行的基础,是顾客满意的保障。

(一) 餐前检查的流程

1. 准备阶段

制订餐前检查计划,明确检查项目、标准和要求。检查人员须了解卫生标准及餐厅内部规定,为实施检查做好充分准备。

2. 实施阶段

按照计划进行检查,观察设备的运行状况,环境卫生及员工的操作规范等。详细记录检查结果,如有异常情况,则立即上报并采取相应措施。

3. 总结阶段

对检查结果进行分析和评估,发现问题产生的原因,提出改进措施。将总结报告反馈给相关部门,促进持续改进。

(二) 餐前检查的内容

1. 餐厅环境检查

(1) 整体卫生。检查餐厅地面、墙面等是否干净无尘,无蜘蛛网、污渍等。

(2) 桌椅布置。确保桌椅摆放整齐,牢固安全,无破损、污渍。桌面干净,餐具摆放符合规定。

(3) 照明与通风。检查灯具是否完好,照明亮度适中;通风设备运转正常,无异味。

(4) 背景音乐。检查音响设备是否正常工作,音量适中,播放的音乐符合餐厅氛围。

(5) 备餐间。检查备餐间是否整洁,托盘等服务用品是否齐备、清洁、无油渍、无水迹、无破损,调味品准备充足。

2. 餐具与用品检查

(1) 餐具清洁度。检查餐具是否干净、无污渍、无水渍,无破损、缺口。

(2) 布草清洁与更换。检查桌布、餐巾等布草是否干净、无皱褶,无破损、污渍。

(3) 玻璃器皿。检查玻璃杯、醒酒器等是否透明、无瑕疵,无水痕、指纹。

(4) 用品储备。确保纸巾、牙签、调料等用品充足,摆放整齐。

(5) 工作台整理。工作台物品分类摆放整齐并方便取用,分餐叉勺、开瓶器等服务用具准备齐全。

3. 服务人员准备检查

(1) 仪容仪表。检查服务人员着装是否整洁、得体,佩戴工牌;头发整齐,面部清洁,符合岗位要求。

(2) 精神面貌。服务人员应保持微笑,精神状态良好。

(3) 服务技能。服务人员熟练掌握餐厅的预订情况,当餐的菜品情况等,并做好开餐前各项准备工作。

4. 公区安全卫生检查

(1) 消防设施。检查餐厅内的消防设施是否完好,如灭火器、消防栓等;确保消防通道畅通无阻。

(2) 洗手间。检查洗手间是否干净、无异味;确保洗手间内纸巾、洗手液等用品充足。

(三) 注意事项

(1) 检查人员需具备专业知识和技能,能够准确判断异常情况并采取相应措施。

(2) 检查过程应遵循公正、客观、严谨的原则,不受任何外界因素的干扰。详细记录检查结果,确保数据的真实性和可靠性。

(3) 及时反馈检查结果,与相关部门积极沟通,促进问题解决和持续改进。对于严重问题或事故应立即上报管理层并按照应急预案处理。

(4) 加强培训和教育,通过培训使员工了解餐前检查的重要性,提高自我管理能力。

(5) 定期对餐前检查制度进行评估和改进,确保制度的有效性和适用性。通过收集反馈、分析案例等方式不断完善餐前检查流程和标准,提高餐饮服务的质量控制水平。

二、任务工单

任务描述
以小组为单位,制作一份 8~10 人位宴会包间的餐前检查表
操作要求
1. 描述餐厅情景 2. 列出检查内容 3. 设计检查表
素养提升
在餐饮业中,确保卫生安全至关重要,而餐前检查则是维护这一标准的首要防线。通过细致入微的餐前检查,餐饮企业能够及时发现并纠正问题,有效预防和化解可能面临的各种潜在危机,保护顾客健康,维护企业声誉,促进可持续发展

三、任务分组

<table>
<tr><td>班级</td><td></td><td>教师</td><td colspan="2"></td></tr>
<tr><td>组长</td><td></td><td>组名</td><td colspan="2"></td></tr>
<tr><td rowspan="6">组员</td><td>姓名</td><td>分工</td><td>姓名</td><td>分工</td></tr>
<tr><td></td><td></td><td></td><td></td></tr>
<tr><td></td><td></td><td></td><td></td></tr>
<tr><td></td><td></td><td></td><td></td></tr>
<tr><td></td><td></td><td></td><td></td></tr>
<tr><td></td><td></td><td></td><td></td></tr>
</table>

四、任务实施

工 作 活 动

餐前检查表

<table>
<tr><td>组名</td><td></td></tr>
<tr><td colspan="2">餐厅情景描述：</td></tr>
<tr><td colspan="2">宴会厅餐前检查表：</td></tr>
</table>

五、任务评价与总结

一级指标	二级指标	评价内容	分值	自评	互评	教评	得分
工作能力（50分）	信息检索能力	能利用网络、图书馆查找有用的相关信息等；能将查到的信息有效运用到学习中	5分				
	感知课堂生活	熟悉餐前检查内容，认同岗位工作价值，在学习中能获得满足感，认同课堂文化	5分				
	参与态度与沟通能力	积极主动与教师、同学交流，相互尊重、理解；与教师、同学能够保持多向、丰富、适宜的信息交流	5分				
	知识能力获得	掌握餐前检查的流程和内容	10分				
		掌握餐前检查的注意事项	10分				
	素养达成	是否发现问题、提出问题、分析问题、解决问题、创新问题	5分				
		具备质量意识	5分				
		具备精益求精的工匠精神	5分				
任务得分（50分）	餐前检查	检查内容准确、全面	30分				
		表格设计合理	20分				
总结	进步						
	欠缺						
	改进措施						

任务二　餐中应急处理

学习要点

掌握餐中应急处理的原则与流程，熟悉常见问题的应对措施，提高处理突发事件的应变能力。

案例导入

某酒店餐厅在晚间运营期间，突然遭遇停电事故。由于餐厅未提前制订停电应急预案，导致现场秩序混乱，客户抱怨不断。为彻底解决这一问题，酒店采取了以下措施。

(1) 制订详细的停电应急预案，明确各部门职责与操作流程。

(2) 对员工进行停电应急演练培训，确保员工熟悉预案内容、具备应对能力。

(3) 加强与其他酒店的交流，找到适合酒店的停电应急设备，同时不断完善自身预案。

引导问题：

(1) 餐厅还会出现哪些突发事件？

(2) 应如何有效应对餐中突发事件？

一、知识学习

在餐饮服务过程中，难免会遇到各种突发状况。餐中应急处理是为了应对这些突发状况，确保宾客安全，提升宾客满意度和餐厅的声誉。

(一) 餐中应急处理的原则

1. 快速反应

一旦发生突发状况，则应迅速采取措施，避免事态扩大。

2. 宾客至上

始终以宾客的安全和满意度为首要考虑，积极解决问题。

3. 保持冷静

面对紧急情况，保持冷静，做出正确的判断和决策。

4. 记录与总结

对处理过程进行详细记录，分析原因，总结经验教训，持续改进。

(二) 常见餐中应急问题及应对措施

1. 食品卫生问题

如果宾客因食品卫生问题出现身体不适，则应立即停止供应问题菜品，进行食品留样，等待进一步核查，同时主动关心宾客并提供必要的医疗援助。查明原因，如果是餐厅的责任，则应在与宾客协商处理的同时，改进供应链管理，加强食品卫生培训。

2. 设备故障

当照明、空调等设施出现故障，应启用备用设备或调整操作方式，确保生产不中断，及时维修故障设备，同时安抚宾客，可采取赠送或给予一定补偿的方式。

3. 服务失误

服务人员出现失误后，如上错菜、碰倒酒水等，应诚恳地向宾客道歉，迅速清理现场，根据宾客需求重新提供服务，关注宾客的后续用餐情况，及时跟进。

4. 火警与安全事故

如果餐厅区域发生火警或安全事故，则应立即启动紧急预案，组织人员疏散，及时报警，视情况进行灭火，确保宾客安全撤离，并协助警方调查事故原因。安全问题如何强调都不过分，酒店应具有完备的安全应急预案，并持续加强员工安全培训和演练。

（三）餐中投诉处理

妥善处理宾客投诉，不仅能够有效化解矛盾，还能提升宾客对餐厅的信任度和满意度。因此，建立一套完善的宾客投诉处理机制，对于餐饮质量管理至关重要。

1. 投诉处理原则

（1）及时响应。一旦接到宾客投诉，则应立即做出回应，展现餐厅对宾客意见的高度重视。

视频：处理客人投诉

（2）公正公平。在处理投诉时，应保持公正公平的态度，不偏袒任何一方，以事实为依据。

（3）积极解决。以解决问题为核心，主动提出解决方案，尽量满足宾客的合理要求。

（4）持续改进。将投诉作为改进服务的契机，分析原因，制定措施，防止类似问题再次发生。

2. 投诉处理流程

（1）致歉并记录投诉信息。礼貌向宾客致歉，详细记录宾客的投诉内容，同时表示对宾客的理解，安抚宾客。

（2）核实投诉事实。通过与服务人员、其他宾客了解情况或调取现场监控等方式，核实投诉事件的真实性。

（3）与宾客沟通并确定解决方案。与宾客进行深入的沟通，了解宾客的真实需求和期望，寻求双方都能接受的解决方案。

（4）处理投诉问题。根据宾客的投诉内容和解决方案，进行相应的处理。

（5）反馈处理结果。将处理结果及时告知宾客，并征求宾客的意见和建议，以便进一步提高服务质量。

3. 投诉处理技巧

（1）保持冷静。面对宾客的投诉，应保持冷静、理智的态度，避免情绪化反应。

（2）倾听与理解。认真倾听宾客的投诉内容，理解宾客的感受和需求，展现同理心。

（3）积极回应。对宾客的投诉给予积极的回应，表明餐厅对问题的重视和解决问题的决心。

（4）灵活应对。根据宾客的不同需求和情况，灵活采取不同的处理方式，以满足宾客的合理要求。

（四）餐中应急处理的注意事项

（1）培训与演练。定期进行餐中应急处理的培训和演练，提高员工的应对能力，模拟各种突发状况，让员工熟悉应对措施。

（2）团队沟通与协作。加强团队之间的沟通与协作，确保在紧急情况下能够迅速响应并采取有效措施，建立良好的沟通机制和团队协作文化。

（3）记录与总结。对餐中应急处理过程进行详细记录，分析原因和教训，不断改进和完善应急预案和处理流程。定期组织团队成员分享经验教训，提升整体应急处理能力。

（4）与宾客沟通。在处理紧急状况时，要与宾客保持良好沟通，给予关心和安抚。向宾客解释处理过程和酒店的努力，以获得宾客的理解和支持。

二、任务工单

任务描述
以小组为单位选择以下案例中的一个案例进行讨论，并为其制订应急预案 案例一： 在某次晚宴高峰时段，餐厅突然遭遇停电。服务人员立即启动应急照明设备，确保客人不受惊吓。同时…… 案例二： 一位宾客在用餐后发现手机不见了。服务人员立即协助宾客回忆可能的丢失地点，并帮助宾客寻找。同时…… 案例三： 某晚，一位宾客因饮酒过量而醉态明显。服务人员应密切关注该宾客的状况，避免其发生意外。同时…… 案例四： 在一次家庭聚餐中，一位宾客突然感到胸闷、呼吸困难。服务人员立即上前询问情况，并拨打急救电话。同时…… 案例五： 餐厅内发生意外情况时，如客人滑倒、餐具破损等，服务人员应立即上前查看宾客的伤势，并提供必要的急救措施。同时……
操作要求
1. 任选一种餐中突发情况进行讨论 2. 编制情景剧脚本（处理过程以脚本方式呈现） 3. 提出改进方案
素养提升
餐饮服务人员应深刻理解自己的工作不仅仅是提供食物和服务，更是保障顾客安全、维护社会和谐的重要一环。因此从业人员必须增强责任感和使命感，确保在面对突发事件时能够挺身而出，有效应对；通过不断学习和实践，提高对突发事件的预见性、应对能力和解决问题的能力；始终把宾客的需求放在首位，在应急处理中，耐心倾听宾客的诉求，及时有效地解决问题，提升宾客的满意度和信任度；在处理突发事件时，要站在政治的高度，确保行动符合国家法律法规和社会道德标准

三、任务分组

<table>
<tr><td>班级</td><td colspan="2"></td><td>教师</td><td colspan="2"></td></tr>
<tr><td>组长</td><td colspan="2"></td><td>组名</td><td colspan="2"></td></tr>
<tr><td rowspan="6">组员</td><td>姓名</td><td>分工</td><td>姓名</td><td colspan="2">分工</td></tr>
<tr><td></td><td></td><td></td><td colspan="2"></td></tr>
<tr><td></td><td></td><td></td><td colspan="2"></td></tr>
<tr><td></td><td></td><td></td><td colspan="2"></td></tr>
<tr><td></td><td></td><td></td><td colspan="2"></td></tr>
<tr><td></td><td></td><td></td><td colspan="2"></td></tr>
</table>

四、任务实施

工作活动 1

情景剧脚本

组名		案例	

工作活动 2

应急预案

组名		应急原名称	

工作活动 3

运用世界咖啡教学法引导小组进行组间交流。

组名：	讨论主题：
其他小组给予的反馈：	
根据其他小组建议，对原有应急预案进行完善。	

五、任务评价与总结

一级指标	二级指标	评价内容	分值	自评	互评	教评	得分
工作能力(50 分)	信息检索能力	能利用网络、图书馆查找有用的相关信息等；能将查到的信息有效运用到学习中	5 分				
	感知课堂生活	熟悉餐中应急处理内容，认同岗位工作价值，在学习中能获得满足感，认同课堂文化	5 分				
	参与态度与沟通能力	积极主动与教师、同学交流，相互尊重、理解；与教师、同学能够保持多向、丰富、适宜的信息交流	5 分				
	知识能力获得	掌握餐中应急处理的流程和内容	10 分				
		掌握餐中应急处理的注意事项	10 分				
	素养达成	发现问题、提出问题、分析问题、解决问题、创新问题	5 分				
		具备服务意识	5 分				
		具备团队合作精神	5 分				
任务得分(50 分)	餐中应急情况处理记录	情景剧脚本故事线清晰，服务语言礼貌适度，对客沟通有效	10 分				
		对突发事件分析准确，采取措施合理	20 分				
		应急预案合理、准确，便于实施	20 分				
总结	进步						
	欠缺						
	改进措施						

任务三　餐后总结提升

学习要点

餐后总结提升是现场质量控制的重要环节，通过对餐中服务的回顾和总结，发现问题，改进不足，持续提升服务质量和客户满意度。

案例导入

某高档餐厅在餐后总结过程中发现，客户普遍反映上菜速度较慢。为了解决这个问题，餐厅进行了深入分析并采取了以下措施：首先，优化厨房与服务员之间的沟通流程，确保点餐信息能够及时准确地传递到厨房；其次，合理安排厨房工作人员的分工，优化流程，提高烹饪效率；最后，针对部分菜品制作时间较长的问题，餐厅在菜单上明确标注制作时间，以便客户合理预估等待时间。通过这些改进措施，餐厅的上菜速度得到显著提升，客户满意度也随之提高。

引导问题：

(1) 餐后总结的重要性有哪些？

(2) 如何做好餐后总结工作？

一、知识学习

餐后总结旨在通过分析用餐过程中的优缺点，总结经验教训，并采取相应的改进措施，提升餐饮服务的质量和客户满意度。

(一) 餐后总结提升的流程

1. 收集反馈

在客户用餐结束后，通过管理人员、征求意见卡等多种渠道向客户收集反馈意见，了解他们对菜品、服务、环境等方面的评价。可以通过口头询问、问卷调查或在线评价等方式收集反馈。

2. 提出问题

对收集到的反馈进行整理和分析，找出用餐过程中出现的问题和不足之处。对问题按照分类进行归纳整理，以便有针对性地制定改进措施。

3. 分析原因

针对分析出的问题，深入探究其产生的原因。从员工操作、流程设计、设备设施等方面进行分析，找到根本原因，为制定改进措施提供依据。

4. 制定措施

根据原因分析的结果，制定相应的改进措施。针对不同的问题，采取不同的改进方案，如员工培训、流程优化、设备更新等。

5. 实施改进

将制定的改进措施付诸实践，确保其得到有效执行。在实施过程中，要关注改进措施的可行性和可操作性，并及时调整和完善。

6. 效果评估与持续改进

对改进措施的实施效果进行评估，了解改进措施是否有效提升了餐饮服务的质量和客户满意度。根据评估结果，对改进措施进行持续优化和调整，实现质量控制的不断提升。

（二）餐后总结提升的关键点

1. 及时性

在客户用餐结束后，应及时收集反馈意见并进行整理分析，以便迅速发现问题并采取相应措施。

2. 客观性

在分析问题和制定改进措施时，要保持客观的态度，避免主观臆断和偏见。尽量收集多方面的意见和建议，以确保分析结果的客观和准确。

3. 针对性

针对不同的问题制定相应的改进措施，确保措施的有效性。同时，要关注措施的可操作性，确保其在实际工作中能够得到有效执行。

4. 反馈与沟通

加强员工之间的反馈与沟通，确保信息的传递畅通。让员工了解餐饮服务中存在的问题和改进措施的实施情况，鼓励员工积极提出改进意见和建议。

5. 持续改进

餐后总结提升是一个持续的过程，需要不断地进行循环和优化。

（1）制订餐后总结提升计划。在每个用餐时段结束后，安排专人负责总结提升工作的组织和实施。明确总结提升的目标、流程和关键点，确保工作的有序进行。

（2）培训员工。对员工进行餐后总结提升的培训，使各岗位人员了解总结提升的重要性和方法。培训内容可以包括如何收集反馈、如何分析问题、如何制定改进措施等。

（3）建立激励机制。为了鼓励员工积极参与餐后总结提升工作，可以建立相应的激励机制。例如，对提出有效改进建议的员工给予奖励或表扬，或者将总结提升工作与员工的绩效考核挂钩。

（4）监控与评估。在餐后总结提升实施过程中，要进行监控与评估。定期检查改进措施的实施情况，了解改进效果是否达到预期目标。对于未达到预期效果的措施，要及时进行调整和完善。

二、任务工单

任务描述
根据模块三项目五任务工单内容，完成宴会厅餐后检查和总结工作
操作要求
1. 确定检查人员、检查标准和检查内容等 2. 制作检查表格 3. 模拟召开餐后总结会 4. 写出总结会会议纪要
素养提升
餐后总结提升不仅是一项业务流程，更是餐饮从业者不可或缺的成长加速器。它可以帮助餐饮从业者通过反思提升自我认知，明确职业目标，还能够增强餐饮从业者的责任感与执行力。记录工作点滴，累积经验智慧，不仅有利于个人技能精进，也为团队协作架起沟通桥梁，促进信息共享与问题解决，增强集体凝聚力。此外，这一工作习惯可以助力餐饮从业者紧跟行业动态，激发创新思维，推动服务与菜品的持续优化。持之以恒进行总结与记录，是餐饮从业者实现自我超越、驱动餐厅卓越发展的关键实践

三、任务分组

<table>
<tr><td>班级</td><td colspan="2"></td><td>教师</td><td colspan="2"></td></tr>
<tr><td>组长</td><td colspan="2"></td><td>组名</td><td colspan="2"></td></tr>
<tr><td rowspan="6">组员</td><td>姓名</td><td>分工</td><td>姓名</td><td colspan="2">分工</td></tr>
<tr><td></td><td></td><td></td><td colspan="2"></td></tr>
<tr><td></td><td></td><td></td><td colspan="2"></td></tr>
<tr><td></td><td></td><td></td><td colspan="2"></td></tr>
<tr><td></td><td></td><td></td><td colspan="2"></td></tr>
<tr><td></td><td></td><td></td><td colspan="2"></td></tr>
</table>

四、任务实施

工作活动 1

餐后检查表

组名		宴会名称	
餐后检查表			

工作活动 2

餐后总结会会议纪要

组名		宴会名称	
会议时间		会议地点	
参会人员			
餐后检查会议纪要：			

五、任务评价与总结

一级指标	二级指标	评价内容	分值	自评	互评	教评	得分
工作能力（50分）	信息检索能力	能利用网络、图书馆查找有用的相关信息等；能将查到的信息有效运用到学习中	5分				
	感知课堂生活	熟悉餐后服务质量总结内容，认同岗位工作价值，在学习中能获得满足感，认同课堂文化	5分				
	参与态度与沟通能力	积极主动与教师、同学交流，相互尊重、理解；与教师、同学能够保持多向、丰富、适宜的信息交流	5分				
	知识能力获得	掌握餐后总结提升的流程和内容	10分				
		掌握餐后总结提升的注意事项	10分				
	素养达成	发现问题、提出问题、分析问题、解决问题、创新问题	5分				
		具备质量意识	5分				
		具备沟通协调能力	5分				
作品得分（50分）	餐后检查和总结	合理确定检查人员	10分				
		检查表内容全面	10分				
		检查标准准确	10分				
		检查表设计合理	5分				
		会议纪要内容完整	15分				
总结	进步						
	欠缺						
	改进措施						

模块小结

本模块聚焦餐厅服务质量管理，在介绍质量体系建立的同时，重视管理实践应用。通过学习任务实践，学习者应能够独立设计和实施顾客满意度调查，编制质量管理手册，并掌握现场质量控制的方法。最终目标是培养学习者的质量管理能力，为未来的职业生涯打下坚实的基础。

学习者应理解质量管理不仅关乎流程和方法，还是一种文化和思维方式。一个有效的质量管理体系能够帮助组织提升服务质量，提升顾客满意度，并在激烈的市场竞争中保持优势。

赛证直通

扫二维码，完成在线练习。

在线自测7

参 考 文 献

[1] 李贤政,曹艳芬.餐饮服务与管理[M].4版.北京:高等教育出版社,2021.
[2] 陈增红,韩爱霞,鹿敏.餐饮服务与数字化运营[M].北京:旅游教育出版社,2022.
[3] 田园,匡家庆.餐饮服务与运营管理[M].武汉:华中科技大学出版社,2022.
[4] 方辉.餐饮管理与服务从入门到精通:图解版[M].北京:化学工业出版社,2019.
[5] 徐溢艳,周显曙.餐饮服务与管理[M].北京:清华大学出版社,2016.
[6] 蔡洪胜.酒店餐饮服务与管理[M].北京:清华大学出版社,2021.
[7] 李卫华,殷志扬,任光辉.门店数字化运营与管理实训(中级)[M].北京:中国人民大学出版社,2021.
[8] 王秋明.主题宴会设计与管理实务[M].2版.北京:清华大学出版社,2017.
[9] 孙晨阳,王潇.星级饭店员工管理[M].北京:知识产权出版社,2016.
[10] 王晓亚.酒店服务质量管理[M].哈尔滨:哈尔滨出版社,2020.
[11] 刘正华,郭伟强.现代饭店餐饮服务与管理 知识·技能·案例·实训[M].北京:旅游教育出版社,2016.
[12] 祖长生.饭店收益管理[M].2版.北京:中国旅游出版社,2021.

读者意见反馈

为收集对教材的意见建议，进一步完善教材编写并做好服务工作，读者可将对本教材的意见建议通过如下渠道反馈至我社。

咨询电话　400-810-0598

反馈邮箱　gjdzfwb@pub.hep.cn

通信地址　北京市朝阳区惠新东街4号富盛大厦1座

　　　　　高等教育出版社总编辑办公室

邮政编码　100029

资源服务提示

授课教师如需获得本书配套教辅资源，请登录“高等教育出版社产品信息检索系统”(http://xuanshu.hep.com.cn/)搜索下载，首次使用本系统的用户，请先进行注册并完成教师资格认证。